经济管理学术文库·经济类

中国连片特困地区扶贫开发机制研究

Study on Developing Mechanism for Poverty Relief in the Adjacent Destitute Areas of China

李 余 蒋永穆 / 著

图书在版编目（CIP）数据

中国连片特困地区扶贫开发机制研究/李余，蒋永穆著 . —北京：经济管理出版社，2016.1
ISBN 978-7-5096-4059-3

Ⅰ. ①中… Ⅱ. ①李… ②蒋… Ⅲ. ①扶贫—研究—中国 Ⅳ. ①F124.7

中国版本图书馆 CIP 数据核字（2015）第 269294 号

组稿编辑：王光艳
责任编辑：许　兵　吴　蕾
责任印制：黄章平
责任校对：张　青

出版发行：经济管理出版社
　　　　　（北京市海淀区北蜂窝 8 号中雅大厦 A 座 11 层　100038）
网　　址：www.E-mp.com.cn
电　　话：（010）51915602
印　　刷：北京九州迅驰传媒文化有限公司
经　　销：新华书店
开　　本：720mm×1000mm/16
印　　张：12.5
字　　数：238 千字
版　　次：2016 年 1 月第 1 版　2016 年 1 月第 1 次印刷
书　　号：ISBN 978-7-5096-4059-3
定　　价：58.00 元

·版权所有　翻印必究·

凡购本社图书，如有印装错误，由本社读者服务部负责调换。
联系地址：北京阜外月坛北小街 2 号
电话：（010）68022974　　邮编：100836

自　序

贫困（Poverty）是世界各国发展中面临的一大难题。消除贫困，实现共同富裕，是社会主义的本质特征。联合国发展计划署（UNDP）曾在2000年《全球贫困问题报告》中明确把"消除人类贫困"作为人类发展报告的主题。2013年10月10日在美国华盛顿举行的世界银行和国际货币基金组织年会上，世界银行发布了《全球贫困状况》报告，报告指出，全球仍然有7亿多人处于极端贫困的水平，而其中将近4亿是儿童。报告统计数据截止于2010年，处于极端贫困水平即每天维持生计的费用低于1.25美元，7亿多人中78%生活在农村。①

扶贫开发（Eradicating Poverty）是中国特色社会主义本质特征的重要体现，是中国政府的重要职能之一。扶贫开发贯穿中国现代化进程的始终，是中国全面建成小康社会、实现"两个百年"奋斗目标和伟大"中国梦"进程中的一个战略性课题。②

我国对贫困的理解有一个过程。具体来讲，我国最先对贫困的理解是停留在经济意义上的，并且强调的是绝对贫困，也就是早期的关于贫困的概念，在实践中也贯彻了这一思想。我国改革开放之初，农村贫困人口约2.5亿，贫困发生率达30.7%。③ 自改革开放以来，尤其是我国开始实施大规模的扶贫开发战略以来，农村贫困人口从1994年的8000多万降到2000年底的3000万左右。进入21世纪以来，我国开始实施第一个扶贫开发纲要，即《中国农村扶贫开发纲要（2001~2010

---

① 世行发布全球贫困报告7亿人处于极端贫困状态 [EB/OL]．央视网，http：//m.news.cntv.cn，2013-10-11．

② "两个百年"奋斗目标：胡锦涛2012年11月8日在中国共产党的十八大报告中提出了两个百年的奋斗目标，一个是在中国共产党成立一百周年时全面建成小康社会；一个是在中华人民共和国成立一百周年时建成富强民主文明和谐的社会主义现代化强国。"中国梦"：习近平2012年11月29日参观《复兴之路》展览时指出，实现中华民族伟大复兴，就是中华民族近代以来最伟大的梦想，"中国梦"的主要内容是：国家富强、民族振兴、人民幸福；实现路径是必须走中国道路，必须弘扬中国精神，必须凝聚中国力量。

③ 国务院新闻办介绍中国农村扶贫开发纲要（2011~2020年）[EB/OL]．http：//www.gov.cn，2011-12-06．

年)》，依靠发展解决贫困问题，① 按照新的贫困线标准，贫困人口减少到2010年底的2688万。2001～2010年，《中国农村扶贫开发纲要（2001～2010年）》确定的目标任务基本实现，我国农村的贫困发生率从2000年底的10.2%下降到2010年底的2.8%。② 2001～2010年，国家扶贫开发工作重点县农民人均纯收入年均实际增长8.1%，从1277元增加到3273元，略高于全国农村的平均水平。③ 改革开放短短30余年，我国6.6亿人快速摆脱了贫困，被誉为"中国奇迹"。全球贫困人口减少大部分来自中国，在世界减贫史上铸刻了"中国成就"。

尽管如此，我国的贫困现状依然不容乐观。相关资料显示，2014年全国农村贫困人口为7017万，其中河南、湖南、广西、四川、贵州、云南六个省的贫困人口都超过500万。④

中国共产党的十八大报告提出，要"采取对口支援等多种形式，加大对革命老区、民族地区、边疆地区、贫困地区扶持的力度"，要"深入推进社会主义新农村建设和扶贫开发"等，对全面贯彻落实《中国农村扶贫开发纲要（2011～2020年）》提出了新的更高要求。

鉴于此，我们在国内外文献整理和实地调研的基础上，对连片特困地区扶贫开发机制进行了界定，发现了连片特困地区扶贫开发机制的四个主要组成部分——运行机制、激励机制、调控机制和组织机制。本书围绕"有效推动我国新一轮扶贫攻坚工作，构建合理的连片特困地区扶贫开发机制"⑤这一核心主题来展开研究，既阐述其必要性，又构建其基本框架；既揭示其深刻内涵，又探索其实现路径，并提供行之有效的环境支撑。

基于研究对象的深化，我们通过对当前精准扶贫政策的实证研究，得出了构建运行机制的必要性和基本内涵，提出了"片为重点、规划先行"、"村为载体、整村推进"、"户为受体、到户帮扶"的实现路径；借鉴相关利益协调机制理论和"双重四位一体"模式，分析研究构建激励机制的必要性、基本内涵，提出了改革政绩考核制度、注重发挥非政府组织的功能、发挥扶贫对象的积极主动性等方面来实现激励目标；分析研究构建调控机制的必要性、基本内涵，从加快完善和发展连片特困地区贫困人口基本信息系统、加强扶贫资金的投入使用和监督管理、整合连片特困地区扶贫资源、在统筹城乡发展中转变贫困农民身份四个方面来实现调控目标；借鉴"集成"理论和"政府集成"思想，提出了"扶贫集

---

①⑤ 国务院新闻办介绍中国农村扶贫开发纲要（2011～2020年）[EB/OL]. http://www.gov.cn, 2011-12-06.
② 消贫解困惠民生[J]. 中国财政2011(24).
③ 消除贫困期待法律早出援手[N]. 民主与法制时报，2011-12-13.
④ 中国贫困人群超7000万贫困现状依然不容乐观[EB/OL]. 新华社，http://www.nbd.com.cn/articles/2015-06-23/924775.html, 2015-06-23.

成"观念，分析研究构建组织机制的必要性、基本内涵，从加强"自上而下"的组织领导、构筑"自下而上"的参与式扶贫治理结构、形成"三位一体"的扶贫开发合力三个方面来实现组织目标等。本书还从转变农业发展方式、深化农村经济体制改革、强化非正式制度安排、完善相关法律制度四个方面对实现中国连片特困地区扶贫开发四大机制的环境支撑进行统筹分析。

本书选取的是一个理论与实际相结合的问题，本书作者之一李余同志既有在学校学习期间的理论积淀，又有在实践工作中的深入调研。李余同志2007年7月~2011年12月曾在宜宾市委办公室从事对口扶贫工作；2010年9月~2013年12月在四川大学经济学院攻读博士研究生，师从著名"三农"问题专家蒋永穆教授，并将农村扶贫研究作为博士学位论文写作方向；2012年2月~2013年4月在博士研究生期间被选派到四川甘孜州新龙县开展援助工作，对四川藏区扶贫开发工作进行了深入考察；2015年4月被选派到四川省糖酒有限责任公司挂职担任副总经理，2015年8月又兼任新组建的四川省商业投资集团发展策划部副部长。这些学习工作经历，都为本书的写作奠定了坚实的基础。

尽管我们所做的研究工作是一种具有一定探索性的尝试，极有可能如部分学者那样只是提出了问题，而没有很好地解决问题。但是，我们相信，只要发现了新的有价值的研究领域，更有智慧的后来研究者自然会弥补前人研究的不足，最终推动人类更好地认识世界。

本书初步完成于2013年11月，后几经修改，于2015年9月定稿。自2011年我国启动新一轮扶贫开发战略即连片特困地区扶贫开发工作以来，经过对连片特困地区近五年来的连续考察，结合当前全面推进精准扶贫的实际，初步验证了本书的分析工具和探索路径基本成立，但是在本书即将出版之际，我们仍然诚惶诚恐，主要是当时研究的情形发生了一些变化，如据2015年9月26日《新京报》最新消息，世界银行将对其全球贫困线做出25年来最大幅度的调整——全球贫困线标准将上调50%，贫困线标准将从每日生活费1.25美元上调至每日生活费约1.90美元，少于这个数算穷人。① 如果按这一新标准进行划分，我国连片特困地区的贫困人口数量将进一步增加，面临的扶贫开发任务将会更加严峻。无论如何，希望我们的研究成果能够对国家、对社会、对理论发展，特别是对"四个全面"战略②引领下深入做好连片特困地区的扶贫开发有所帮助，也恳请同行批评指正。

---

① 新京报［EB/OL］. http：//club. niwodai. com/clubThreadDetail-187746-2. html，2015-09-26.
② "四个全面"战略即"全面建成小康社会、全面深化改革、全面依法治国、全面从严治党"，是以习近平同志为总书记的党中央从坚持和发展中国特色社会主义全局出发提出的战略布局，是新时期党中央治国理政的总方略。

目 录

第一章 导 论 1

 第一节 选题背景与意义 1
  一、问题的提出 1
  二、研究的意义 2
 第二节 核心概念 3
  一、贫困的一般定义和分类 3
  二、贫困线 5
  三、反贫困、扶贫与扶贫开发 7
  四、连片特困地区 8
  五、扶贫开发机制 13
 第三节 研究框架 14
 第四节 研究方法 16
  一、唯物辩证法 16
  二、定性分析与定量分析相结合的方法 17
  三、规范分析与实证分析方法 17
  四、案例分析方法 17

第二章 中国连片特困地区扶贫开发的相关理论基础 18

 第一节 马克思主义反贫困思想考察 18
  一、马克思、恩格斯的反贫困思想 18
  二、列宁、斯大林的反贫困思想 19
  三、中国马克思主义者的反贫困思想 20
 第二节 西方经济学反贫困理论考察 24
  一、起始期（19世纪末至20世纪五六十年代） 24
  二、成长期（20世纪六七十年代） 25

三、发展期（20世纪70年代至今） …………………………………… 27
　第三节　中国学术界反贫困理论考察 ……………………………………… 28
　　一、起始期（20世纪80年代初至80年代末） ……………………… 28
　　二、成长期（20世纪90年代初至90年代末） ……………………… 29
　　三、发展期（21世纪初至今） ………………………………………… 29

第三章　中国连片特困地区扶贫开发机制构建的必要性 ……………………… 31
　第一节　中国经济发展到新时期新阶段的客观要求 ……………………… 31
　　一、世界经济发展所处新阶段简析 …………………………………… 31
　　二、中国经济发展所处新阶段分析 …………………………………… 33
　　三、中国经济发展不同阶段的扶贫开发方式 ………………………… 35
　第二节　中国农村扶贫开发阶段性经验的内在要求 ……………………… 37
　　一、政府主导 …………………………………………………………… 38
　　二、社会参与 …………………………………………………………… 38
　　三、自力更生 …………………………………………………………… 38
　　四、开发扶贫 …………………………………………………………… 38
　　五、科学发展 …………………………………………………………… 39
　　六、局限性 ……………………………………………………………… 39
　第三节　中国连片特困地区扶贫攻坚任务的现实要求 …………………… 40
　　一、中国连片特困地区的贫困现象依然严峻 ………………………… 40
　　二、中国连片特困地区的贫困特征 …………………………………… 44
　　三、完善和发展扶贫开发机制是中国扶贫攻坚的现实要求 ………… 45
　第四节　国际扶贫开发经验的有益借鉴 …………………………………… 46
　　一、美国的反贫困经验 ………………………………………………… 47
　　二、韩国的反贫困经验 ………………………………………………… 48
　　三、印度的反贫困经验 ………………………………………………… 50
　　四、乌干达的反贫困经验 ……………………………………………… 51

第四章　中国连片特困地区扶贫开发机制的基本框架 ………………………… 52
　第一节　中国连片特困地区扶贫开发机制的主要特点 …………………… 52
　　一、系统性 ……………………………………………………………… 52
　　二、多主体性 …………………………………………………………… 53
　　三、利益协调的复杂性 ………………………………………………… 53
　第二节　中国连片特困地区扶贫开发机制的目标任务 …………………… 54

一、"两不愁，三保障"目标 …………………………………………… 54
　　　二、缩小发展差距目标 ……………………………………………… 54
　第三节　中国连片特困地区扶贫开发机制的基本原则 ………………… 55
　　　一、科学发展原则 …………………………………………………… 55
　　　二、因地制宜原则 …………………………………………………… 55
　　　三、开发式扶贫原则 ………………………………………………… 56
　第四节　中国连片特困地区扶贫开发机制的主要模式 ………………… 56
　　　一、扶贫开发的战略决策：政府主导 ……………………………… 57
　　　二、扶贫开发的资源传递：多元参与 ……………………………… 57
　　　三、扶贫开发的资源接受：农民主体 ……………………………… 57
　第五节　中国连片特困地区扶贫开发机制的重点内容 ………………… 58
　　　一、扶贫开发机制的主要构成 ……………………………………… 58
　　　二、扶贫开发机制结构分析 ………………………………………… 58
　　　三、各机制间的相互关系 …………………………………………… 58
　第六节　中国连片特困地区扶贫开发机制的推进手段 ………………… 59
　　　一、政府推进 ………………………………………………………… 59
　　　二、市场推进 ………………………………………………………… 59
　　　三、社会推进 ………………………………………………………… 59
　　　四、混合手段 ………………………………………………………… 60
　第七节　中国连片特困地区扶贫开发机制成效的指标设定及测量 …… 60
　　　一、指标设定 ………………………………………………………… 60
　　　二、指标测量 ………………………………………………………… 61

第五章　中国连片特困地区扶贫开发的运行机制 ………………………… 63
　第一节　完善和发展连片特困地区扶贫开发运行机制的必要性 ……… 63
　　　一、有效推进扶贫攻坚的需要 ……………………………………… 63
　　　二、加快连片特困地区发展的需要 ………………………………… 63
　　　三、提高扶贫资金使用效率的需要 ………………………………… 64
　第二节　连片特困地区扶贫开发运行机制的主要内容 ………………… 64
　　　一、运行机制的构成 ………………………………………………… 64
　　　二、运行机制的基本要求 …………………………………………… 64
　　　三、运行机制的主要特点 …………………………………………… 65
　第三节　连片特困地区扶贫开发运行机制的实现路径 ………………… 66
　　　一、片为重点，规划先行 …………………………………………… 66

二、村为载体，整村推进 ……………………………………………… 85
三、户为受体，到户帮扶 ……………………………………………… 87
第四节 运行机制创新实践：贵州加强基础设施建设个案分析 ……… 89
一、超前布局，把发展交通作为扶贫开发的优先选项 ……………… 89
二、统筹规划，把生态建设放在扶贫开发的突出位置 ……………… 90

第六章 中国连片特困地区扶贫开发的激励机制 …………………… 92

第一节 完善和发展连片特困地区扶贫开发激励机制的必要性 ……… 92
一、有利于调动相关利益主体的积极性 ……………………………… 92
二、有利于协调扶贫主体之间的利益 ………………………………… 93
三、有利于全社会实现效率与公平的目标 …………………………… 94
第二节 连片特困地区扶贫开发激励机制的主要内容 ………………… 95
一、扶贫开发激励机制的理论基础 …………………………………… 95
二、扶贫开发激励机制的组成 ………………………………………… 100
三、扶贫开发激励机制的基本要求 …………………………………… 101
四、扶贫开发激励机制的主要特点 …………………………………… 102
第三节 连片特困地区扶贫开发激励机制的实现路径 ………………… 103
一、构建科学的政绩考核制度 ………………………………………… 103
二、注重发挥其他组织的功能 ………………………………………… 104
三、发挥扶贫对象的积极主动性 ……………………………………… 104
第四节 激励机制创新实践：广西大化县开发扶贫个案分析 ………… 104

第七章 中国连片特困地区扶贫开发的调控机制 …………………… 106

第一节 建立完善连片特困地区扶贫开发调控机制的必要性 ………… 106
一、合理利用扶贫资金和资源的需要 ………………………………… 106
二、顺利推进连片特困地区扶贫开发的需要 ………………………… 107
三、完善和发展社会主义市场经济体制的需要 ……………………… 107
第二节 连片特困地区扶贫开发调控机制的主要内容 ………………… 107
一、调控机制的构成与基本手段 ……………………………………… 108
二、调控机制的基本要求 ……………………………………………… 109
三、调控机制的主要特点 ……………………………………………… 110
第三节 连片特困地区扶贫开发调控机制的实现路径 ………………… 111
一、完善和发展连片特困地区贫困人口基本信息系统 ……………… 111
二、加强对扶贫资金的投入管理和监督评估 ………………………… 113

三、整合连片特困地区的扶贫资源 …………………………………… 115
　　四、在统筹城乡发展中转变贫困农民身份 …………………………… 115
第四节 调控机制创新实践：四川屏山县移民搬迁个案分析 ……………… 117

第八章　中国连片特困地区扶贫开发的组织机制 …………………………… 120
第一节 完善和发展连片特困地区扶贫开发组织机制的必要性 …………… 120
　　一、扶贫主体多元化的现实需要 ……………………………………… 120
　　二、扶贫开发环境深刻变化的客观需要 ……………………………… 121
　　三、扶贫组织体系科学化的创新需要 ………………………………… 121
第二节 连片特困地区扶贫开发组织机制的主要内容 ……………………… 122
　　一、集成思想的理论借鉴与扶贫集成 ………………………………… 122
　　二、扶贫组织集成化的主体及内涵 …………………………………… 124
　　三、扶贫集成的基本要求 ……………………………………………… 125
　　四、扶贫集成的主要特征 ……………………………………………… 129
第三节 连片特困地区扶贫开发组织机制的实现路径 ……………………… 130
　　一、加强"自上而下"的组织领导 …………………………………… 130
　　二、构筑"自下而上"的参与式扶贫开发治理结构 ………………… 130
　　三、形成"三位一体"的扶贫开发合力 ……………………………… 131
　　四、完善相应政策保障 ………………………………………………… 131
第四节 组织机制创新实践：四川援助藏区行动个案分析 ………………… 132

第九章　中国连片特困地区扶贫开发的环境支撑 …………………………… 135
第一节 进一步转变农业经济发展方式 ……………………………………… 135
　　一、调整农村需求结构 ………………………………………………… 136
　　二、优化农业产业结构 ………………………………………………… 137
　　三、完善农村市场经济体制 …………………………………………… 137
第二节 进一步深化农村经济体制改革 ……………………………………… 138
　　一、稳定和完善农村基本经营制度 …………………………………… 138
　　二、理顺扶贫开发中政府与市场的关系 ……………………………… 141
第三节 进一步强化非正式制度安排 ………………………………………… 145
　　一、转变贫困农民思想意识 …………………………………………… 146
　　二、提高贫困农民整体素质 …………………………………………… 148
第四节 进一步完善和发展相关法律制度 …………………………………… 150
　　一、加快推进农村土地制度改革 ……………………………………… 150

二、保障农村劳动力转移充分就业 …………………………………… 151
三、加强对农民合法权利的法律保护 …………………………………… 154

附录 …………………………………………………………………………… 156

附录1 中国农村扶贫开发纲要（2011~2020年） ………………………… 156
附录2 中共中央办公厅、国务院办公厅《关于创新机制扎实推进农村扶贫开发工作的意见》 ……………………………………… 168

参考文献 ……………………………………………………………………… 175

后　　记 ……………………………………………………………………… 187

第一章

导 论

贫困是世界各国发展中面临的一大难题,消除贫困是一个巨大的挑战。联合国发展计划署(UNDP)曾在2000年《全球贫困问题报告》中明确提出把"消除人类贫困"作为人类发展的主题。2013年10月10日在美国华盛顿举行的世界银行和国际货币基金组织年会上,世行发布了《全球贫困状况》报告,报告指出,全球仍然有7亿多人处于极端贫困的状况,而其中将近4亿是儿童。报告统计数据截止于2010年,处于极端贫困状况中的7亿多人也就是每天维持生计的费用低于1.25美元,其中78%生活在农村。[①]

消除贫困,实现共同富裕,是社会主义的本质特征。扶贫开发是我国特色社会主义的本质特征,是中国政府的重要职能之一。贫困是我国全面建成小康社会进程中的一个战略性课题,如何进一步有效进行扶贫开发,也是我国在全面建成小康社会的进程中面临的最大挑战。

第一节 选题背景与意义

我国对贫困的理解经历了一个过程。最早对贫困的理解是停留在经济意义层面,并且强调的是绝对贫困,早期的扶贫实践中也贯彻了这一思想。

一、问题的提出

我国改革开放之初,农村贫困人口约2.5亿,贫困发生率达30.7%。[②] 自改革开放以来,尤其是我国开始实施大规模的扶贫开发战略以来,农村贫困人口从

[①] 世行发布全球贫困报告7亿人处于极端贫困状态[EB/OL]. 央视网, http://m.news.cntv.cn, 2013-10-11.

[②] 国务院新闻办介绍中国农村扶贫开发纲要(2011~2020年)[EB/OL]. http://www.gov.cn, 2011-12-6.

1994年的8000多万下降到2000年底的3000万左右。进入21世纪,我国开始实施第一个扶贫开发纲要,即《中国农村扶贫开发纲要(2001~2010年)》,依靠发展解决贫困问题,① 按照新的贫困线标准,贫困人口减少到2010年底的2688万。2001~2010年,《中国农村扶贫开发纲要(2001~2010年)》确定的目标任务基本实现,我国农村的贫困发生率从2000年底的10.2%下降到2010年底的2.8%。② 2001~2010年,国家扶贫开发工作重点县农民人均纯收入年均实际增长8.1%,从1277元增加到3273元,略高于全国农村的平均水平。③ 我国为全球减贫做出了重大贡献,是第一个提前实现联合国千年发展目标贫困人口减半的发展中国家。

我国仍处于并将长期处于社会主义初级阶段,经济社会发展总体水平不高,制约贫困地区发展的深层次矛盾依然存在。随着工业化、信息化、城镇化和农业现代化的不断深入,扶贫开发面临着的机遇和挑战并存。根据新形势、新任务、新要求,我国提出了进一步加强农村扶贫开发工作的指导思想、总体要求、目标任务、对象范围、工作重点、政策措施和组织保障,④并于2011年5月颁布实施《中国农村扶贫开发纲要(2011~2020年)》,明确了新一轮扶贫工作的攻坚目标、任务和方略。

本书将围绕"有效推动我国新一轮扶贫攻坚工作,构建合理的连片特困地区扶贫开发机制"⑤这一核心问题来展开研究,既阐述其必要性,又构建其基本框架;既揭示其深刻内涵,又探索其实现路径,并提供行之有效的环境支撑。

二、研究的意义

本书的研究具有理论和现实两个层面的意义。

从理论上讲,研究连片特困地区扶贫开发机制,有助于丰富贫困理论的研究。长期以来,我国对反贫困问题的研究存在理论和实践脱节的现象,自1978年党的十一届三中全会以来,我国农村的扶贫开发不断深入开展,但关于扶贫开发机制的理论研究相对滞后,因而这三十多年来的农村改革特别是扶贫开发实践是研究扶贫开发机制最恰当的切入点。本书提出这样一个研究课题,应当是我国扶贫开发理论不断成熟的标志之一。在全面深化改革的背景下,在新一轮扶贫开发过程中,我国农村扶贫开发究竟靠什么样的机制来进行,如何有效深入开展,有哪些特点,在扶贫开发过程中发挥了怎样的作用,从发展的角度

---

① ④ ⑤ 国务院新闻办介绍中国农村扶贫开发纲要(2011~2020年)[EB/OL]. http://www.gov.cn, 2011-12-6.
② 消贫解困惠民生[J]. 中国财政, 2011 (24).
③ 消除贫困期待法律早出援手[N]. 民主与法制时报, 2011-12-13.

应当如何创新？研究这些问题，不但可以丰富我国农村扶贫开发的理论，还可以完善发展经济学的相关理论，对于全世界范围内的扶贫开发理论研究也是重要的贡献。①

从现实上讲，研究连片特困地区扶贫开发机制，有利于推动我国新一轮扶贫开发事业的发展。伴随着我国农村三十多年的改革开放实践，我国农村的扶贫开发事业在世界范围引起了广泛关注，我国扶贫开发机制创新也得到了国际组织和国内学术界的高度赞誉。因而，在新一轮扶贫开发过程中，研究扶贫开发机制，有助于落实科学发展观，推动和谐社会的实现，有助于社会主义新农村建设，推动全面建成小康社会目标的实现。采取切实可行的措施来缓解贫困并逐渐消除贫困是现代政府的必然责任，通过完善和发展有效的扶贫开发机制，有利于扶贫开发事业的不断发展，从而进一步缩小我国的贫富差距，实现社会公平正义，保持社会和谐稳定，为实现伟大的中国梦奠定坚实基础。贫穷不是社会主义，单极的发展也不是社会主义。从这个角度而言，研究扶贫开发机制问题，找出其中所包含的宏观经济和社会发展政策的不足之处，能够使国家的经济发展更为健康和持续，也符合和谐社会的发展目标，同时有助于扩大扶贫开发领域的国际交流与合作，为世界范围内的扶贫开发事业做出贡献。

第二节　核心概念

一、贫困的一般定义和分类

贫困是伴随着人类社会的产生而存在的现象，尽管研究贫困问题的著作浩如烟海，但迄今没有一个令人满意的科学定义。英国人朗特里（Seebohm Rowntree）（1899）提出，如果一个家庭的总收入不足以提供维持体能所需要的最低数量的生活必需品，则该家庭为贫困家庭。② 此后，不少学者从不同的角度给贫困一词下了不计其数的定义。

究竟什么是贫困？这是一个模糊概念，它不具备确定性，它随时间和空间及人们思想观念的变化而变化，③ 因而，这是一个简单而又复杂的问题。对贫困的理解有多种角度，有从收入的角度界定贫困的，"一种人们没有足够收入的状

---

① 龚晓宽. 中国农村扶贫模式创新研究 [D]. 四川大学博士学位论文, 2006: 1.
② 阿玛蒂亚·森. 贫困与饥荒——论权利与剥夺 [M]. 北京: 商务印书馆, 2001: 98.
③ 本书编写组. 连片特困地区扶贫规划编制理论与方法 [M]. 北京: 中国财政经济出版社, 2012: 1.

况"；① 也有从权利或能力的角度界定贫困的，其代表人物是阿玛蒂亚·森（Amartya Sen），他运用权利分析方法来分析饥荒，拓展了贫困的内涵。他认为，"一个人之所以挨饿是因为他没有支配足够食物的能力"，② 能力的缺少是因为他的权利被剥夺。因而，贫困实际上表现为能力的缺乏。世界银行也依据这一认识提出："贫困不仅指物质的匮乏（以适当的收入和消费概念来测算），还包括低水平的教育和健康。同时，贫困在某些时候还表现得十分脆弱，尤其体现在面临风险或处于风险的时候。"也有从国家贫困标准出发进行的界定，如世界银行在《2000~2001 世界发展报告（与贫困作斗争）》中指出，贫困就是对福利的截然剥夺，这种剥夺不仅反映在教育和卫生等方面，更反映在脆弱性、风险高、不平等、没有发言权等方面。③ 国家统计局农村社会经济调查总队也认为，贫困一般是指一个人或一个家庭的生活水平太低，需要国家和社会扶持。④ 还有从综合方面如"人类发展最基本的机会和选择的缺乏"来定义贫困的，联合国发展计划署（The United Nation Development Programm，UNDP）曾在 2000 年《全球贫困问题报告》中这样表述。另外，国际社会还有慢性贫困的说法，慢性贫困研究是 20 世纪末 21 世纪初兴起于西方贫困问题研究领域的一个分支。英国及南亚一些国家的大学和科研机构等组建了慢性贫困研究中心（Chronic Poverty Research Center，CPRC），并于 2005 年初发布了全球第一份慢性贫困研究报告。慢性贫困在收入贫困、基本需求贫困、能力贫困、脆弱性贫困、人类贫困等传统定义的基础上，又引入了贫困的跨代传递性、贫困的动态性、贫困的极端性和贫困的群体意志性等新的术语和范畴，从综合性的角度来研究和分析贫困，进一步拓宽了贫困研究的视野。⑤

从以上贫困定义的演变可以看出，对贫困的定义经历了一个由单一到丰富的过程，由最初单一的收入贫困发展到内涵更为丰富的人类贫困和慢性贫困。因而，概括而言，贫困是一种短缺的生存状态。这种短缺可能表现为收入低下、机会缺少、能力低下或者权利缺失。本书认为，无论是哪一方面的短缺，对于贫困人口来说都是"资源短缺"。资源是指对人有用的事物，贫困人口之所以贫困就是因为他们不能利用这些资源来改善生存状态。据此，本书认为，贫困是指低于社会既定标准的资源短缺状态，它外在地表现为，生活质量低于社会确认的某种标准。对于扶贫开发来说，要使其更健康有序地进行，必须结合不同地区和不同

---

① 保罗·萨缪尔森. 经济学 [M]. 北京：首都经济贸易大学出版社，1996：101.
② 阿玛蒂亚·森. 贫困与饥荒——论权利与剥夺 [M]. 北京：商务印书馆，2001：61.
③ 李文，李芸. 中国农村贫困若干问题研究 [M]. 北京：中国农业出版社，2008：25.
④ 《中国城镇居民贫困问题研究》课题组和《中国农村贫困标准》课题组的研究报告，1990. 转引自唐钧. 确定中国城镇贫困线方法的探讨 [J]. 社会学研究，1997（2）.
⑤ 李文，李芸. 中国农村贫困若干问题研究 [M]. 北京：中国农业出版社，2008：31.

人群的实际需要，也就是说要结合他们的资源占有状况。

贫困可以依据不同的标准分成不同的类型，参照世界银行《关于全球贫困状况》报告的标准，可将贫困划分为极端贫困和相对贫困。① 本书认为，极端贫困是指生存水平低于国家确定的贫困线；而相对贫困是指生存状态处于国家或地区的平均生活水准线以下。实际上这种划分的依据是贫困得到社会公认的程度。从广义上来说，极端贫困是相对的，而相对贫困又是绝对的。本书研究的是处于我国确定的贫困线和最低收入水平线以下的绝对贫困人口和低收入人口，也就是我国农村扶贫开发政策所针对的人群。依据衡量贫困的标准可以分为广义的贫困和狭义的贫困。广义的贫困是指经济、健康、政治和环境等各个方面的状况都低下；狭义的贫困主要是指经济水平的低下。广义贫困和狭义贫困概念提供了一个国家或地区扶贫开发战略的努力方向。也就是说，在某个具体的阶段，政府扶贫的重点是什么，通过什么样的方式来扶贫。

二、贫困线

判断一个国家到底有多少贫困人口，需要确定一个识别贫困的标准。这个标准通常用特定的福利指标作为一道线，低于这条线的就是贫困人口。这条线被称为贫困线。② 就扶贫的对象而言，不同国家的选择标准是不一样的。"贫困概念的相对性和贫困内涵的广泛性，为界定贫困、确定贫困标准带来了困难。"③ 严格来说，扶贫对象应该是贫困人口。通过前文的分析可以看出，我国的扶贫对象实际上是分成区域和人口两个层次的。在我国，相应地有明确确认的标准，来划分贫困县和贫困人口。

1. 人口贫困线

贫困线的测定有不同的计算方法。荷兰的奥迪·海根纳斯（Orti Higetas）和克拉斯·德沃（Claes Dewo）归纳出三种测定贫困标准的视角：④ 其一为客观相对贫困标准的测定，通过商品或者收入不足的事实对贫困进行量度。其包括三种方法：收入等份定义法、收入平均数法和相对不足法。其二是客观绝对贫困标准的测定，通过确定一个最小值作为参照，低于最小值的即为贫困。具体方法有七种：热量支出法、基本需要法、恩格尔系数法、超必需品剔除法、总支出与总收入之比法、编制贫困指数法和数学模型法。其三是主观贫困标准的测定，即通过对居民自我感觉的调查来确定是否贫困。它包括主观最小收入定义法和主观最小消费定义法两种。其他的方法还有如莫泰基提出的"市场菜篮法、生活形态法、

---

① 本书认为，世界银行所说的极端贫困状况实际上就是我国划分的绝对贫困。
② 李文，李芸. 中国农村贫困若干问题研究 [M]. 北京：中国农业出版社，2008：32.
③④ 童星，林闽钢. 我国农村贫困标准线研究 [J]. 中国社会科学，1994（3）.

食费对比法和国际贫穷标准线"等。①

我国采用一个综合的标准来确定贫困人口。它包括最低营养标准、食品贫困线和非食品贫困线三类基本数据。最低营养标准是对居民每天摄入的各种维生素、矿物质以及营养素的热量标准进行评估而确定的，最低标准为8789.55焦；食品贫困线是指居民购买满足最低营养标准的食品所花费的支出；非食品贫困线是指维持生存和正常活动必不可少的非食品支出最低标准。我国规定贫困人口的贫困标准是食品贫困线（约占60%）与非食品贫困线（40%）相加得到的和。即贫困线＝食品贫困线×60% + 非食品贫困线×40%。②

依据这个计算方法，1986年，我国制定的绝对贫困标准是每年206元。后来此标准随物价调整，到2000年时调整为785元。同时在2000年，我国制定了865元的低收入标准，到2007年底，调整为1067元。③ 这实际上就出现了两个标准，一个是绝对贫困标准，另一个是低收入标准，为了在实际工作中更好地操作，将这两个标准"合二为一"十分必要，于是在2008年，我国将这两个标准统一为1067元，以此作为新的扶贫标准。2009年、2010年标准进一步上调至1196元。2011年，我国确定了以农村人均纯收入每年2300元（2010年不变价）作为新的国家扶贫标准。实际上，根据农村物价指数的变动情况，贫困线在数值上总存在着一定的波动。

2. 地区贫困线

就世界范围来看，以地区为单元来投入扶贫资金和资源的情况也是存在的。在我国农村，贫困人口在不同区域之间的分布是不平衡的，贫困人口相对集中的现象比较明显。20世纪90年代以前尤其如此。

由于我国农村的贫困具有明显的区域特征，因此，对扶贫对象的区域就相对集中在贫困县。自20世纪80年代我国就确定了贫困县的办法，以集中资金和资源扶持贫困县，提高扶贫开发绩效。1985年，我国首次确定了贫困县制度，按当时人均纯收入每年200元的贫困线标准，农村贫困人口达1.25亿,④ 其中，近4000万人的年平均收入不足50元，占农村人口的4.4%。按照这个标准，我国的贫困县有699个，其中，国家重点扶贫开发的贫困县有331个。⑤ 由于各个省份贫困的规模和程度不同，为平衡各省份的数量，中央在不同的省份确定了有较大差别的贫困标准，而且省级贫困县更是各地自行确定标准，彼此之间的差距更

---

① 莫泰基. 香港贫穷与社会保障 [M]. 台北：中华书局，1993：22.
② 国风. 历史的壮举：中国农村反贫困历程 [M]. 太原：山西人民出版社，2003：74 - 76.
③ 吴华. 中等收入阶段中国减贫发展战略与政策选择 [D]. 财政部财政科学研究所博士学位论文，2012：6.
④ 叶普万. 贫困经济学研究 [D]. 西北大学博士学位论文，2003：17.
⑤ 国风. 历史的壮举：中国农村反贫困历程 [M]. 太原：山西人民出版社，2003：76 - 77.

大。比如，云南省1986年国定贫困标准和省定贫困标准均为人均年收入120元以下，低于国家确定的标准；而江苏省1986年国定贫困标准和省定贫困标准都为人均年收入400元以下，两者之间的差距有260元。

根据经济社会发展的需要，中国政府先后于1994年、2001年、2011年多次调整国家重点贫困县的标准。1994年以农民人均纯收入低于400元的县（以1992年为基准）为标准，2001年以综合指标（人均国内生产总值、人均地方财政收入和农民人均纯收入）为标准，两次确定的国家级贫困县都是592个，①2011年确定的国家级贫困县是680个。

三、反贫困、扶贫与扶贫开发

"反贫困"是针对摆脱贫困的最广义解释，这一概念最先是由缪尔达尔（G. Myrdal）提出的。② 这种摆脱贫困的力量既包括借助外部力量，也包括发挥内部力量。缪尔达尔在阐述反贫困理论中，主要提出了二元空间结构发展理论，强调了发达地区对周边其他地区发展的不利影响，落后地区或贫困也正是这种不利影响进一步延伸的结果。

扶贫主要是指借助外在的力量，使贫困地区和贫困人口摆脱贫困，有"扶持"之意。③ 所借助的外力既包括政府组织的力量，也包括非政府组织的力量，在我国，还包括社会各界的力量和市场的力量，同时，这种借助外力与发挥贫困地区和贫困人口的自身力量是相结合的。

由此可见，"反贫困"强调的概念十分广泛，主要是一种理论上的表述。"扶贫"主要强调借助外力，在我国主要是在政府主导下进行的，同时包括借助其他非政府组织、社会各界的力量和市场的力量，也包括贫困地区和贫困人口自身的力量，更多地体现在实践层面。与此相似的含义还有"减贫"、"缓贫"、"根除贫困"和"零贫困"等概念，这些概念的意义相差不大，几乎相同，因而没有完全区分的必要。曾有学者指出，上述概念正好反映了贫困人口脱贫的逻辑顺序和渐进过程。④

扶贫开发是一种国家战略，具体来讲是指开发式扶贫方式，我国的扶贫开发战略主要是政府主导型的，其目标是使贫困地区和贫困人口摆脱贫困。⑤

本书认为，在主要研究政府对解决贫困问题时，应该采用"扶贫开发"的概念，而不是简单的"反贫困"。结合贫困的概念，可以把扶贫开发界定为：政

---

① 许源源. 中国农村扶贫瞄准问题研究[D]. 中山大学博士学位论文，2006：110.
②③ 汪芳. 扶贫信贷管理模式研究[D]. 山东农业大学博士学位论文，2009：4.
④ 黄承伟. 中国反贫困：理论、方法、战略[M]. 北京：中国财政经济出版社，2001：17.
⑤ 许源源. 中国农村扶贫瞄准问题研究[D]. 中山大学博士学位论文，2006：116.

府和其他组织通过政策或具体行为，通过向贫困地区和贫困人口投入资金资源或利用当地资源，多渠道发挥各种力量，通过对贫困地区的开发，使贫困人口摆脱其资金和资源短缺状态的活动。本书主要不是研究政府扶贫开发，而是对连片特困地区的扶贫开发。另外，需要说明的是，"反贫困"、"扶贫"和"扶贫开发"几个概念在我国使用地所指代的意义几乎是相同的，说明了我国摆脱贫困的阶段性和渐进性，为了达到脱贫致富的目标，我国的扶贫开发行动中也包含了贫困人口自身的努力，即充分尊重贫困地区和贫困人口的主体地位，充分发挥其主观能动作用，积极鼓励他们自立自强实现脱贫致富。

中国政府的扶贫开发政策主要有：确定扶贫对象政策，要求尽可能的最大范围将贫困人口纳入到扶贫对象中来；确定扶贫开发资金政策，要求整合各种扶贫开发资金和资源用于贫困事业，专款专用；优惠政策，指对国家确定的贫困县和贫困人口的政策优惠；对口支持政策，主要包括中央国家机关和省属机关的定点扶贫，东部发达省份对口支援贫困地区；社会动员政策，指政府动员企事业单位和社会团体以及社会志愿扶贫个体对贫困地区的支持；移民开发政策，对生活在自然环境恶劣地区的贫困人口实行异地搬迁；国际合作政策，包括利用国外政府和非政府组织、国际多边组织的援助进行合作研究与培训，利用优惠贷款发展贫困地区经济等；① 人力资源开发政策，包括在贫困地区加大教育支持力度，对贫困地区的劳动力进行就业培训，为贫困人口提供创业风险保证和优惠政策等；管理政策，包括建立各级政府扶贫开发机构，制定扶贫开发资金管理措施等。

另外，在具体的概念表述中，有些是固定或者是约定俗成的词语组合，本书就不再一一加以解释或定义了，例如扶贫主体、扶贫对象、扶贫载体、扶贫资金和资源等，扶贫开发主体、扶贫开发对象、扶贫开发载体、扶贫开发资金和资源等，其实质意义即指是一样的。

四、连片特困地区

"连片特困地区"是集中连片特殊困难地区的简称。仅仅就"集中连片特殊困难地区"这一词汇来说，在不同阶段，它所表达的内涵是不一致的。

"集中连片特殊困难地区"这一基本概念是伴随着扶贫开发的产生而产生的，与我国传统的集中连片开发理论有着较强的继承性。1986~1993年，我国开始大规模进行开发式扶贫，连片开发政策也就是在这个时期开始实行。1986年，我国把贫困地区分为14个片区。1988年，根据国务院相关文件精神，在原来14个

---

① 叶兴庆. 中国的反贫困政策 [J]. 中国贫困地区, 1997 (2).

贫困片区基础上增划和调整，把全国贫困地区划分为18片（详见表1-1）。与之相适应，全国各省、市、自治区也划分了自己的集中连片地区，比如当时四川划分的川东武陵山区、川南乌蒙山区、川西北高原地区、川北秦巴山区、攀西大小凉山地区等，就是这个特定时期的产物。①

表1-1　20世纪80~90年代我国农村18片集中连片贫困地区②

经济地带	连片贫困地区数	贫困地区名称	涉及的省、市、区	贫困县数
东部	2	沂蒙山区	鲁	9
		闽西南、闽东北地区	闽、浙、粤	23
中部	7	努鲁儿虎山地区	辽、蒙、冀	18
		太行山区	晋、冀	23
		吕梁山区	晋	21
		秦岭大巴山区	川、陕、鄂、豫	68
		武陵山区	渝、陕、鄂、豫	40
		大别山区	鄂、豫、皖	27
		井冈山和赣南地区	赣、湘	34
西部	9	定西干旱地区	甘	27
		西海固地区	宁	8
		陕北地区	陕、甘	27
		西藏地区	藏	77
		滇东南地区	滇	19
		横断山区	滇	13
		九万大山区	桂、黔	17
		乌蒙山区	川、滇、黔	32
		桂西北地区	桂	29
全国	18			512

随着贫困格局不断发生变化，贫困问题逐渐集中在一些常规手段难以奏效的

---

① 王思铁. 连片特困地区的概念及特征［EB/OL］. 新浪网, http: //blog. sina. com. cn/s/blog_599a3d490100xx3d. html, 2011-09-28.
② 国务院扶贫开发领导小组办公室, 农业部农业经济研究中心. 贫困地区经济开发十年［M］. 中国科学技术出版社, 1993.

区域。根据这些变化,我国政府也在不断调整相应措施。进入21世纪的第一个扶贫开发纲要即《中国农村扶贫开发纲要（2001～2010年）》,明确以"县为单位、村为载体"来进行。当时全国有592个国家扶贫开发工作重点县,14.8万个贫困村。在这种情况下,国家正式或非正式地使用过"特殊类型地区"、"集中连片贫困地区和特殊类型贫困地区"等提法。①

2010年底,随着我国第一个扶贫开发纲要提出的各项目标任务的圆满完成,我国的贫困格局发生了一些新的变化,无论是从贫困的空间布局来看,还是从贫困程度来看,都带有明显的集中连片、特殊困难等特点,因而,我国相关媒体就提出了"集中连片特困地区"这一概念,如在2010年3月22日,CCTV新闻联播《从重点帮扶贫困群体到对连片特困地区加大扶持力度,国家对贫困地区的帮扶思路在不断调整和变化中》,使用了"连片特困地区"概念。随着这一概念在不同场合的使用和解释,人们对这一提法也逐渐熟悉起来,随后中央相关权威部门也予以认可,2010年10月18日,党的十七届五中全会通过的《中共中央关于第十二个五年规划的建议》强调"加快解决集中连片特殊困难地区的贫困问题",2011年,国家正式颁布实施《中国农村扶贫开发纲要（2011～2020年）》明确提出把集中连片特殊困难地区作为扶贫开发的主战场,简称"连片特困地区"。目前,"连片特困地区"的概念,已达成共识,被扶贫开发理论和实践工作者广泛运用。②

由此本书可以归纳出,连片特困地区,主要是指随着我国扶贫开发的不断深入开展,贫困格局发生了新的变化,贫困逐渐集中在一些农村特殊困难地区,环境、区位和文化等各方面均存在特殊性,常规的扶贫手段难以奏效,加之这些地区在空间上存在一定的连片性,因而称之为集中连片特殊困难地区,简称连片特困地区。我们可以将"连片特困地区"分为广义与狭义两类,广义的连片特困地区由两个或两个以上县或市或省构成,狭义连片特困地区由相连接的两个或两个以上行政村或乡镇构成。不管狭义的连片特困地区还是广义的连片特困地区,一般都在村与村、乡与乡、县与县、市与市,甚至省与省的结合部,也即挨邻连接。特别情况下,从地域上看,也可以有小部分的不连接。实际上,从连片特困地区的划分来看,14个片区中除了西藏、云南的滇西边境片区外,其他都是跨省片区。

按照《中国农村扶贫开发纲要（2011～2020年）》的总体部署,未来10年中,我国扶贫开发连片特困地区共14个,包括中央已明确实施特殊政策的西藏、"四省藏区"（青海、甘肃、云南、四川）和"新疆南疆三地州"（喀什地区、和

---

①② 王思铁. 连片特困地区的概念及特征［EB/OL］. 新浪网, http://blog.sina.com.cn/s/blog_599a3d490100xx3d.html, 2011-09-28.

田地区、克孜勒苏柯尔克孜自治州)外,新划分的 11 个片区包括:大兴安岭南麓片区、燕山—太行山片区、吕梁山片区、大别山片区、武陵山片区、罗霄山片区、六盘山片区、秦巴山片区、乌蒙山片区、滇黔桂石漠化片区、滇西边境片区。① 从地域上看,这些片区基本上都是跨省区的;从自然地理角度看,包括高寒山区、黄土高原、荒漠化地区、石漠化地区、丘陵山区、水库区、地方病高发区以及灾区等自然条件特别恶劣、生态较为脆弱的地区;② 从政治角度看,这些片区多为革命老区、民族地区、边疆地区和"直过区";③ 从发展阶段看,集中体现为基础设施薄弱、产业发展不足、社会事业滞后、公共服务欠缺、普遍收入不高等,部分地方社会治安、民族矛盾、群众纠纷等影响社会和谐稳定的问题也比较突出。

我国 14 个连片特困地区划分的基本依据是"2007~2009 年县域农民人均纯收入、县域人均财政一般预算收入和县域人均地区生产总值三项指标三年的平均值"。以西部三项指标的平均值作为基本标准,三项指标均低于西部地区平均值的县进入片区初选县名单,再排除不集中连片的县,最终确定进入片区县的名单。除西藏、"四省藏区"和"新疆南疆三地州"外,④ 新划分出的 11 个片区包括 505 个县,其中原国家扶贫开发工作重点县 382 个、革命老区县 170 个、少数民族县 196 个、边境县 28 个,总面积 139 万平方公里,总人口 2.20 亿(其中乡村人口约 1.90 亿)。按 2007~2009 年三年平均计算,县域人均地区生产总值年均 6650 元、县域人均财政一般预算收入年均 262 元、县域农民人均纯收入年均 2667 元,分别相当于 2007~2009 年西部年平均水平的 49.1%、43.7% 和 73.2%。⑤(14 个集中连片特困地区详见图 1-1 所示)

2011 年 7 月,根据国务院扶贫开发领导小组下发的关于集中连片特困地区分县名单的通知,除西藏、"四省藏区"和"新疆南疆三地州"等三个已实施特殊政策的片区,其余共划分为 11 个连片特困地区。本书按照从东到西、从南到北的顺序,将 11 个连片特困以区为单位进行划分,具体如表 1-2 所示。

---

① 本书在接下来对连片特困地区进行分片研究分析时,原则上都用"地名"+"片区"进行表述。
② 灾区:2008 年四川汶川地震、2010 年甘肃玉树地震、2013 年四川芦山地震等灾害后,大量因灾返贫人口使得灾区进入公众视野。
③ "直过区"是指在我国民主改革和社会主义改造前,处于原始公社或其残余的社会经济形态直接过渡进入社会主义社会形态的贫困地区。
④ "四省藏区"是指除西藏自治区外青海、四川、云南、甘肃省等四省藏族与其他民族共同聚居的民族自治地区。"新疆南疆三地州"是指新疆和田地区、喀什地区、克孜勒苏柯尔克孜自治州。
⑤ 王思铁. 连片特困地区的概念及特征[EB/OL]. 新浪网, http://blog.sina.com.cn/s/blog_599a3d490100xx3d.html, 2011-09-28.

图 1-1　我国 14 个集中连片特困地区①

表 1-2　2011～2020 年我国农村 11 个集中连片特困地区②

经济地带	连片贫困地区数	贫困地区名称	涉及的省	贫困县数
中西部	11	大兴安岭南麓片区	蒙、冀、黑	19
		燕山—太行山片区	闽、浙、粤	33
		吕梁山片区	晋	20
		大别山片区	鄂、豫、皖	36
		武陵山片区	鄂、湘、渝、黔	64
		罗霄山片区	赣、湘	23
		六盘山片区	陕、甘、青、宁	61

---

① 何平. 如何让 1.22 亿人脱贫致富 [N]. 光明日报, 2013-01-14.
② 根据 2011 年 7 月国务院扶贫开发领导小组《关于下发集中连片特殊困难地区分县名单》整理, 按照从东到西、从北到南的顺序排列。下文对各片区进行分析研究时, 也统一按这个顺序排列。

续表

经济地带	连片贫困地区数	贫困地区名称	涉及的省	贫困县数
中西部	11	秦巴山片区	川、陕、鄂、豫	75
		乌蒙山片区	川、滇、黔	38
		滇黔桂石漠化片区	桂、黔、云	80
		滇西边境片区	云	56
全国	11			505

五、扶贫开发机制

"机制"一词最早源于希腊文，原指机器的构造和动作原理，即机器运转过程中各个零部件之间的相互联系、互为因果的连接关系及运转方式。后来，人们将"机制"一词引入经济学领域，用"经济机制"来表示一定经济机体内，各构成要素之间相互联系和作用的关系及功能。

关于扶贫开发机制，本书认为主要集中于五个方面：①基本框架，即目标、原则、重点、手段、方式等。有学者把目标和重点看成是一种政策导向，提出"为有效实施反贫困计划，（必须）确定区域范围"的政策措施。[1] 更多的学者提出目标机制的说法。但无论是目标政策还是目标机制，都是指扶贫对象和范围或者说重点对象和范围以及相应的手段、方式。②运行机制，主要是指国家扶贫资金和资源等在区域、人群和项目及产业上的分配，如何运行的方面。③激励机制，实际上是参与扶贫开发的各主体间如何和谐地分配利益，有效扶贫开发方面。④调控机制，主要是指作为扶贫开发主体的政府如何运用行之有效的手段调配各种资源开展扶贫开发工作。⑤组织机制，本书主要是从组织集成的角度阐述如何把各种因素叠加从而有效开展扶贫开发工作。本书认为，分析扶贫开发机制应该把以上几个方面结合起来，而不只是分析某一个方面。另外，还应该注意到扶贫开发的动态性特征。扶贫开发有动态和静态两方面的特征。从动态的角度来看，扶贫开发应该是一个持续的过程，包括运行、激励、调控和组织等多个环节，它关注的是"如何有效开发"的问题；从静态的角度来看，扶贫开发体现为一种结果，它关注的是"是否有效开发"的问题。

综上所述，扶贫开发机制是指农村扶贫开发工作中如何科学运行、利益协调、政府调控、组织实施等机制构成的有效统一整体。它包括四个方面的内容：一是指如何科学有效地开展扶贫开发工作，即如何运行的问题；二是在运行过程

---

[1] 叶兴庆. 中国的反贫困政策 [J]. 中国贫困地区，1997（1）.

中如何处理好相关利益问题，即激励机制；三是政府如何有效调控扶贫开发工作，即调控机制；四是各扶贫开发主体间如何有效形成合力，即组织机制。从动态的角度讲，一次完整的扶贫开发过程是运行、激励、调控、组织等多个要素相互作用的结果。

第三节　研究框架

本书研究的基本框架包括以下方面：①对我国连片特困地区扶贫开发机制的理论背景和现实背景进行研究；②对我国连片特困地区扶贫开发机制总体布局的研究，主要从开发机制的特点、目标、原则、主体、模式、内容、手段、指标设定及测量八个方面来构建；③关于扶贫开发机制的主要形式研究，包括运行机制、激励机制、调控机制、组织机制；④关于环境支撑，包括转变农业经济发展方式、推进农村经济体制改革、强化非制度性安排和加强配套法律制度。

首先，本书对贫困、贫困线、反贫困、扶贫、扶贫开发和扶贫开发机制等相关概念进行了界定，为本书分析研究打下基础。

其次，对于我国连片特困地区扶贫开发机制构建的必要性进行了研究，主要有四个要点：一是我国经济发展到新时期新阶段的客观要求；二是我国扶贫开发阶段性经验的内在要求；三是我国连片特困地区扶贫攻坚任务的现实要求；四是国际扶贫开发经验的有益借鉴。因此，有必要建立完善扶贫开发机制。

再次，本书从我国连片特困地区扶贫开发机制的特点、目标、原则、主体、模式、内容、手段、衡量指标和指标测量八个方面构建了我国连片特困地区扶贫开发机制的基本框架。我国连片特困地区扶贫开发机制由四大组成部分构成：运行机制、激励机制、调控机制和组织机制（以下简称"四大机制"），并对这四大机制的相互关系进行了分析。

又次，本书分别阐述了运行机制、激励机制、调控机制和组织机制。在分别对四大机制构建的必要性进行简要分析的基础上，又对四大机制构建的内容进行了研究，进而对四大机制的实现路径进行了探讨，同时对我国部分连片特困地区开发机制的创新实践活动进行了举例分析。

最后，从进一步转变农业发展方式、深化农村经济体制改革、强化非正式制度安排、完善相关法律制度四个方面分析并探讨了我国连片特困地区扶贫开发机制需要构建的外部支撑环境问题，相当于对策建议。

本书具体由以下九部分组成：

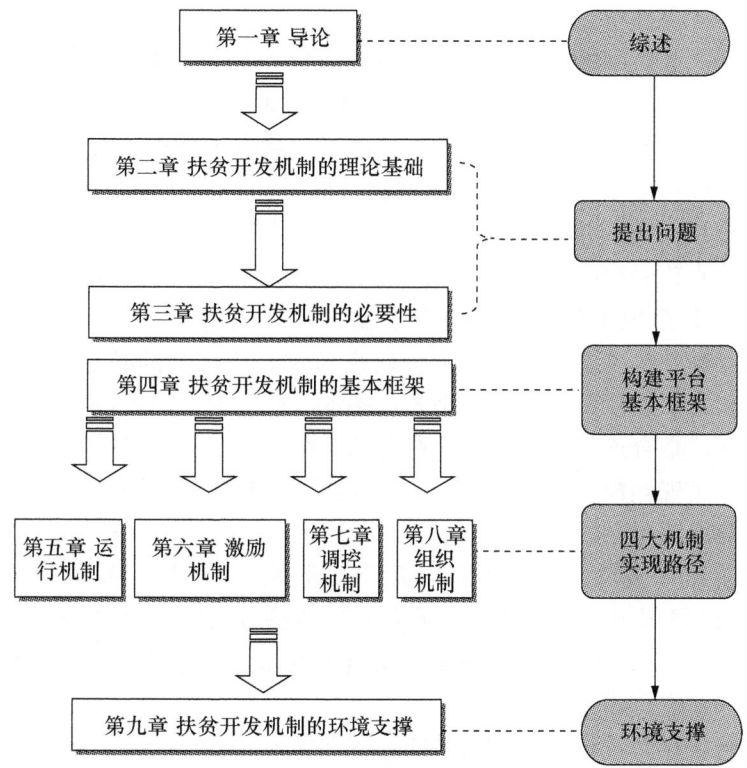

图1-2 本书的框架与研究思路

第一章是综述导论部分,较为全面地介绍了本书的选题背景、研究对象、研究意义、基本框架、研究方法以及可能的创新点和不足。

第二章界定了贫困、贫困线、反贫困、扶贫、扶贫开发、连片特困地区、扶贫开发机制等几个基本概念,以此为本书研究的逻辑起点。对反贫困相关基础理论进行了梳理,将其划分为三个大的部分:马克思主义的反贫困思想考察、西方经济学反贫困理论和中国经济学反贫困理论,为本书的研究提供了理论支撑。

第三章对我国集中连片特困区扶贫开发的必要性进行了分析。本书对我国连片特困地区扶贫开发机制构建必要性进行了论证:我国经济发展到新时期新阶段的客观要求;我国农村扶贫开发阶段性经验的内在要求;我国连片特困地区扶贫攻坚任务的现实要求;国际扶贫开发经验的有益借鉴。

第四章建立了我国农村连片特困地区扶贫开发机制的基本框架。本书从特点、目标、原则、主体、模式、内容、手段、指标设定及测量八个方面构建了我国连片特困地区扶贫开发机制的基本框架。我国连片特困地区扶贫开发机制由四大组成部分构成:运行机制、激励机制、调控机制和组织机制,并对这四大机制的相互关系进行了分析。

第五章对运行机制进行研究。分析研究构建运行机制的必要性、基本内涵，提出了"片为重点、规划先行"，"村为载体、整村推进"，"户为受体、到户帮扶"的实现路径，并对部分片区的创新实践活动进行了分析。

第六章对激励机制进行研究。借鉴相关利益协调机制理论和"双重四位一体"模式，分析研究构建激励机制的必要性、基本内涵，提出了改革政绩考核制度、注重发挥非政府组织的功能、发挥扶贫对象的积极主动性等方面来实现激励目标，对部分片区的创新实践活动进行分析。

第七章对调控机制进行研究。分析研究构建调控机制的必要性、基本内涵，从加快完善和发展连片特困地区贫困人口基本信息系统、加强扶贫资金的投入使用和监督管理、整合连片特困地区扶贫资源、在统筹城乡发展中转变贫困农民身份四个方面来实现调控目标，最后对个别片区的创新实践活动进行分析。

第八章对组织机制进行研究。借鉴"集成"理论和"政府集成"思想，提出了"扶贫集成"观念，分析研究构建组织机制的必要性、基本内涵，从加强"自上而下"的组织领导、构筑"自下而上"的参与式扶贫治理结构、形成"三位一体"的扶贫开发合力三个方面来实现组织目标，还对四川藏区扶贫组织机制的创新实践活动进行了分析。

第九章对扶贫开发机制构建需要的外部支撑环境进行研究。从转变农业发展方式、深化农村经济体制改革、强化非正式制度安排、完善相关法律制度四个方面进行分析。

第四节 研究方法

本书结合我国实际，运用马克思主义的相关原理和方法，同时借鉴和吸收西方经济学的合理内核和方法，将各种研究方法有机地结合起来，探索符合我国国情的扶贫开发机制的具体方式和路径。

一、唯物辩证法

唯物辩证法认为，普遍联系与永恒发展是世界存在的两个总的基本特征，本书研究扶贫开发机制也与这两个特征紧密联系，同时，在具体研究、分析问题时，也把握好了三大规律（对立统一规律、质量互变规律、否定之否定规律）和五对范畴（现象和本质、内容和形式、原因和结果、可能性和现实性、偶然性和必然性），力求以马克思唯物辩证法的哲学方法来探索扶贫开发机制。

二、定性分析与定量分析相结合的方法

对扶贫开发机制的研究是一个定性与定量分析相结合的产物。通过定性分析,把扶贫开发的性质、特征、类型等方面进行归纳、总结和刻画,明确了对扶贫开发政策的把握;通过定量分析,将扶贫开发各部分、各阶段的运动发展进行了量化,从而探明了问题的研究路径和实施方法。在对基本概念、框架、原则等问题进行研究时,使用了定性分析;在对扶贫开发步骤、实现路径等问题进行分析时,应用了定量分析。将定性分析与定量分析相结合,既有利于从宏观上把握扶贫开发的本质,又有利于从微观上解决扶贫开发过程中存在的具体问题。

三、规范分析与实证分析方法

对扶贫开发机制的研究采用了规范分析与实证分析相结合的方式。扶贫开发作为政府主导的群体行为,形成良好的组织合力和风气十分重要,本书试图分析扶贫开发状态主观价值判断,力求回答应当怎么搞好扶贫开发。与此相适应,从实证的角度比较客观地描述扶贫开发状态,规范应当的扶贫开发行为和实现路径。

四、案例分析方法

本书不是严谨的案例研究,只是提到了相关的现实案例(例子),并做了必要的有针对性的分析。因此权且称为"案例分析方法"。但是选择案例研究方法所必备的三个要素——研究的是"如何"和"为什么"的问题、研究者对案例无控制能力、研究的焦点是当代的现象并有着真实生活的背景——在本项研究中都是具备的。①

首先,选择案例研究法符合研究问题的性质。本书试图回答我国农村扶贫开发过程中的创新实践是什么?在扶贫开发事业中为什么存在扶贫开发不平衡的现象?这些都符合于案例研究法所要求的问题性质。

其次,扶贫开发机制,在本书中特指政府所承担的扶贫开发工作,是研究者无法控制的。要了解和分析扶贫开发机制,必须结合扶贫开发实际,通过调查和研究,才能知晓其绩效,并对其进行评价。

最后,本书研究的侧重点是我国扶贫开发机制。就案例本身而言,选择的都是近几年农村扶贫开发中出现的实例。依据政策规定,我国扶贫开发的重点集中在连片特困地区。本书所选用的例子和所调研的地区集中于14个连片特困地区,虽然在普遍性上存在差距,但是能够从一定程度上揭示扶贫开发机制创新的实践过程。

---

① 应国瑞. 案例学习研究——设计与方法(第2版)[M]. 广州:中山大学出版社,2003:1.

第二章

中国连片特困地区扶贫开发的相关理论基础

经济学史上关于反贫困的文献较为丰富，实际上也是扶贫开发的理论基础，但很多尚未形成专门的理论体系，尤其是对于农村集中连片特困地区扶贫开发这样一项新的社会系统工程，分析研究其理论体系基础十分重要。研究扶贫开发机制，有必要对国内外相关的思想和理论进行认真梳理。因此，本书根据研究过程中所接触到的一些的文献，从马克思主义的反贫困思想、西方经济学和中国学术界的反贫困理论进行考察，试图初步探寻我国连片特困地区扶贫开发的一般理论基础。

第一节 马克思主义反贫困思想考察

贫困是一个普遍存在的社会现象，有学者认为，贫困真正被纳入理论研究是在资本主义工业革命之后。[1] 随着经济社会的不断发展，人们对反贫困理论进行探讨，对反贫困战略进行了相应调整。尽管最先对贫困问题进行研究的是西方经济学家，但研究我国连片特困地区扶贫开发机制问题，有必要对马克思主义的反贫困思想进行考察。

一、马克思、恩格斯的反贫困思想

有学者认为，马克思是最早从制度层次上揭示贫困根源的。[2] 马克思的反贫困思想集中体现在相关文章中，如《1844年经济学哲学手稿》和《资本论》，其反贫困思想具有阶级贫困的性质。因而，有学者认为，是马克思、恩格斯最先真

---

[1] 王朝明. 中国转型期城镇反贫困理论与实践研究 [D]. 西南财经大学博士学位论文，2003：12.
[2] 叶普万. 贫困经济学研究 [D]. 西北大学博士学位论文，2003：23.

正对资本主义社会存在的贫困现象进行了科学的分析和深刻的揭示。①

马克思运用制度分析的方法,用哲学语言和思维来分析贫困问题,针对当时社会的主要矛盾,抓住了私有财产和异化劳动两个基本范畴展开了政治经济学批判。马克思在《1844年经济学哲学手稿》中认为,贫困发轫于劳动的异化,不依赖于生产者的力量,作为一种异己存在物的劳动产品,是同劳动相对立的。马克思认为,贫困是从现代劳动本身的本质中产生出来。② 在《资本论》中,马克思对资本主义社会贫困的解释进一步进行了分析,将无产阶级的贫困与雇佣劳动制度联系起来,认为是资本主义制度造成了无产阶级的失业和贫困。马克思在《资本论》中深刻揭示了资本主义的剩余价值规律和资本积累的一般规律,③无产阶级贫困化的根源和本质也就揭示出来了。

马克思指出,剩余价值的根源在于资本主义雇佣劳动制度。在这个制度下,整个无产阶级必然处于贫困状态。在这个制度下,无产阶级如果把经济地位的改变寄希望于资本主义生产的高度发展上,那只能是天真的幻想。因此,马克思在指明了无产阶级贫困根源的同时,也指出,消灭雇佣劳动制度是摆脱贫困命运的根本出路。

恩格斯也曾指出,应当到资本主义制度本身中去寻找工人阶级受剥削和处于贫困境地的原因,进一步阐释了马克思的相关反贫困思想。

马克思、恩格斯虽然没有系统地提出反贫困理论,但在一系列理论著作中其反贫困思想都有所体现,可以说是其思想渊源。这些思想对研究我国的反贫困实践具有重要的理论指导意义。

二、列宁、斯大林的反贫困思想

十月革命前,俄国农业基础薄弱,在国民经济中所占比重较大,因而农村贫困问题很突出。苏联建国后很长一段时期以来,实行的是以赶超为目标的经济发展战略,列宁、斯大林的反贫困思想也主要体现在经济发展战略思想,特别是在农村经济发展战略思想里面。

十月革命胜利初期,列宁主张在农村土地政策方面实行平均分配制度,将包括地主、皇室、教会的一切土地平均分配给农民使用,实行高度的国家集中制,以加快农村摆脱贫困落后境地,尽快实现赶超目标。同时,列宁起草了《土地法令》并获得通过,明确了农民以家庭为单位从事农业生产,平均分配使用土地政策等,主张或确认了个体农业生产的形式。④

---

① ③ 王朝明. 马克思贫困理论的创新与发展[J]. 当代经济研究, 2008 (2).
② 马克思. 1884年经济学哲学手稿[M]. 北京: 人民出版社, 2000: 51, 52, 131.
④ 葛霖生. 论列宁斯大林时期苏联经济发展战略[J]. 苏联东欧问题, 1982 (2).

苏俄国内战争时期，列宁主张实施"共耕制"，实际上是公有化制度。为此，这一时期，列宁还要求加强农村基层政权组织建设，为"共耕制"提供组织保障。

在新经济政策过程中，发展小农经济仍然是列宁的一贯主张。列宁逝世前夕提出必须建立合作社制度，认为农民参加了合作社，俄国就实现了社会主义。

实际上，列宁的反贫困思想还体现在苏维埃俄国的经济发展战略中实行国家工业化。为此，作为继任者的斯大林，建立了高度中央集权的经济管理体制。① 依靠中央集权，听命于中央，以行政强制手段来保证，实施一系列经济政策，从而实现以赶超为目的的反贫困战略任务。

三、中国马克思主义者的反贫困思想

新中国成立后，中国马克思主义者的反贫困思想集中体现在新中国成立后党的几代领导集体关于反贫困的一系列重要论述和经典著作中。毛泽东把消除贫困看作发展和巩固社会主义制度的基础，通过在社会主义革命和建设中的反贫困理论与实践，取得了很大的成就，但也存在诸多教训。改革开放以后，邓小平把消除贫困看作社会主义本质特征，通过改革开发阶段性的反贫困理论与实践，极大地丰富了马克思主义的反贫困学说，取得了举世瞩目的成就。江泽民把消除贫困看作共产党的宗旨，通过对邓小平理论的继承和发展，随着改革开放的不断深入，继续推进反贫困的伟大事业。② 胡锦涛把消除贫困看作构建中国社会主义和谐社会的重要内容，为世界反贫困事业做出了榜样。习近平把消除贫困看作全面建成小康社会的重要标志，用新的视野、在新的高度进一步深化了扶贫开发思想。

1. 毛泽东：消除贫困是巩固和发展社会主义制度的重要基础

新中国成立伊始，由于长期的战乱和政治动荡，再加上朝鲜战争爆发后西方国家实施经济封锁，我国的绝对贫困率非常高。面对一穷二白的国情，毛泽东强调："社会主义的革命的目的是为了解放生产力。"③ 在1956年党的八大上，毛泽东又明确指出，我们的根本任务是在社会主义基本经济制度下保护和发展生产力。④ 他在1957年指出，要"团结全国各族人民进行一场新的战争——向自然开战，发展我们的经济，发展我们的文化"。⑤ 1963年，他又指出："如果不在今后几十年内，争取彻底改变我国经济和技术远远落后于帝国主义国家的状态，挨

---

① 葛霖生．论列宁斯大林时期苏联经济发展战略［J］．苏联东欧问题，1982（2）．
② 杨雪英．新中国60年四代党中央领导人的反贫困理论与实践［J］．淮海工学院学报，2009（4）．
③④ 毛泽东．毛泽东著作选读（下）［M］．北京：人民出版社，1986：75．
⑤ 毛泽东．毛泽东文集（第7卷）［M］．北京：人民出版社，1999：74．

打是不可避免的。"① 可见，毛泽东把消除贫困看作是发展和巩固社会主义制度的基础。

同时，毛泽东还对我国走共同富裕的道路进行了初步探讨。1955年7月，毛泽东在《关于农业合作化问题》的报告中提出了"共同富裕"的概念，提出"在逐步地实现社会主义工业化和逐步地实现对于手工业、对于资本主义工商业的社会主义改造，即实行合作化，在农村中消灭富农经济制度和个体经济制度，使全体农村人民共同富裕起来"。② 1957年，毛泽东在《在正确处理人民内部矛盾的问题》中提出了共同富裕的具体目标：在几年内"使现在还存在的农村中一小部分缺粮户不再缺粮，除了专门经营经济作物的某些农户以外，统统变为余粮户或者自给户，使农村中没有了贫农，使全体农民达到中农和中农以上的生活水平"。③ 尽管后来毛泽东在探索建设社会主义强国和实现共同富裕的实践中产生了一些错误，但为后来启动扶贫开发奠定了理论基础。

2. 邓小平：消除贫困是社会主义的本质

邓小平所处的时期新旧体制并存，作为党的第二代领导集体的核心，邓小平以巨大的政治智慧和理论勇气开辟了改革开放的新时代，把实践是检验真理的唯一标准作为解放思想的突破口。邓小平继承了毛泽东关于"共同富裕"的思想，并进一步进行了深化。"共同富裕的构想是这样提出的：一部分地区有条件先发展起来，一部分地区发展慢点，先发展起来的地区带动后发展的地区，最终达到共同富裕。"④ 同时，邓小平又进一步对共同富裕的思想进行突破，把消除贫困，实现共同富裕看成是社会主义的本质。1992年，邓小平在南方谈话中指出："社会主义的本质，是解放生产力，发展生产力，消灭剥削，消除两极分化，最终达到共同富裕。"⑤

邓小平不仅突破了社会主义只能实行计划经济的"戒律"，而且还提出了计划和市场都是经济手段的观点，认为计划和市场不是资本主义和社会主义之间的本质区别，不能画等号。⑥ 邓小平又以是否有利于发展生产力为标准来评判市场经济的优劣，把"三个有利于"作为判断一切工作是非得失的标准，这成为我国经济体制改革的根本性指导思想。邓小平把消除贫困看作社会主义本质，他指出："社会主义要消灭贫穷，贫穷不是社会主义，更不是共产主义。"⑦

3. 江泽民：消除贫困是共产党的根本宗旨

21世纪初，江泽民作为党的第三代领导集体的核心，提出了"三个代表"

---

① 毛泽东. 毛泽东著作选读（下）[M]. 北京：人民出版社，1986：340.
② 农业集体化重要文件汇编（上集）[A]. 北京：中央党校出版社，1981.
③ 毛泽东. 毛泽东著作选读（下册）[M]. 北京：人民出版社，1986：765.
④⑤ 邓小平. 邓小平文选（第3卷）[M]. 北京：人民出版社，1993：373.
⑥ 邓小平. 邓小平文选（第3卷）[M]. 北京：人民出版社，1993：364.
⑦ 邓小平. 邓小平文选（第3卷）[M]. 北京：人民出版社，1993：63.

重要思想,继承和发展了毛泽东思想和邓小平理论。在消除贫困方面,江泽民将共同富裕和扶贫开发工作结合起来,系统地提出了扶贫开发理论。江泽民说:"由传统的救济式扶贫转向开发式扶贫,是扶贫工作的重大改革,也是扶贫工作的一项基本方针。多年的实践证明,贯彻这个方针,把贫困地区的干部群众的自身努力同国家扶持结合起来,开发当地资源,发展商品生产,改善生产条件,增强自我积累、自我发展的能力,这是摆脱贫困的根本出路。"①

在新形势下,江泽民把反贫困推向一个新的攻坚阶段,并把消除贫困当作是共产党的根本宗旨。他指出:"我们党领导人民搞革命,搞社会主义,就是为了解放和发展生产力,使人民富起来。"②"全党同志和各级领导干部要关心扶贫开发,过问扶贫开发,把扶贫开发作为关心群众疾苦和密切党群关系的一件大事来抓。处处关心群众,事事依靠群众,一切为了群众,诚心诚意为群众谋福利,是我们党的根本宗旨。"③"打好扶贫攻坚战,是对各级干部特别是领导干部能不能坚持党的宗旨,实践党的根本工作路线的重大考验。"④江泽民还指出:"农村贫困人口最盼望最着急的就是吃饱穿暖,进而过上比较富裕的日子。帮助贫困人口实现这个愿望,是党的为人民服务宗旨的最实际的体现。"⑤

4. 胡锦涛:消除贫困是构建社会主义和谐社会的重要内容

进入21世纪,以胡锦涛为总书记的党中央领导集体从新的视野和理论高度深化了扶贫开发理论,他从全球的视角及我国的实际状况出发,提出了科学发展观和建设社会主义和谐社会及新农村建设的理论,把消除贫困看作中国特色社会主义的目标追求和本质属性,是实现社会和谐的基本要求。

胡锦涛的多次讲话和一系列重要指示精神为消除贫困指明了方向,也提出了更高的要求。2003年10月,党的十六届三中全会提出,要"坚持以人为本,树立全面、协调、可持续的发展观,促进经济社会和人的全面发展",按照"五个统筹"的思路推进各项事业的改革和发展,标志着以胡锦涛为总书记的党中央正式提出了科学发展观。2004年10月,党的十六届四中全会提出建设社会主义和谐社会的目标。胡锦涛在2005年5月27日的中国扶贫开发协会第三届会员代表大会的讲话中强调:扶贫开发是建设中国特色社会主义事业的一项历史任务,也是构建社会主义和谐社会的一项重要内容。⑥2005年10月,党的十六届五中全会首次提出"建设社会主义新农村"战略。2007年6月25日,胡锦涛总书记在中央党校发表的重要讲话中又特别强调了科学发展观:"科学发展观,第一要义

----

①⑤ 江泽民. 全党全社会进一步动员起来夺取八七扶贫攻坚决战阶段的胜利 [N]. 人民日报, 1999-06-10.

②③④ 中共中央文献研究室. 十五大以来重要文献选编(中)[A]. 北京:人民出版社,2000.

⑥ 胡锦涛. 扶贫开发是建设中国特色社会主义事业的一项历史任务 [J]. 党建, 2005 (5).

是发展，核心是以人为本，基本要求是全面协调可持续，根本方法是统筹兼顾。"① 党的十七大提出了全面建设小康社会的宏伟目标，明确指出，加快发展社会事业，全面改善人民生活，到2020年，"绝对贫困"现象基本消除。② 这是以胡锦涛为总书记的党中央反贫困的行动宣言。

5. 习近平：消除贫困是全面建成小康社会的重要标志

党和国家领导人多次强调："收入分配差距缩小，中等收入群体持续扩大，扶贫对象大幅减少这个目标"。③ 在随后的一系列重大活动和讲话中，习近平多次强调指出，"没有农村的小康，特别是没有贫困地区的小康，就没有全面建成小康社会"，④"消除贫困、改善民生、实现共同富裕，是社会主义的本质要求"。

2012年11月29日，习近平总书记参观大型展览《复兴之路》时指出，实现中华民族伟大复兴，就是中华民族近代以来最伟大的梦想。⑤ 2012年12月29日，习近平到河北省阜平县（地处太行山深处的全国扶贫开发重点县）看望慰问困难群众，从战略高度对扶贫开发工作提出要求，作出部署，他指出，没有农村的小康，特别是没有贫困地区的小康，就没有全面建成小康社会。⑥ 2013年3月17日，习近平在十二届全国人大一次会议闭幕会上，全面阐述了中国梦的内涵，指出"中国梦是民族的梦，也是每个人的梦"，"归根结底是人民的梦"。2013年11月，党的十八届三中全会提出，紧紧围绕更好保障和改善民生、社会公平正义深化社会体制改革，改革收入分配制度，促进共同富裕。⑦ 2013年11月3日，习近平在湖南考察时指出，全面建成小康社会，难点在农村特别是贫困地区。⑧ 2015年1月，习近平总书记在云南考察时强调坚决打好扶贫开发攻坚战，加快民族地区经济社会发展。⑨ 2015年6月，习近平总书记到贵州省考察调研时强调，要科学谋划好"十三五"时期的扶贫开发工作，确保贫困人口到

---

① 胡锦涛．坚定不移走中国特色社会主义伟大道路为夺取全面建设小康社会新胜利而奋斗［N］．人民日报，2007-06-26．
② 胡锦涛．高举中国特色社会主义伟大旗帜为夺取全面建设小康社会新胜利而奋斗——在中国共产党第十七次全国代表大会上的报告［N］．人民日报，2007-10-25．
③⑥ 胡言，付敏，胡净．决战扶贫：集中连片扶贫开发从输血到造血［J］．中国西部，2013（4）．
④ 中共新领导集体履职百天路线图［EB/OL］．新浪网，http://blog.sina.com.cn/s/blog_970b1cad0101b8vy.html，2013-02-27．
⑤ 中央高层走进三农［EB/OL］．新浪网，http://blog.sina.com.cn/s/blog_afd6f1b50101dw3p.html，2012-12-24．
⑦ 中国共产党第十八届中央委员会第三次全体会议公报［N］．人民日报，2013-11-13．
⑧ 防止把发展简单化为增加生产总值［N］．新华每日电讯，2013-11-06．
⑨ 习近平在云南考察工作时强调：坚决打好扶贫开发攻坚战加快民族地区经济社会发展［EB/OL］．http://cpc.people.com.cn/n/2015/0122/c64094-26428249.html．2015-01-22．

2020年如期脱贫，并提出扶贫开发"贵在精准，重在精准，成败之举在于精准"。① 这些充分表明以习近平为总书记的新一代领导集体用新的视野、在新的高度进一步深化扶贫开发思想。

第二节 西方经济学反贫困理论考察

反贫困理论一直是西方学者研究的热点问题之一。本书通过对西方经济学的反贫困理论进行系统分析，发现西方经济学对反贫困理论的研究在不同时期是从不同角度进行的，因而，从不同角度研究反贫困问题实际上也反映了西方经济学关于反贫困理论的不同时期。为此，本书将西方经济学关于反贫困的理论问题的研究，从不同的角度出发，概括为三个时期：起始期、成长期、发展期。

一、起始期（19世纪末至20世纪五六十年代）

人们最早仅从经济的角度来看待贫困问题，② 包括从经济发展增长和经济发展角度来看待和研究贫困问题。有学者将这一时期称为贫困经济学理论。③ 本书认为，这一时期实际上是西方经济学关于反贫困理论的起始阶段。

1899年，英国人郎特里（Seebohm Rowntree）第一次系统地提出贫困的定义④，从那时起，西方经济学家就开始研究反贫困理论。当时主要是发展经济学，其主要任务就是集中探讨发展中国家贫困的原因和摆脱贫困的出路问题，最主要的还是体现在经济增长与贫富差距之间的关系。如"土地报酬递减"理论，⑤ 这是大卫·李嘉图（David Ricardo）级差地租学说论据之一。最早对贫困问题进行探讨的英国经济学家托马斯·罗伯特·马尔萨斯（Thomas Robert Malthus）进一步发展为人口论，在其代表作《人口论》中，从"发展要素"角度对贫困问题展开论述，对人口繁殖力和土地生产力两个不平衡力进行了分析研究。

---

① 习近平在贵州召集7省市"一把手"谈扶贫 [EB/OL]. http://news.hexun.com/2015-06-19/176892021.html. 2015-06-19.
② 吴忠. 贫困与反贫困的理论探讨（上）[J]. 开发研究，1991（4）.
③ 曹文道. 转型期中国反贫困机制与对策研究 [D]. 中国农业科学院博士学位论文，2000: 8.
④ 世界银行. 与贫困作斗争（2000/2001年世界发展报告）[R]. 北京：中国财政经济出版社，2001（17）.
⑤ "土地报酬递减"理论是一种关于土地生产力的资产阶级经济理论。指在技术程度不变的条件下，在一定面积的土地上继续增加资本与劳动，当超过某一限度时，追加部分所得收益必渐趋减少，即土地报酬将由递增转为递减。

经济学家西蒙·库兹涅茨（Simon Smith Kuznets）通过对经济发达国家（如美国、英国）与经济落后国家（如印度、波多黎各）的收入差距进行对比之后，提出了经济增长与贫富差距之间的关系，即随着人均 GNP 的增长，人们的收入差距会拉开，这种不平等程度或贫富差距，在人均 GNP 达到中等水平时达到最高点，然后，随着人均 GNP 水平的进一步提高而开始下降，① 说明贫困问题可以通过国民生产总值更快的增长解决。持这一理论观点的代表人物还有阿瑟·刘易斯（William Arthur Lewis），他在 1954 年提出了"无限劳动供给下的经济发展"模型。该模型提出，欠发达国家同时存在落后的传统农业部门和现代工业部门（部门"二元结构"），经济增长需要现代工业的高度发展，而现代工业部门能够从传统农业部门得到所需的任何数量的劳动力供给是支持这一发展的重要条件。该模型进一步指出，传统农业部门和现代工业部门在工资水平上会出现差距，而这一差距恰好成为现代工业部门对传统农业部门剩余劳动力吸引的动力。但这两个部门的工资差距会随着劳动力由无限供给变为被吸收殆尽而不断减小，最终会使两个部门的工资水平都得到提高。该模型的核心是强调经济增长首先是工业部门的增长。现代工业和传统农业部门之间的工资水平差距就产生了分配不平等，由此产生了贫富差距，这些为经济增长过程中劳动力的无限供给提供了动力。

由此可见，西蒙·库兹涅茨和阿瑟·刘易斯为代表的早期发展经济学中关于增长与不平等和贫困关系的理论主要是从经济增长的角度来看待的，这些理论还认为，经济发展缓慢或停滞不前、人均收入水平低下、资本形成不足是贫困的原因，而经济发展缓慢、收入水平低下的根源又在于缺乏资本和投资。资本积累是贫困地区摆脱贫困的关键因素。一国要想摆脱贫困，走向富强，必须强调经济增长特别是工业部门的增长。在经济增长过程中，贫困和不平等的存在对经济增长有好处，因为它们最终将被经济增长所消除或缓解。因此，这一时期的学者十分强调经济增长对于解决贫困问题的重要性，认为等待经济发展走完自己的过程，贫困和不平等问题会得以自然解决。

同一时期，美国经济学家罗格纳·纳克斯（Ragnar Nurkse）提出了"贫困恶性循环"理论，后凯恩斯学派的学者纳尔逊（R. R. Nelson）提出了"低水平均衡陷阱"理论，认为经济贫困在没有外力推动的情况下是一种高度稳定的均衡状态。莱宾斯坦（Harvery Leibenstein）提出"落后经济理论"，强调对"落后的本质"进行分析。这些都是从经济发展的角度来研究反贫困问题。

二、成长期（20 世纪六七十年代）

这期间，西方反贫困理论主要从狭隘的注重物质资本的单纯投入拓宽到向人

---

① 李文，李芸. 中国农村贫困若干问题研究［M］. 北京：中国农业出版社，2008：33.

力资本等社会领域倾斜,涉及文化、历史、人口和制度等诸多因素。人力资本亦称人力资源,包括劳动力的数量和质量,劳动力质量包括劳动力身体和智力,其中劳动力智力是关键。① 以往,人们认为发展中国家的贫困主要是由于资本匮乏和投入不足,认为经济增长的源泉主要是物质资本和生产要素投入不足等。② 有学者认为,这一时期是西方经济学家从社会角度来研究贫困问题,称之为贫困社会学理论。③ 本书认为,这一时期实际上是西方经济学关于反贫困理论的成长期。

1960年,美国经济学家舒尔茨(T. W. Shultz)在美国经济学学会上发表演说时指出,人力资本的收益高于物质资本,从而奠定了人力资本与经济增长和缓解贫困等之间关系的重要基础。④

人力资本的核心主要包括:人力资本是经济增长的源泉和决定性因素;低收入国家应当重视教育,特别是初等、中等教育和非正规教育;⑤ 教育可以增加人们对新知识的接受能力,加强人们对工作和社会的责任感,能够培养企业家精神等,从而有利于低收入国家吸引外资、提高外资利用效果和有助于本国企业的健康发展;一般来说,从个人角度看,收入水平和受教育水平存在正相关关系。

这一时期的人力资本理论与减缓贫困关系密切,舒尔茨认为,人口质量的改善和知识的增进是改善穷人福利的决定性生产要素。⑥

这一时期的反贫困理论还包括社会分层职能理论、贫困功能论、贫困结构论、"三 M"理论和贫困家庭代际延续理论等。社会分层职能理论的代表人物戴维斯·莫尔(Davies More)认为,所有社会都被分成很多层次,收入不平等是天然的。贫困功能论认为,贫困的存在是因为它发挥着某种有利于或维持该社会运转的功能等。贫困结构论将贫困视为社会结构、社会制度的一部分等。"三 M"理论强调个人与贫困关系,"三 M"即遗传人、经济人和问题人,共同构成了维护贫困的微观理论基础。⑦

---

① 过江鸿.贫困地区留守新生代农民就业问题研究[D].武汉理工大学博士学位论文,2011:10.
② 龚霄侠.西部民族地区反贫困问题研究[D].兰州大学硕士学位论文,2007:4.
③ 曹文道.转型期中国反贫困机制与对策研究[D].中国农业科学院博士学位论文,2000:15.
④ 叶普万.贫困经济学研究[D].西北大学博士学位论文,2003:40.
⑤ 有学者认为,非正规教育主要包括各类在职培训、职前教育、成人教育、函授教育、电视教育、农业推广以及其他形式的短期基本技能培训等,本书统一称之为社会教育。
⑥ 张培刚.新发展经济学[M].郑州:河南人民出版社,2001:217.
⑦ 曹文道.转型期中国反贫困机制与对策研究[D].中国农业科学院博士学位论文,2000:20.

三、发展期（20世纪70年代至今）

这一时期，西方反贫困理论过渡到综合反贫困战略，① 把贫困问题作为专门领域来进行研究，有学者把这一时期称为贫困学理论。② 本书认为，这一时期实际上是西方经济学关于反贫困理论的发展期。

发展经济学学派的代表人物冈纳·缪尔达尔（G. Myrdal）分析论证发展中贫困的"积累因果关系理论"的基础上，提出了二元空间结构发展理论，强调了发达地区对周边其他地区发展的不利影响。挪威的艾尔泽（Else）在2000年指出："贫困是经济、政治、社会和符号的等级格局的一部分，穷人就处在这格局的底部。贫困状态在人口中持续的时间越长，这种格局就越稳定。"③

与后凯恩斯学派将贫困等同于低收入的观点相比，发展经济学和福利经济学对贫困内涵的理解更为广泛，在强调资本形成、经济增长的重要性的同时，更注重分析收入分配不公和能力缺乏对贫困的根本性影响。迪帕·纳拉扬（Deepa Narayan）等人则认为，要使贫困者真正脱离贫困，一个成功的策略应该包括以下要素：从穷人的现实出发、投资于穷人的组织能力、变革社会规范、支持那些能够带领穷人们发展的领导者。

这一时期的综合反贫困理论还着重表现在社会保障制度上。作为社会保障制度的基本理论有两大理论支柱，即福利经济学和凯恩斯（John Maynard Keynes）的有效需求理论。

福利经济学可以分为以庇古（Arthur Cecil Pigou）为代表的旧福利经济学和新福利经济学。发展期的新福利经济学也就是现代西方福利经济学，其最核心的概念就是帕累托最优概念。帕累托最优概念认为，最大福利的内容是经济效率，而不是收入的均等分配。这里的经济效率是指生产资源的使用达到最有效的状态。当资源得到最适度配置时，才能达到最大社会福利，这时，经济就是有效率的。凯恩斯的有效需求理论认为，失业源于有效需求不足，有效需求又源于投资和消费不足，而投资和消费不足则是由资本边际效率递减规律、边际消费倾向递减规律和流动偏好规律三个基本心理规律所致。凯恩斯认为，政府必须对经济实行干预和调节，从而来打破以上三个心理规律，弥补市场经济的缺陷。后来，在这一理论基础之上，20世纪70年代兴起的新古典宏观经济学的学者通过继承和批判凯恩斯的理论，发展成为新凯恩斯主义。新凯恩斯主义认为，应当用建立在市场始终出清和经济行为者始终实现最优化的假设基础之上的宏观经济理论来取

---

① 陈昕. 反贫困理论与政策研究综述 [J]. 价值工程，2010（10）.
② 曹文道. 转型期中国反贫困机制与对策研究 [D]. 中国农业科学院博士学位论文，2000：15.
③ 唐钧. 中国城市居民贫困线研究 [M]. 上海：上海社会科学院出版社，1998：76.

代凯恩斯主义经济学。

第三节 中国学术界反贫困理论考察

迄今为止,我国的反贫困举措主要是政府行为,因此,研究我国农村贫困问题的主要线索、内容明显地具有与我国政府反贫困政策的发展过程相一致的特征,① 我国学术界对反贫困的研究也基本上与这一特征相吻合。改革开放后,我国仅有少数学者对贫困问题进行了研究,他们结合国情提出过一些战略性的政策意见。因而,中国学术界的反贫困理论,也可以大致分为三个时期,即起始期、成长期和发展期。

一、起始期(20世纪80年代初至80年代末)

这一时期我国的扶贫工作由最初体制推动向大规模的扶贫开发转变,反贫困理论的研究主要是为政府反贫困行动服务。

这一时期的研究成果主要体现在对我国农村贫困的根源、贫困程度、贫困特征及贫困地理分布等方面进行研究,同时还体现在对经济增长与减贫发展态势的分析研究上。比如,吴忠对贫困的根源分别从人口学、经济学、社会学、政治学和发展经济学的角度进行了阐释②;李含琳则把吴忠的有关贫困实质及产生根源的论述推进一步,把贫困的实质和根源分为"七类"。③ 陈端计在把对贫困根源的探索概括为"三大观点"。④ 康晓光认为,自然条件、发展起点、经济结构、积累能力、科技力量、人口素质、社会服务、制度创新、市场机制、政治结构等都是影响区域经济发展的重要因素。⑤ 曹光明和夏永祥、潘未名引入西方发展经济学的有关理论,强调心理分析,对贫困原因和贫困产生机理进行了探讨⑥。

---

① 陈凡. 贫困地区传统农业改造与政府反贫困投资政策研究 [D]. 中国农业科学研究院博士学位论文,1998:5.
② 章春化,刘新平. 中国贫困与反贫困研究综述 [C]. 农业经济学论文,2011 (4).
③ 即资本短缺论、资源贫乏论、自然环境论、人口素质论、劳动挤压论、科技落后论和阶级划分论,详见:李含琳. 关于现代社会贫困实质的制度理论 [J]. 农村经济与社会,1994 (9).
④ 主体不发育论、供体不平等论和载体不完善论。详见:陈瑞计. 构建社会主义和谐社会的中国剩余贫困问题研究 [M]. 北京:人民出版社,2006.
⑤ 康晓光. 孜孜探求社会公正的政治良化身 [EB/OL]. 中华人文文化网,http://www.postone.cn/Rjwh/zzsj/2012-5-10/7840.html. 2012-5-10.
⑥ 夏永祥,潘未名. 中国地方性贫困原因新探 [J]. 开发研究,1993 (12).

二、成长期（20世纪90年代初至90年代末）

随着我国《国家八七扶贫攻坚计划（1994～2000年）》（以下简称《国家八七扶贫攻坚计划》）的顺利实施，这一时期扶贫研究更多地关注贫困地区发展战略问题，同时，这一时期的研究成果还建立在对相关统计数据的分析上。

这一时期，部分学者开始研究我国贫困地区扶贫开发战略和扶贫制度等。比如，在扶贫开发战略研究上，严瑞珍提出"坚持正确扶贫战略，加大农村扶贫力度"。① 在扶贫制度上，部分学者对扶贫主体进行了研究。朱玲指出，20世纪80年代初以来的扶贫工作多数是政府行为而不是社会行为。② 对于贫困县确定的不科学，张新伟指出，在国家确定的贫困县中，平均只有27.8%的农村人口生活在贫困线之下。③ 同时，在引入西方经济学相关计量分析方法的基础上，从经济增长的角度对扶贫资金使用效率进行分析研究。如有关机构分析研究表明，GDP每增长1%，贫困发生率会降低0.56%等。④ 陈凡和美国斯坦福大学的学者对我国部分贫困地区的扶贫投资的效用进行分析评价。刘文璞、吴宝国对贫困地区的经济增长和减缓贫困进行了研究，汪三贵就扶贫投资效率的提高需要制度创新进行了研究等。

三、发展期（21世纪初至今）

进入21世纪以来，由于世界整个贫困状况的恶化，很多国际多边和双边组织把反贫困作为其首要目标，对贫困的专门研究达到一个高峰。在世行、亚行、联合国开发计划署等部门的安排下，很多国际著名贫困问题专家来我国进行贫困研究，使我国的贫困问题研究水平上了一个层次。随着我国第一个扶贫开发纲要即《中国农村扶贫开发纲要（2001～2010年）》的顺利实施，贫困研究又有了新的特征。这一时期的反贫困理论研究主要集中在扶贫开发战略具体推进措施上，包括扶贫开发体制机制建设等。

这一时期，部分学者开始对我国的区域扶贫政策进行研究，如赵俊超2005年对山西区域扶贫开发理论与实践进行的研究，游俊等2013年对我国连片特困区的发展报告。还有的学者对扶贫瞄准问题进行研究，如陈瑞莲在2006年对我国农村扶贫瞄准问题进行的研究。

---

① 严瑞珍. 坚持正确扶贫战略加大农村扶贫力度 [J]. 农业经济问题，1997（2）.
② 朱玲. 制度安排在扶贫计划实施中的作用 [J]. 经济研究，1996（4）.
③ 张新伟. 扶贫政策低效性与市场化反贫困思路探寻 [J]. 中国农村经济，1999（2）.
④ 国务院扶贫办（2000）测算结果表明，贫困人口减少与经济增长的弹性系数约为0.8。换句话说，GDP每增长1%，农村贫困人口可以减少0.8%。

随着我国扶贫开发进入新的阶段，按照党的十八届三中全会作出的关于全面深化改革的总体部署，学术界必然会产生更多的关于扶贫开发的理论成果，从而不断发展反贫困理论。

第三章

中国连片特困地区扶贫开发机制构建的必要性

2013年11月,党的十八届三中全会强调,坚持从实际出发,总结国内成功做法,借鉴国外有益经验,勇于推进理论和实践创新。① 本书研究我国连片特困地区扶贫开发机制构建的必要性,也是贯彻这一要求的重要体现。为此,本书从中国经济发展到新时期新阶段的客观要求开始,总结党的十一届三中全会后我国开始在农村进行大规模扶贫开发的成功做法,论述我国扶贫开发前几个阶段的成果、基本经验及其局限性,结合《中国农村扶贫开发纲要(2011~2020年)》实施过程中面临的实际困难和问题,借鉴国际扶贫开发的有益经验,从而分析出在我国连片特困地区实施扶贫开发的必要性。

第一节 中国经济发展到新时期新阶段的客观要求

我国农村的贫困问题,对农业的现代化建设影响很大。而研究我国农村的贫困问题,离不开我国农业和农村经济发展所处的历史阶段。分析研究我国连片特困地区扶贫开发机制的必要性,应当结合世界经济发展阶段和我国实际情况进行分析。

一、世界经济发展所处新阶段简析

进入21世纪以来,世界经济发展面临着前所未有的机遇和挑战,处于一个新的发展阶段。结合一些学者的研究,概括起来,主要包括知识经济时代和第三次工业革命。

1. 知识经济时代

进入21世纪以来,随着电子技术和信息技术的飞速发展,全世界迎来了一

---

① 中国共产党第十八届中央委员会第三次全体会议公报[N].人民日报,2013-11-13.

个新的经济时代——知识经济时代。在知识经济时代，科学技术知识渗透到我们生活中的每一个角落。

知识经济在世界经济发展中发挥着越来越重要的作用。对于农业和农村发展，既有利用高科技的机遇，也面临严峻的挑战。而农业发展的问题，是与农村的扶贫开发紧密联系在一起的。

按照世界经济合作与发展组织（Organization for Economic Co - operation and Development OECD，简称经合组织）的相关定义，知识经济是指建立在知识和信息的生产、分配和使用之上的经济，即"以知识为基础的经济"。据不完全统计，目前经合组织的主要成员国 GDP 的 50% 以上均来自于以知识为基础的产业。随着计算机、生物技术和电子信息技术等高新技术产业和知识密集型服务业的高速发展，知识经济的巨大威力进一步凸显。从世界经济发展的方方面面来看，知识经济的时代已经来临。

2. 第三次工业革命

2011 年 9 月，美国著名经济学家杰里米·里夫金（Jeremy Rifkin）在其出版的《第三次工业革命》一书正式提出了"第三次工业革命"的概念，引起世人的关注。工业革命（the Industrial Revolution）又称产业革命，是指资本主义工业化早期以机器取代人力，以大规模工厂化生产取代个体工场手工生产的一场生产与科技革命。① 工业革命的狭义理解是指人类生存与发展的重要物资——能源基础的改变。本书倾向这样一种分类，每次工业革命都可划分为不同阶段，如第三次工业革命可以分为初期、中期和后期阶段。

工业革命是一种彻底、突发而持久的变革，涉及社会所有层面。18 世纪末第一次工业革命中，主要是煤的利用。19 世纪末第二次工业革命中，主要是石油的利用。这两次工业革命都极大地提高了劳动生产率，并深刻改变了生产、运输和消费的技术与经济环境。

第三次工业革命也同样是这样一种全面大变革，国际能源署将其称为一次全球"能源技术革命"。里夫金这样表述："以化石燃料为基础的整个产业基础结构已经老化失灵。我们可以越来越清晰地看出，第二次产业革命已走到了尽头，其排放的二氧化碳正威胁着地球生物的生存。"② 这些化石燃料对于环境气候的影响，加之石油价格飞涨，导致以廉价能源代替手工劳动的做法已经难以为继。同时，可再生能源与生态节能技术的不断进步，超越式的迅猛发展，使得资源密集型生产开始面临巨大压力。里夫金提出的以能源互联网为核心的第三次工业革命，基本内容就是大力发展可再生能源，就地收集并贮藏可再生能源，同时利用

---

① 宋赋. 科技创新的较量 [N]. 光明日报，2013 - 09 - 28.
② [美] 杰里米·里夫金. 第三次工业革命 [M]. 北京：中信出版社，2011：9.

互联网技术实现能源共享。

二、中国经济发展所处新阶段分析

早在 20 世纪 80 年代中期，我国就提出了工业化、城镇化、市场化、国际化四个重大战略，党的十七大提出了"五化并举"，比以往多了一个"信息化"。党的十八大提出了"四化同步"，坚持走中国特色新型工业化、信息化、城镇化、农业现代化道路。从这一角度来讲，我国经济发展阶段主要是以工业化发展阶段来划分的。工业化阶段是一个国家或地区经济发展过程的重要阶段，但对其判断标准尚未统一。

按照以上第三次工业革命阶段的划分来判断，本书认为，我国处于工业化中期阶段。当然，对这一提法还有许多不同意见。造成观点分歧的原因主要在于对我国工业化发展的特点以及偏离"标准结构"程度把握的不同，还有地区工业化发展水平差异大的特点。① 北京、上海等发达地区处于后工业化阶段，而西藏、新疆等欠发达地区还处在前工业化阶段。

本书从总体上分析，基于一些不同指标的测量标准，认为我国工业化从总体上处于中期阶段。② 部分中西部地区处于工业化初期向中期过渡的阶段。以四川为例，截止到 2012 年底，四川省城镇化率低于全国近 10%，非农就业比重也比全国低近 8%，四川省尚处于工业化中期，不少市州特别是少数民族地区还处于工业化初期阶段。③

为了进一步证实这一判断，本书拟从人均 GDP 单一指标所判断的不同区域地级行政单元达到的经济发展阶段。1990 年人均 GDP 达到工业化阶段标准的地级行政单元共有 14 个，其中东部地区 9 个，占 64.28%，沿海集中趋势较为明显。2000 年人均 GDP 达到工业化阶段标准的地级行政单元共 77 个，东部地区 50 个，占 64.93%；西部地区 18 个，占 23.38%；中部地区仅 9 个，占 11.69%。东部地区主导着我国工业化和整体的经济发展格局。除石油城克拉玛依和大庆外，人均 GDP 达到工业化中期和后期标准的 20 个城市全部位于东部地区，中西部地区人均 GDP 较高的城市主要为资源型城市。2010 年，中西部地区人均 GDP 达到工业化阶段标准的地级行政单元明显增多，东部、中部、西部地级行政单元人均 GDP 达到工业化发展阶段标准的数量逐渐趋于均衡，我国经济发展的重心逐步从东部沿海地区向中西部地区倾斜，区域发展的大格局发生了转变。2010

---

① 对我国工业化发展阶段的判断 [EB/OL]. 新浪网, http://blog.sina.com.cn/s/blog_8e7e54c70101dchx.html, 2013 - 03 - 04.
② 冯飞, 王晓明, 王金照. 对我国工业化发展阶段的判断 [J]. 中国发展观察, 2012 (8).
③ 根据 2012 年 12 月 28 日至 29 日四川省委经济工作会议精神整理, 2012 年全国城镇化率 51.27%。

年，我国人均 GDP 达到工业化阶段标准的地级行政单元共 308 个，东部、西部和中部分别占 1/3 左右。其中，人均 GDP 达到工业化中期阶段标准的地级行政单元共 123 个，东部、中部和西部地区分别占 38.21%、31.71% 和 30.08%；人均 GDP 达到工业化后期阶段标准的 40 个地级行政单元，东部、中部和西部地区分别占 65%、20% 和 15%；人均 GDP 达到发达经济初期阶段的地级行政单元共 11 个，东部和西部分别占 63.64% 和 36.36%。① 具体见表 3-1。

表 3-1 基于人均 GDP 单一指标的我国地级行政单元经济发展阶段划分的数量与比重②

			初级产品生产阶段Ⅰ	初级产品生产阶段Ⅱ	工业化初期	工业化中期	工业化后期	发达经济初期
1990 年	东部	数量（个）	59	34	8	0	1	0
		比重（%）	22.78	48.57	72.73	—	100	—
	中部	数量（个）	91	16	1	1	0	0
		比重（%）	35.14	22.86	9.09	0.5	—	—
	西部	数量（个）	109	20	2	1	0	0
		比重（%）	42.08	28.57	18.18	50	—	—
2000 年	东部	数量（个）	10	42	31	18	1	0
		比重（%）	8.06	29.58	55.36	100	33.33	—
	中部	数量（个）	34	66	8	0	1	0
		比重（%）	27.42	46.48	14.29	—	33.33	—
	西部	数量（个）	80	34	17	0	1	0
		比重（%）	64.52	23.94	30.36	—	33.33	—
2010 年	东部	数量（个）	0	0	22	47	26	7
		比重（%）			16.42	38.21	65	63.64
	中部	数量（个）	0	6	56	39	8	0
		比重（%）		18.18	41.79	31.71	20	—
	西部	数量（个）	2	27	56	37	6	4
		比重（%）	100	81.82	41.79	30.08	15	36.36

---

①② 齐元静，杨宇，金凤君. 中国经济发展阶段及其时空格局演变特征 [J]. 地理学报，2013（4）.

三、中国经济发展不同阶段的扶贫开发方式

自新中国成立以来,在中国共产党的坚强领导下,中国政府一直致力于发展生产力,调整生产关系。在扶贫开发进程中,按照国家总体发展战略,不断适应生产力发展的需要,及时调整扶贫开发政策措施,尤其是从1978年改革开放以来,先后经历了几个阶段。概括起来,我国农村的扶贫开发可以区分为五个阶段。

1. 第一阶段:1978~1985年

1978年以后,我国的改革开放率先从农村突破,农村家庭联产承包责任制极大地激发了农民的积极性和创造性,农村经济快速发展,农村贫困人口迅速减少。有学者将这一阶段称为体制改革推动阶段。1978年,我国农村贫困人口约为2.5亿人,贫困发生率达30.70%。① 从1978年开始,以家庭联产承包责任制取代了人民公社式的集体劳作制度,从而极大地解放了生产力。1985年,我国农村贫困人口1.25亿,贫困发生率下降到14.8%。据不完全统计,从1978年到1985年期间,我国贫困人口平均每年减少1786万人,贫困发生率从30.7%下降到14.8%。②

这一阶段对缓解贫困起主要作用的是农村土地制度、市场制度和就业制度的改革。这一时期起主导作用的反贫困战略是制度改革,可以说是制度红利。虽然这一阶段政府没有设立专门的扶贫开发组织,但国民经济,特别是农村经济全面增长的直接结果是大量贫困农民解决了温饱问题,摆脱了贫困,也正因为大规模减贫成为国民经济发展的主导方向,因此在这一阶段中央政府直接承担着扶贫开发和经济发展的双重任务。

2. 第二阶段:1986~1993年

为进一步加大扶贫开发力度,1984年,中国政府发出了《关于尽快改变贫困地区面貌的通知》,要求各级政府采取十分积极的态度和切实可行的措施,首先集中力量解决东部的沂蒙山区、闽西南和闽东北地区等十几个连片贫困地区的问题,增强这些地区发展商品经济的内部活力。中国政府自1986年起确定了开发式扶贫方针。③ 有学者将这一阶段称为大规模开发式扶贫阶段,并且将1986年作为我国扶贫开发之元年。据不完全统计,1985年我国农村人均纯收入200元(相当于当时全国农村人均纯收入水平的50%)以下的贫困人口有1.25亿,占当时农村总人口的14.8%,其中近4000万人的年均纯收入不足50元,占农村人

---

① ② ③ 中国的农村扶贫开发(白皮书)[N]. 人民日报,2001-10-16.

口总数的4.4%。① 1986~1993年间,有331个县被确定为国家重点扶持贫困县。经过不懈努力,我国农村贫困人口减少到8000万人,贫困发生率下降到8.7%。② 据不完全统计,从1986年到1993年期间,我国贫困人口平均每年减少640万人。有学者认为,这一阶段是我国扶贫组织化的开始。③

3. 第三阶段:1994~2000年

1994年,为了进一步加大扶贫攻坚力度,国家颁布实施《国家八七扶贫攻坚计划(1994~2000年)》,计划用七年左右的时间,解决当时我国农村8000万贫困人口的温饱问题,为此,国家出台了一系列优惠政策。有学者将这一阶段称为扶贫攻坚阶段。《国家八七扶贫攻坚计划》根据当时贫困人口分布状况的变化,重新确定了592个国家重点扶持贫困县,涵盖了全国72%以上的农村贫困人口。经过七年时间的努力,到2000年底,我国农村贫困人口减少到3000万人,贫困发生率下降到3%左右,《国家八七扶贫攻坚计划》确定的目标基本实现。

4. 第四阶段:2001~2010年

进入21世纪后,随着《国家八七扶贫攻坚计划》的基本实现,2001年,国家颁布实施《中国农村扶贫开发纲要(2001~2010年)》,以此为标志,我国农村扶贫进入了脱贫致富阶段。④ 鉴于初步解决温饱的贫困人口标准低、温饱状况不稳定,政府有关部门经过测算提出了865元的扶持标准(2003年为882元),在我国被称为低收入贫困人口。⑤ 这个标准,按照购买力平价测算,与国际社会通行的每人每天消费1美元的贫困标准比较接近。按照这一扶持标准,我国农村有8517万贫困人口,占农村总人口的9.1%,其中年收入637~882元的低收入人口总数为5617万。这些农村人口构成新阶段我国农村扶贫的基本对象。

在这一阶段,为了集中使用扶贫资金,有效扶持贫困人口,我国确定了592个扶贫开发工作重点县,各省区市也从当地实际出发确定了14.8万个贫困村。这些重点县和贫困村,分别覆盖了农村贫困人口的60%和80%以上。⑥ 2001年5月,中国政府又组织实施了《中国农村扶贫开发纲要(2001~2010年)》,在政府大扶贫格局加力推进的情况下,贫困人口进一步减少。按原来低收入贫困线的衡量标准,我国2010年底农村贫困人口减少到2688万,贫困发生率为2.8%,提前实现了联合国千年发展目标中贫困人口减半的目标,为全球减贫事业做出了

---

① 中国农村扶贫开发概要[EB/OL]. 邵阳扶贫办信息网, http://www.sysfpb.cn/html/zcfg/164908354.html. 2006-11-20.
②③ 中国的农村扶贫开发(白皮书)[N]. 人民日报, 2001-10-16.
④ 进入21世纪后实施的第一个中国农村扶贫开发纲要(2001~2010年),现已全面完成纲要提出的各项目标任务。
⑤⑥ 李建兴. 中国扶贫成效显著[N]. 人民日报, 2004-05-27.

重要贡献。①

5. 第五阶段：2011~2020年

为进一步加快贫困地区的发展，促进共同富裕，实现到2020年全面建成小康社会的奋斗目标，2011年5月，国家制定并发布了新《扶贫开发纲要》，明确了新的扶贫标准。本书认为，这一阶段可以称之为全面建成小康社会阶段。2011年，中央决定将农村人均纯收入2300元/年（2010年不变价）作为新的国家扶贫标准，这个标准比2009年（1196元）提高了92%。按照新标准，目前扶贫对象仍为1.22亿人，占农村户籍人口的12.7%。②按照新标准全面推进连片特困地区扶贫开发，是今后一个时期扶贫工作的主攻方向。③

通过对以上五个阶段扶贫开发政策调整的基本分析，可以发现，我国的扶贫开发战略走出了一条清晰的战略轨迹：在经济增长中缓解贫困——促进区域经济增长，实行针对性扶贫开发——重视协调发展，实施扶贫攻坚计划——以工促农、以城带乡，实施综合性农村扶贫开发——片为重点、到村到户，实施连片特困地区扶贫开发。第五阶段（即2011~2020年阶段）与第三阶段（即《国家八七扶贫攻坚计划》阶段）和第四阶段将扶贫开发工作重点明确为重点县、贫困村不同，④第五阶段确定了"片为重点"，即以14个连片特困地区为重点，把其作为扶贫开发的主战场，⑤并提出到村到户推进扶贫开发工作。因而，从扶贫瞄准的角度来看，第五阶段将是瞄准最为精确的阶段。

第二节　中国农村扶贫开发阶段性经验的内在要求

本书根据我国扶贫开发政策调整的实际，具体分析了我国农村扶贫开发的五个阶段。在前四个阶段的实践中，扶贫开发事业取得了阶段性成果，探索出了一条政府主导、各方参与、自力更生、开发扶贫和科学发展的符合中国特色社会主义道路的基本经验。目前，我国正处于扶贫开发的第五个阶段，即全面建成小康社会阶段，因而对前面几个阶段的基本经验进行总结，提出其存在的局限性，以

---

① 何平. 如何让1.22亿人脱贫致富 [N]. 光明日报, 2013-01-14.
② 连片特困地区成扶贫主战场涉及14个片区680个县 [EB/OL]. 环球网, http://china.huanqiu.com/hot/2013-01/3487722.html, 2013-01-14.
③ 林晖, 周芙蓉. 扶贫标准大幅提高上亿低收入人口受益 [N]. 光明日报, 2012-06-24.
④ 共济. 全国连片特困地区区域发展与扶贫攻坚规划研究 [M]. 北京：人民出版社, 2013：1.
⑤ 中国农村扶贫开发纲要（2011~2020年）[N]. 人民日报, 2011-12-02.

此作为新阶段进行片区扶贫开发的内在要求。①

一、政府主导

政府主导的反贫困行动是我国农村反贫困行动的一大特点。以1984年《关于帮助贫困地区尽快改变面貌的通知》为标志，我国开始了大规模的反贫困行动。

1986年5月16日，国务院贫困地区经济开发领导小组成立，主要负责制定贫困地区发展的方针、政策和规划，协调解决贫困地区的经济开发工作。贫困面较大的省（自治区、直辖市）、市（自治州、盟）和县（自治县、市辖区、旗）也相继成立了相应的扶贫机构，配备了专职人员，并逐层落实了扶贫工作责任制。扶贫工作体系的建立，标志着反贫困的组织和领导系统从民政机构为主转变为以专设的国务院贫困地区经济开发领导小组及其下属机构为主，形成了由政府、企业及各种社会和民间团体共同组成的，比较完整的反贫困组织。

二、社会参与

社会参与就是发挥社会主义制度优势，动员一切可以动员的社会力量参与到扶贫中来。包括沿海先进地区、党政机关、人民团体、各类企事业单位等多种力量参与扶贫。如近年来影响较大的民主党派开展的"智力扶贫"、共青团中央组织的"希望工程"、全国工商联举办的"光彩事业"、全国妇联举办的"巾帼扶贫"和"连环扶贫"、中国扶贫基金会创办的"天使工程"等。

通过30多年的不懈努力，我国基本上形成了"三位一体"扶贫合力，即"专项扶贫、行业扶贫、社会扶贫"并驾齐驱。

三、自力更生

改变贫穷落后状态，必须要鼓励和支持贫困地区贫困群众自力更生、艰苦奋斗，依靠自身努力，增强自我发展能力，改变基本生产生活条件，最终彻底摆脱贫困，实现共同富裕。②

四、开发扶贫

开发扶贫就是坚持开发式扶贫方针，把发展作为第一要务，以经济建设为中心，动员组织贫困地区贫困群众大力发展经济，增加收入，提高自我发展能力和

---

① 本书认为，片区扶贫开发实际上是指我国在连片特困地区进行的扶贫开发，这是按照新《扶贫开发纲要》要求，把连片特困地区作为我国今后一段时期扶贫开发的主战场。
② 王科. 中国贫困地区自我发展能力研究［D］. 兰州大学博士学位论文，2008：4.

水平。一味地"输血"解决不了贫困问题,只有通过必要的扶持,进行"造血",坚持开发式扶贫方针,增强贫困地区和贫困人口自我发展的能力,才能脱贫。

五、科学发展

科学发展观是对可持续发展理论认识不断深化的结果,科学发展观就是坚持以人为本,全面、协调、可持续发展的理论。科学发展观体现在扶贫方面,实际上就是为了增强贫困地区和贫困人口自我发展的能力,从而全面、协调、可持续地治理贫困,不断提高贫困人口的综合素质,形成合力,尽快脱贫致富,并通过对贫困地区和贫困人口自我发展能力的培育,使脱贫成果得以长期巩固,避免返贫现象。科学发展观为我们提供了一种全新的发展理念,不仅关系人类未来的前途命运,而且对人们的思维方式、生产发展方式和日常生活方式都产生重大影响。①

六、局限性

尽管我国在前几个阶段的扶贫开发中,形成了"政府主导、各方参与、自力更生、开发扶贫和科学发展"的基本经验。但在新时期新阶段,面对扶贫开发的新要求,也暴露出一定的局限性,这亦是我国连片特困地区进行扶贫开发的内在要求。

一是在目标定位上还不够高远。目标定位是指在扶贫开发过程中应该达到的目标。改革开放以来,我国的扶贫开发的目标定位在不同阶段有不同的调整,充分体现了阶段性特征。总体上看,前几个阶段的主要目标都是尽快解决温饱问题。进入新阶段,我国提出了全面建成小康的宏伟目标,各行各业、社会各界更加关注连片特困地区、关注弱势群众和贫困群众,"大扶贫的格局"正在形成。在这种形势下,我们必须从更高的层次来看待我国农村的扶贫开发工作,它将承担起与以往不同的、更高一层的战略性任务。

二是在扶贫瞄准上还不够精确。在前几个阶段的扶贫瞄准上来看,存在着扶贫对象漏出的情况,主要是扶贫标准定得太低,不适应经济社会发展的需要。我国以往的扶贫政策目标定位是以尽快解决温饱问题为主,因此一直采用绝对贫困标准,这样就导致了我国贫困标准太低、与国际标准相差甚远。同时,在区域瞄准上,也存在不够精确的问题,如有些阶段注重全域扶贫,"撒胡椒面"式地进行扶贫,有些阶段又划分贫困县、贫困村,到村到户推进扶贫开发,没有突出片

---

① 孔德宏. 落实科学发展观与引进国外智力 [A]. 引进国外智力研究论文选编(2007~2009 年). 献给中华人民共和国 60 周年华诞 [C]. 2009.

区重点,没有集中力量进行片区扶贫,造成了扶贫资金和资源的大量浪费。这些都需要在实践中不断调整,从而真正聚焦到连片特困地区扶贫的重点上来。

三是在扶贫主体上政府行为过于强大。长期以来,我国扶贫开发是政府主导型的扶贫开发,这是当时经济社会发展的需要,是贫困地区和贫困人口尽快脱贫致富的需要。但由此也造成了一些弊端,出现政府管理太宽、统筹过于全面的现象,没有充分发挥其他扶贫主体的积极作用,不利于贫困地区和贫困人口自我发展能力的培养等。为此,在新阶段的扶贫开发过程中,本书主张既要坚持政府主导下的扶贫开发,又要形成社会各界共同参与的"大扶贫"格局,同时,要下大力气加快培育连片特困地区的自我发展能力。

第三节 中国连片特困地区扶贫攻坚任务的现实要求

本书在前面分章节分析了我国扶贫开发所处的阶段及基本经验,充分肯定了改革开放以来我国扶贫开发所取得的主要成绩。在新时期新阶段新要求下,找到行之有效的扶贫开发机制十分重要,尤其是我国连片特困地区的扶贫开发机制,显得非常紧迫,是我国扶贫开发攻坚任务的现实要求。

一、中国连片特困地区的贫困现象依然严峻

我国的扶贫开发工作在过去30多年虽然取得了巨大成就,但是,目前全国连片特困地区的贫困现象十分突出,扶贫开发的形势依然十分严峻。

19世纪末有学者第一次提出贫困的定义,经济学、社会学和政治学等领域对贫困的内涵有很多界定,概括起来,它们有两个共同的特点:第一,承认贫困是一种低水平生存状态。贫困是被社会所承认的——或者说在一定区域范围内公认的——低于一定水准的生存状态。当然,这种生存状态也是相对的,即在不同的国家和地区,在不同历史阶段其标准是不同的。第二,贫困的主要表现是"短缺"。"短缺"主要表现为物质和收入的短缺。在一定的区域范围内这种短缺是绝对的,但是在某个较广的范围内,这种短缺又是相对的。即短缺不一定导致贫困,但贫困一定因为存在短缺。"短缺"还表现为机会的短缺。这种机会的短缺可能是因为物质和收入短缺而出现的,也可能是因为自然原因和个人原因而出现的,还可能是因为制度原因而出现的。"短缺"也可以是能力的短缺。能力短缺与机会短缺类似,自然的和社会的原因都有可能导致能力短缺。

本书认为,无论是"物质"、"收入"、"机会"还是"能力",对于连片特困地区和贫困人口来说都是他们可用(或拥有)的"资源"。因而,贫困实质上

是一种低于社会既定标准的资源短缺状态,其外在表现是生活质量低于社会确认的某种标准。把贫困的实质归结为资源短缺,既符合贫困的外在表现,也有助于对贫困的分析。

一般来说,资源可以分为自然资源、经济资源和社会资源。所谓自然资源,主要是指存在于自然界的能够供人类开发利用的自然要素总和。它包括"空间资源、物质资源和能量资源"。① 对于贫困地区和贫困人口来说,它们所拥有的自然资源主要包括三类:土地资源、水资源和矿产资源。经济资源,主要是指个体本身拥有(或得到)的收入以及保证其获取收入的劳动力。所谓社会资源,从区别于经济资源和自然资源的角度理解,是指"非物质的文化和社会方面的资源,包括人口、工艺、文化、社会组织、风俗信仰以及处理问题的能力等"。② 对于贫困地区和贫困人口来说,社会资源是指影响他们生产和生活的各种制度要素。根据新制度经济学的观点,制度有正式制度与非正式制度之分。因而,社会资源也可以分为两大类:正式的制度资源和非正式的制度资源。正式的制度资源指所有直接涉及扶贫的政策和法律规范,间接涉及扶贫的政策和法律规范部分属于社会资源,如推动经济发展的各种规定。非正式制度资源主要包括贫困地区的文化传统和贫困人口的社会地位。由此,可以把资源简单地分类如下,见表3-2所示。

表3-2 资源分类③

自然资源	经济资源	社会资源
土地	劳动力资源	正式制度资源(制度、政策、法规)
水资源	收入	非正式制度资源(文化传统、社会地位)
矿产资源	外来投资	

总体上看,我国农村连片特困地区和贫困人口的资源短缺是相当严重的。

1. 自然资源拥有情况

连片特困地区的自然资源总体来说是短缺的。新阶段我国确定的680个贫困县,主要分布在中西部的高寒山区、黄土高原、荒漠化地区、石漠化地区、丘陵山区、水库区、地方病高发区以及灾区,它们共同的特征是地域偏远,交通不便,生态失调,生产生活条件极为恶劣等。我国连片特困地区山地多,适耕地贫

---

① 张文驹.国土资源行政管理的若干应用基础理论问题(上)——自然资源属性分析[J].国土资源通讯,2002(11).
② 王康.社会学词典[Z].济南:山东人民出版社,1988:258.
③ 许源源.中国农村扶贫瞄准问题研究[D].中山大学博士学位论文,2006:20.

乏，加之部分片区土壤盐碱化、沙化和漏水漏肥现象严重，使得连片特困地区低产田广泛分布。盐碱化土壤在新疆、内蒙古、青海等干旱地区分布尤为集中，华北平原的连片特困地区分布也不少。另外，在我国还有一种"富饶的贫困"，即自然资源丰富，但却处于极端落后状态的地区。如拥有丰富水资源和森林资源的云南是我国贫困县数量最多的省。从这个角度而言，自然资源短缺只是贫困的一个可能条件，即贫困不一定意味着自然资源短缺；反之，自然资源短缺也不一定意味着贫困。连片特困地区的自然资源总体状态有如下几个特征：

（1）自然资源的丰富性和短缺性并存。我国既存在自然资源非常丰富的贫困地区，如森林资源丰富的大兴安岭林区、神农架林区、西双版纳地区等，水资源丰富的怒江水域、金沙江水域等，也存在自然资源非常短缺的贫困地区，如水资源极端短缺的"三西"地区、部分贫困山区等，土地资源极端短缺的广西石漠化山区、四川藏区等，具体如表3-3所示。

表3-3 我国贫困地区的地理环境①

分布	地理环境
黄土高原丘陵沟壑土	水土流失严重，干旱缺水，燃料、饲料、肥料和木料短缺，地方病蔓延
平原与山区接壤地带	自然灾害频繁，自然资源开发不合理、破坏严重，产业结构不合理
西南喀斯特山区	植被破坏，水土流失严重，生态环境恶劣，交通闭塞
东部丘陵山区	自然灾害频繁，土壤肥力缺乏，资源破坏严重，水土流失较重
青藏高寒山区	气候寒冷，生态环境严峻，自然灾害频繁，交通运输十分困难，生产水平低下
蒙新干旱区	干旱少雨，土地沙漠化严重，植被稀疏，环境承载力低

（2）自然资源利用率低下和过度利用并存。②这一现象主要集中在自然资源相对丰富的贫困地区。这些地区在实行扶贫开发战略之前，自然资源的破坏程度相对较低，但随着扶贫开发的深入推进，一些自然资源丰富的地区由于过度依赖资源开发而遭到严重破坏。有些地区成片的森林被毁坏，有些地区大量的水资源被污染，而有些地区的耕地被侵占等，在一定程度上加剧了自然环境的恶化，甚至导致了酸雨、沙尘暴、泥石流等恶劣的自然灾害问题，引起高度重视。同时，我国部分贫困地区还存在自然资源利用率低下的问题。比如，西部地区云南的水资源、森林资源、植被资源，中部地区湖北的土地资源等都未能较好地发挥其经

---

① 潘文灿. 中国消除贫困的战略研究 [J]. 中国人口资源与环境，1995 (3).
② 许源源. 中国农村扶贫瞄准问题研究 [D]. 中山大学博士学位论文，2006：21.

济价值。如何正确处理经济增长和科学发展的关系是拥有丰富自然资源的贫困地区的重要课题。

（3）自然资源的经济价值和社会价值在扶贫开发事业中存在冲突。从资源的有用性来说，自然资源之所以能够被承认为资源，是因为其对社会和人类发展有一定的价值。但是，对于价值本身的衡量是存在争议的。如果要强调自然资源的经济价值，那么过度开发从一定程度上是合理的；如果要强调自然资源的社会价值，那么不利用和不开发在一定程度上也是合理的。这实际上涉及对"贫困"的理解，本书在前面已进行了专门论述。

2. 经济资源拥有情况

贫困最外在的表现就是经济资源占有量的不足。从贫困地区劳动力素质和收入两方面来看的确如此。经济资源的短缺是贫困地区和贫困人口最为普遍的表现。从劳动力素质来看，就拿部分连片特困地区来说，滇桂黔石漠化片区义务教育质量差，职业技能教育水平低，九年义务教育巩固率低于全国平均水平9.8%，人均受教育年限低于全国平均水平1.1年，劳动力素质整体偏低。六盘山片区教育设施落后，师资力量不足，劳动力素质整体偏低。燕山—太行山片区人力资源开发不足，人均受教育年限低于全国平均水平0.9年，职业技能教育与培训体系不完善。2010年，秦巴山片区的人均教育支出仅相当于全国平均水平的56.8%，武陵山片区的教育支出仅相当于全国平均水平的51%，乌蒙山片区的教育支出仅相当于全国平均水平的52%等。① 从收入水平来看，贫困和低收入人口收入及消费结构单一、水平低，基本上处于入不敷出的状态，生产投入能力不足，资产存量较少。贫困及低收入农户与其他农户所拥有的金融资产、住房等反映财富状况的存量水平相差悬殊较大。

3. 社会资源拥有情况

我国贫困地区和贫困人口拥有的社会资源也存在着一定程度的短缺。如在很多地区，贫困人口的政治参与权，包括选举权、建议权和监督权都未能得到实现，更遑论实际的决策参与权。政治权利的短缺实际上是一种中介性的贫困，贫困人口可能对此没有感觉或者说根本没有意识到，这与他们自身经济际遇之间是有很大关系的。政治权利的短缺会影响政府对贫困人口的政策，从而影响到贫困人口生活质量的提高。有些地区存在文化资源上的短缺。贫困人口所处环境的文明程度较低，缺少人文氛围和技术创新能力，文化资源短缺直接影响贫困人口的素质。因而，扶贫工作应该关注贫困地区的教育、技术培训等事业，从文化贫困的角度来解决问题。另外，贫困人口的人际关系资源也呈现出一定的短缺。虽然

---

① 根据各片区规划中贫困状况与特殊困难关于社会事业与公共服务的内容整理。

人际关系资源从一定程度上来说与贫困人口自身能力有关,但也受血缘关系、亲属关系和地域关系的影响而体现出差异性。比如,有些地区在争取被确定为贫困县、贫困乡或贫困村时就运用了其"社会资源"。再如在确定贫困县标准时对"革命老区"适用相对较高的贫困线。另外,正式的制度保障主要由政府来提供,在各地区的开展情况有很大的差异。贫困地区和贫困人口所拥有的基础设施和社会保障也相对较低。2010 年,罗霄山片区人均教育、卫生、社会保障和就业三项支出为 1005.3 元,六盘山片区人均教育、卫生、社会保障和就业三项支出为 1447.6 元。①

二、中国连片特困地区的贫困特征

通过以上的分析可以看出,我国农村连片特困地区的贫困具有集中性、特殊性、深沉性、差异性和动态性五个特点。

1. 贫困现象的集中性

从空间上看,我国目前的贫困地区往往都是由相邻相关的多个地区共同结合而成,这就产生了贫困的集中连片现象,即"集中连片"性——人口集中、地域连片;从贫困人口看,集中分布在山区、丘陵地区、限制开发区;从区域分布看,680 个国家扶贫开发工作县绝大部分分布在山区或高原山区,特别是群山连绵区,更是呈现集中分布的状态,贫困地区 60% 多处于山区县,② 20% 多处于丘陵(半山区),不足 20% 处在平原地区。③

2. 贫困成因的特殊性

从我国划分的 14 个连片特困地区来看,其贫困成因是很特殊的,包括自然、生态、民族、宗教、社会、历史、政治、体制等多种原因,常规的扶贫手段一般难以奏效。很多连片特困地区自然环境恶劣,即使是在拥有丰富自然资源的贫困地区,也可能存在频繁的自然灾害。农村贫困人口的收入低下,贫困地区占据的社会资源也普遍短缺,因为"居住在深山区的分散的社区环境,形成了比较封闭的社会圈","自我封闭又影响和阻碍了社区之间的交易和互动,特别增加了贫困人口接近城市、集镇以至农村集市的成本和难度"。④ 比如,在四川藏区,贫困最大的成因是民族宗教,在许多县宗教僧尼比公务员还要多,也由于全民信教,牧民收入大部分消费到宗族方面,从而引起贫困。

---

① 根据各片区规划中贫困状况与特殊困难关于社会事业与公共服务的内容整理。
② 王思铁. 连片特困地区的概念及特征 [EB/OL]. 新浪网,http://blog.sina.com.cn/s/blog_599a3d490100xx3d.html,2011 - 09 - 28.
③ 国家统计局农村社会经济调查总队. 中国农村贫困监测报告(2003)[R]. 北京:中国统计出版社,2003:22.
④ 沈红. 扶贫传递与社区自组织[J]. 社会学研究,1997 (5).

3. 贫困程度的深沉性

我国连片特困地区的贫困问题不仅是集中连片面大、贫困人口众多,而且贫困程度较深。主要体现在农民贫困与财政困难并存、贫困的继承性(上辈贫困,下辈也贫困)、扶贫开发难度大等方面,因此扶贫任务艰巨,对治贫手段综合性的要求特别高。

4. 贫困地区的差异性

随着我国经济的高速发展,我国的城乡差距、区域差距日益扩大。在不同的连片特困地区,其贫困的差异性也较为明显。如有的连片特困地区拥有丰富的自然资源,而缺乏社会资源;有的贫困地区自然资源短缺,而社会资源丰富。这种差异性还表现在同一连片特困地区所拥有的自然资源和社会资源,存在既丰富又短缺的情况。这些差异性不仅表现在数量上,还表现在质量上,即连片特困地区和贫困人口所占有资源的数量与质量是不同的。①

5. 贫困发展的动态性

贫困地区和贫困人口所占有的资源数量和类型在不同时期是不相同的。不同的时间点上,贫困的主要表现可能是自然资源短缺,也可能是经济资源短缺或社会资源短缺,而且不同的地方还会呈现不同的变化趋势。在农业经济时期,土地资源是主要的经济来源,谁拥有土地和较多的农产品,谁就是富有者,反之,则是贫困者。而在工业经济时期,技术作为生产力的显著性充分表现出来,此时,经济资源的丰富性是决定贫困与富裕的关键因素,劳动力素质越高,越有可能脱贫致富。知识经济时期,信息和社会关系网络的流畅程度将决定谁是贫困者。在我国,市场经济尚处于发育和完善时期,经济增长方式更多地以粗放式为主,正处于转型期。拥有大量自然资源但处于贫困状态的地区和人口可能通过破坏自然资源来实现财富的积累。但是,如果市场不开放,自然资源并不能流通出去,或者是低价值地被交换,那么对于这些原来拥有丰富自然资源的贫困地区来说,可能同时出现社会资源短缺和自然资源短缺。那些拥有较多社会资源的贫困地区,如革命老区和少数民族地区,如果在市场经济的大潮中不能更好地保护其社会资源,在开发和利用社会资源的基础上来谋取区域发展,很可能会因为单纯追求经济增长而使社会资源遭到破坏。体现动态性最为突出的是库区移民,他们原来拥有的丰富自然资源和历史文化资源往往在一夜之间丧失殆尽。

三、完善和发展扶贫开发机制是中国扶贫攻坚的现实要求

通过以上分析可以看出,我国连片特困地区的贫困具有集中性、特殊性、深

---

① 王思铁. 连片特困地区的概念及特征[EB/OL]. 新浪网, http://blog.sina.com.cn/s/blog_599a3d490100xx3d.html, 2011-09-28.

沉性、差异性和动态性的特征，这就要求我们在减少或消除农村贫困的伟大进程中，必须采取切实有效的行动，在扶贫攻坚中完善和发展合理的扶贫开发机制。

本书在前面提到，在扶贫开发过程中，政府所投入的扶贫资金和资源相对来说是有限的，如何把这些有限的扶贫资金和资源用到"刀刃上"，是扶贫开发机制必须解决的问题。因此，有效推进扶贫攻坚，研究扶贫开发机制问题，对于减少或消除贫困来说十分重要。①

正如前面所述，上一阶段我国农村的扶贫开要纲要即《中国农村扶贫开发纲要（2001~2010年）》实施取得了重大成效，其主要做法是坚持党委领导、政府主导，把强有力的组织领导作为实现减贫的重要保证；坚持以人为本的理念，把改善贫困地区群众生产生活条件和提高人民生活水平作为扶贫开发的中心任务；坚持开发式扶贫方针，把增强贫困地区和贫困人口自我发展能力作为实现脱贫致富的主要途径；坚持广泛动员社会力量，把定点扶贫、东西部扶贫协作、其他社会力量参与扶贫作为扶贫开发的有效模式；坚持尊重贫困地区群众主体地位，把激发群众自力更生、艰苦奋斗精神和主动性、创造性作为扶贫开发的内在活力；坚持学习和借鉴国外经验，把开展国际交流合作作为扶贫开发工作的重要补充。② 总体而言，上一阶段《扶贫开发纲要》顺利推进主要是建立了一个较好的扶贫开发机制，这为我国实施新的《扶贫开发纲要》提供了宝贵经验。

因而，在总结前几阶段的扶贫开发经验的基础上，我国提出了把连片特困地区作为新一阶段扶贫开发的主战场，创新体制机制，全面推进新时期新阶段新要求下农村扶贫开发工作，确保2020年全面建成小康社会目标任务的圆满完成，为我国农村扶贫开发机制创新提出了新要求。

第四节 国际扶贫开发经验的有益借鉴

尽管贫困问题是世界难题，但从国际上来看，部分国家扶贫开发的经验值得我们借鉴，尤其是在片区扶贫开发方面的经验和探索，值得我们借鉴学习和参考。因世界各国的历史和现状不一，很多国家创造了先进的扶贫开发经验，或者是进行了积极探索，所取得的效果也各有千秋。本书的重点是研究符合我国国情的扶贫开发机制，不再一一列举国外的先进经验和探索成果，仅选取部分有典型代表意义的西方国家如美国、新兴发达国家如韩国、人口较多的发展中国家如印度、乌干达等作为借鉴参考。当然，这些国家在扶贫开发及其他方面的改革探索

---

①② 陈雷在水利部传达贯彻中央扶贫开发工作会议精神干部大会上的讲话［EB/OL］. 黄河网，http://www.yellowriver.gov.cn/xwzx/sszl/201112/t20111203_111173.html，2011-12-02.

第三章　中国连片特困地区扶贫开发机制构建的必要性

也有不成功的地方，本书仅就其成功的典型做法和积极的创新实践活动进行分析研究，以期提供有益的借鉴。

一、美国的反贫困经验

作为西方发达国家典型代表的美国，仍然存在着贫困问题，而且在 20 世纪末以前表现得还比较突出。① 尽管如此，美国在反贫困中的一些措施是举世瞩目的，取得了实实在在的成效，特别是自 20 世纪中期美国实施大规模的反贫困战略以来，对西部的开发创造卓有成效。概括起来，主要是针对人口和地域采取的相应措施。

1. 针对贫困人口的反贫困措施

1964 年，时任美国总统约翰逊在一次致辞中宣布"向贫困挑战"，② 由此拉开了新一轮反贫困战略，对世界反贫困行动具有很大影响力。

第一，授权计划。主要是指健康、教育、福利机构执行的就业计划，通过相关机构组织实施，包括青年人集团计划、大学生勤工俭学、乡村贷款等。如规定学费分期偿还、平等收入政策等。

第二，直接计划。主要是向贫困挑战、共同行动、农业季节工、职业团和地区发展计划等。如采取措施缩小贫富差距，实行负所得税方案等。

第三，调整公共政策。主要包括解决收入差距、种族歧视、妇女和老年人合法权益保护等方面，为这些贫困群体提供特殊保护，提高他们的收入水平和社会经济地位等。

第四，公共福利方案。主要是自 20 世纪 80 年代以来解决贫困危机的方案，包括解决医疗补助、食品补贴、小孩负担和额外保障等。

2. 针对落后地区的区域反贫困措施

一提到美国的区域开发，容易让人联想到美国对其西部的开发，特别是对美国"西部牛仔"印象很深。这实际上讲的是美国建国以后持续百余年时间的"西进"运动。近年来，有学者研究认为，美国真正意义上对落后地区的区域反贫困并结合个人的反贫困计划是在 20 世纪 30 年代，而且主要是针对南部地区。③ 概括起来，其区域反贫困措施主要有以下几方面。

第一，强化组织协调。根据"新政"中的有关法案，1933 年美国成立了著名的"田纳西河流域管理委员会"（Tennessee Valley Authority，TVA），主要负责田纳西河流域和密西西比河中下游一带的开发。

---

① 叶普万. 贫困经济学研究 [D]. 西北大学博士学位论文，2003：51.
② 叶普万. 贫困经济学研究 [D]. 西北大学博士学位论文，2003：52.
③ 叶普万. 贫困经济学研究 [D]. 西北大学博士学位论文，2003：53.

第二，制定区域发展法规。1961年5月，美国制定了"地区再开发法"，明确提出了实行区域再开发的计划。1965年，美国政府又连续颁布了"公共工程和经济开发法"（Public Engineering and Economic Development Action，EDA）及"阿巴拉契亚区域开发法"，运用法律手段，采取综合性援助措施，促进区域协调发展。

美国的反贫困战略带给我们许多有益企业，概括起来包括以下几点：①美国在反贫困战略中十分注重扶贫资金和资源的瞄准问题，在针对贫困人口的反贫困措施中，把扶贫对象作为聚集点。②美国政府十分注重区域反贫困的统筹协调，为了顺利推进落后地区的反贫困斗争，专门成立了相应区域协调机构，统一组织协调区域的反贫困斗争。③美国政府积极采取法律手段推进反贫困斗争。为了区域反贫困措施的顺利推进，20世纪60年代短短4年时间，先后制定实施了三部区域发展法律，力度非常大。

二、韩国的反贫困经验

韩国自独立以来，社会经济发展取得了显著的进步，在经济快速增长的同时，明显地减轻了贫困，实现了40年的公平增长，在20世纪80年代，就已经成为"亚洲四小龙"之一。

发展初期，韩国面临着与其他发展中国家同样严重的贫困问题。独立后，韩国历届政府十分重视贫困问题，经过近40年的持续努力，其贫困人口呈逐年下降趋势。总体来看，韩国采取了以下反贫困措施。

1. 土地改革和绿色革命运动

1948年韩国新政府成立时，可耕地的缺少、非农业就业机会的缺乏，使得乡村十分贫困。① 1949年韩国实行土地改革，土地又回到了农民手中，形成了小农体制下的家庭农业。1967年在全国掀起了普及新稻种IR667为中心的大米自给运动，也称绿色革命运动。在各方的共同努力下，新品种及其栽培技术迅速普及，农民的收入提高很快。②

2. 反贫困计划

（1）提高劳动力素质。人力资本投资是韩国取得成功的重要因素之一。1950年，韩国政府迅速扩大教育机构以消除文盲。教育的持续发展，特别是中等和高等教育的发展，使中下阶层获得了向社会上层流动的机会。人力资本的积累提高

---

① 尚玥佟. 发展中国家贫困化理论与反贫困战略 [D]. 中国社会科学院研究生院博士学位论文，2001：4.

② 韩国农业概况与近期农业政策 [EB/OL]. 百度文库，http：//wenku. baidu. com/view/15a81e2ce2bd9605 90c67740. html，2012－12－23.

了韩国劳动大军的素质,从而提高了劳动生产率。①

(2)实行出口推动经济快速增长的战略。①开放贸易、消减关税;②实施一整套出口激励措施;③积极利用国际环境提供各种机遇等。这些战略措施都取得了成功。②

(3)韩国政府强有力的执行力。韩国领导层高度重视反贫困计划,这也是韩国实现40年公平增长的关键因素。韩国领导层对经济发展的庄严承诺,具备说到做到的气魄和能力。其领导层明确地把经济发展放在首要位置,政府在实施各项政策时迅速、高质量的实施能力,使韩国民众对政府产生了高度信任感。③

3. "新村"运动

60年代末,韩国经济进入调整发展时期。为了改变农业与经济发展的不协调状况,促进经济快速健康发展,1970年,政府决定通过开展新村运动带动和促进农业和农村经济发展。④

根据韩国内务部的定义,"新村"运动就是组织人民开展合作,互相帮助,建设更加美好和富裕的村庄,并在此基础上,建设繁荣、富强的国家。换句话说,"新村"运动是村社发展的韩国模式,其最终目标是消灭贫困,建设一个充满活力的社会。⑤

"新村"运动的社会福利计划包括许多方面,如住房的重建、农业结构的改变、通信设施的建设、日托托儿所的管理、医疗服务的加强、小城镇的扩展和调整,等等。为了改进农村人口的卫生条件,政府设立流动性诊所,在减少疾病方面取得成效。1977年开始实行"医疗保护计划",政府组织医疗队,向低收入的人们提供医疗服务。

近十年的"新村"运动使得韩国农村和农民的面貌发生了巨大变化。第一,改善了农村的环境。第二,提高了农民收入。第三,增加了就业机会。第四,极大地调动了农民的积极性。⑥

韩国反贫困措施带给我们的启示有两点:①政府领导层的高度重视是推进扶贫工作的重要保障,韩国政府对经济发展和对贫困的重视是反贫困取得成功的关键因素,加之政府强有力的执行力,使得韩国民众对政府产生了高度的信赖感。②韩国在推进新村建设时采取的一系列配套措施,不仅改善了民生,而且注重对农民进行思想教育,使得新村建设的成果不断扩大和巩固,值得我国在以新村建

---

①②④ 林冬妹. 粤东黄狮村贫困人口生存状况及改善研究 [D]. 华中农业大学硕士学位论文, 2010:6.

③ 李文,李芸. 中国农村贫困问题研究 [M]. 北京:中国农业出版社,2008:30.

⑤ [韩]赵利济,金赢亨. 韩国经济腾飞的政策剖析 [M]. 广州:华南理工大学出版社,1996:9.

⑥ 尚玥佟. 发展中国家贫困化理论与反贫困战略 [D]. 中国社会科学院研究生院博士学位论文, 2001:4.

设为载体、整村推进扶贫开发时借鉴。

三、印度的反贫困经验

印度人口10多亿,是世界人口第二大国家,同时也是金砖国家之一,其贫困问题十分突出。印度的贫困问题具有以下三个方面的特点:一是印度贫困人口比例在20世纪90年代以前不断地下降,90年代初贫困程度有所加剧;二是贫困程度具有明显的地域性;三是贫困人口绝对数量不断增加。

独立初期,印度农村约有一半以上的人口为贫困人口。印度历届政府非常重视农村贫困问题,将扶贫列入发展计划,而且规定了提高生活质量的各项指标,如入学率、卫生饮用水、就业等,计划也列出了政府的有关预算。① 概括起来,印度主要采取了以下反贫困措施。

1. 土地改革

印度的土地改革是从20世纪50年代中期开始的,但改革不成功,没有触及到农村地主的根本利益,土地分配仍然极不公平。

2. 农业发展新战略

1965年,印度开始实施"农业发展新战略",试图通过推行绿色革命,解决粮食问题和乡村贫困问题。② 绿色革命主要是农业技术革命,实现了农业增长由扩大播种面积到提高单产的转变,提高了粮食产量。然而,印度的绿色革命并没有达到缓解贫困的预期目的,反而加大了不同阶层农民的收益差距。

3. 向地方政府推行民主放权行动

1992年,印度宪法明确提出地方政府机构应当积极制定经济发展和社会公平计划,并让基层社区参与民主决策。宪法还明确强调了对弱势群体的赋权。另外,印度自20世纪50年代、70年代末80年代初就开始尝试对村委会的赋权。

印度反贫困斗争的启示,一是农村经济社会制度的改革比"绿色革命"更为重要。印度实施的"绿色革命"说明,即使农业技术有再大的进步,单纯依靠市场的力量,技术进步的成果难以传递到穷人那里,甚至传导更为严重的贫困和不平等。因而必须要对农村经济社会制度进行改革,必须要健全农村土地分配制度。二是简政放权能进一步发挥地方政府和基层群众自治组织的积极性。像印度这样一个人口数量庞大、民族多样化的国家,如果没有地方政府机构和基层组织的积极参与,扶贫工作将无法顺利进行。同时,基层民主和弱势群体的赋权在

---

① 杨文武. 印度政府反贫困的政策 [J]. 南亚研究季刊, 1997 (4).
② 尚玥佟. 发展中国家贫困化理论与反贫困战略 [D]. 中国社会科学院研究生院博士学位论文, 2001: 8.

印度的扶贫进展中起了非常关键的作用。

四、乌干达的反贫困经验

乌干达是东非内陆小国,很长一段时间处于武装冲突和经济停滞的状态。但自1987年以来乌干达经济发展成绩斐然,经济增长速度平均保持在6%而通货膨胀率也控制在10%以下。①

乌干达的反贫困成就归功于改革开放。1987年政府由左派人物控制,因此,不愿意采取外国捐赠机构提出的经济改革建议。但1992年情况发生了改变,财政部和经济发展计划部合并将财政和规划功能集于一个部门,并聘请专业人员以提高机构能力。随后,政府采取各种措施如保护产权,鼓励和吸引投资等,自1994年以来,连续三年使得以家庭小生产者为基础的经济作物部门的贫困数量大幅下降。1992年是乌干达实行自由经济改革决定性的一年。

尽管如此,乌干达政府认为反贫困的力度还不够。为了进一步加大反贫困力度,乌干达政府于1992年在捐赠机构的支持下增加了对社会项目的扶持。1996年引进了分权体制,把行政管理责任和预算下放给地方政府,从而保证减贫资源瞄准贫困人口。

乌干达的反贫困经验主要体现在改革开放上,体现在政治领导集体的坚强领导和各级政府组织及其成员的忠实执行力上,同时善于发挥公益机构如捐助机构的积极作用,这些都值得我国在深入推进扶贫开发的进程中学习借鉴。

---

① 李文,李芸.中国农村贫困问题研究[M].北京:中国农业出版社,2008:33.

第四章

中国连片特困地区扶贫开发机制的基本框架

中国共产党对扶贫开发总体布局的认识经历了一个逐步深化、日趋完善的过程。根据国家颁布的《中国农村扶贫开发纲要（2011～2020）》，结合我国实际，可对连片特困地区扶贫开发机制框架进行分析。

第一节 中国连片特困地区扶贫开发机制的主要特点

21世纪的第一个十年，我国扶贫开发阶段性目标任务如期完成，取得的成效显著，然而，现阶段我国的贫困格局又呈现出新的特征，绝对贫困人口在分布上呈现出向革命老区、民族地区、边疆地区、边远山区、省际交界区等区域集中的大分散、小集中态势。我国连片特困地区的贫困具有集中性、复杂性、深沉性、差异性和动态性。因而，我国连片特困地区的扶贫开发机制因农村贫困的具体现实，具有系统性、多主体性、利益协调的复杂性特征。

一、系统性

系统是指由若干相互联系、相互作用的要素所组成的具有特定功能的有机整体。系统论的观点认为，构成系统必须具备以下三个要件：系统由两个以上的要素构成，一个要素不能构成系统；系统具有各要素在孤立状态下所不具有的整体性功能；系统的各要素具有严密的结构性和不可分离的相关性。从系统论的观点出发，系统性特征包含三个内容：整体性、层次性、动态性。第一，扶贫开发是一个完整的系统，构成扶贫开发的各个环节或节点是一个有机的整体，它们相互关联、相互依存、相互制约。各环节或节点之间通过信息流、物质流、资金流等的相互交换而联结，通过资源与能力的整合而共同实现扶贫开发功能的最大化、效率的最高化、信息共享的最优化和利益分配的合理化,通过协同完成扶贫开发目标任务。扶贫开发机制的建立、发展、健全是一个螺旋式上升的过程,扶贫开发过程中的每一个环节都会带动下一个环节的发展,是一个层次性的螺旋式的上升通道。第二,扶贫开发过程中的各个环节的关联关系在技术层面与经济层面都有层次性。第三,扶贫开发过程是一个周而复始螺旋式上升演进的过程,其静止是相对的,运动是绝对的,是一种在动态中保持平衡的状态。整体性、层次性与动态性特征共同构成了农业产业链培育的系统性特征。

二、多主体性

扶贫开发主体是指在市场经济活动中能够自主设计行为目标、自由选择行为方式、独立负责行为后果并获得经济利益的能动的经济有机体。连片特困地区的扶贫开发主体是指直接参与扶贫开发工作、参与扶贫资源配置并承担相应风险的主体,包括行政机关、行业协会、机关团体、科研院所、企业单位及相关个人等。他们在扶贫开发过程中分别独立地从事多种与扶贫相关的经济活动,他们之间通过行政体制、行业体制和市场体制进行联结。从利益的角度来看,扶贫开发主体可以分为:公益主体、经济主体、特殊主体等。扶贫公益主体主要包括不以经济利益为目标的各类行业协会、人民团体、社会组织等;经济主体主要是进行营利活动、独立核算的企业、个体工商户及其他营业性组织;特殊主体主要包括党政机关、扶贫职能部门等。

三、利益协调的复杂性

追求利益最大化永远是经济主体的行为动因,由于资源及财富的有限性,在利益最大化的驱使下各利益主体之间必然产生利益竞争。扶贫开发的主要目的是消除贫困、实现共同富裕,进而实现各主体利益的最大化。扶贫开发过程中多元的经济主体通过扶贫结成一个有机的经济系统,他们通过联合博弈,实现整体利益最大化,这是各主体在整体利益上的一致性。同时,各主体共同承担着价值创造的任务,他们要求获得自身利益的最大化。从这个角度来看,各扶贫开发主体的利益又是对立的,他们之间存在利益的竞争,也即,在扶贫开发主体系统内部之间存在利益的协调。更为突出的是,由于系统内各主体地位的悬殊、信息的不对称,利益在系统内很难公平地分配,这就加剧了利益协调的难度。另外,在系统内部与外部之间也存在利益的协调。扶贫开发主体内部利益协调的困难以及扶贫开发主体系统内部与外部存在的多维的利益协调关系,构成了扶贫开发主体利益协调的复杂性。

第二节 中国连片特困地区扶贫开发机制的目标任务

改革开放之初,我国农村贫困人口共有 2.5 亿,贫困发生率达 30.7%。① 改革开放 30 多年来,我国把加快发展作为减贫的根本举措,依靠发展解决贫困问题,取得了显著成效。《中国农村扶贫开发纲要(2001~2010 年)》实施以来,我国实行"六个坚持",② 实施综合性农村扶贫开发措施,到 2010 年底,预定的目标任务基本实现。

2011 年开始,我国扶贫开发进入到一个新阶段。我国扶贫开发已经从解决温饱为主要任务的阶段转入巩固温饱成果、加快脱贫致富、改善生态环境、提高发展能力、缩小发展差距的新阶段,③ 扶贫开发面临着新的机遇和挑战。根据新形势、新任务的要求,我国提出了新阶段扶贫开发的总体目标:到 2020 年,实现"两不愁,三保障"目标;连片特困地区农民人均纯收入增幅赶超全国平均水平,一些主要发展指标如基本公共服务的主要指标等,接近全国平均水平,从而不断缩小地区间的发展差距。

一、"两不愁,三保障"目标

2011 年起实施的《中国农村扶贫开发纲要(2011~2020 年)》提出,到 2020 年,稳定实现扶贫对象不愁吃、不愁穿,这就是"两不愁"目标,同时,提出保障扶贫对象义务教育、基本医疗和住房,也就是"三保障"目标。实际上是针对贫困人口的生存和发展问题。

二、缩小发展差距目标

《中国农村扶贫开发纲要(2011~2020 年)》提出,要不断扭转地区之间贫

---

① 国务院新闻办介绍中国农村扶贫开发纲要(2011~2020 年)[EB/OL]. http://www.gov.cn, 2011-12-06.

② "六个坚持"是指:坚持以人为本,把改善贫困地区群众生产生活条件和提高贫困人口生活水平作为扶贫开发的中心任务;坚持党委领导、政府主导,把强有力的组织领导作为实现减贫的重要保证;坚持开发式扶贫,把增强贫困地区和贫困人口自我发展能力作为实现脱贫致富的主要途径;坚持广泛动员社会力量,把定点扶贫、东西部扶贫协作、其他社会力量参与扶贫作为推进扶贫开发的有效模式;坚持尊重贫困地区群众主体地位,把激发群众自力更生、艰苦奋斗精神和主动性、创造性作为扶贫开发的内在活力;坚持学习和借鉴国外经验,把开展国际交流合作作为扶贫开发工作的重要补充。

③ 中央扶贫开发工作会议在北京召开[N]. 新华每日电讯, 2011-11-30.

富发展差距扩大的趋势,这是针对区域发展的目标。主要任务包括贫困地区基本农田和水利、饮用水安全、交通、农村危房改造、教育、生产生活用电、医疗卫生、公共文化、人口和计划生育、社会保障、林业和生态等十二方面,① 基本涵盖了农村发展所需要的各种条件。在发展过程中,找出贫困乡村现状与目标任务之间差距,通过创新扶贫开发机制,通过行之有效的方式全面推进扶贫攻坚,确保改变贫穷落后状态,缩小贫富差距。

第三节 中国连片特困地区扶贫开发机制的基本原则

我国连片特困地区的扶贫开发机制必须在科学发展原则、因地制宜原则、开发式扶贫原则的指导下进行。

一、科学发展原则

科学发展观的第一要义是发展,核心是以人为本,基本要求是全面协调可持续,根本方法是统筹兼顾。科学扶贫开发的原则是连片特困地区扶贫开发机制构建的指导性原则。首先,要以贫困农民为根本,把贫困农民的利益放在首位。使贫困农民参与扶贫开发中来,提升贫困农民的组织化程度;在协调扶贫利益时,要保证贫困农民的利益诉求通畅,利益协调公平,切实保护贫困农民利益。其次,扶贫开发过程中各环节要协调发展。扶贫开发过程中的各节点衔接好,各环节之间要匹配协调,接口节点的数量与质量有机结合,最大限度地保证扶贫开发运行的高效与集约。最后,连片特困地区要实现发展的可持续性。要充分考虑环境、资源和生态的承受力,保持人和自然的和谐关系,实现自然资源的持久利用,从而实现可持续发展。发展面临着资源与环境的约束,因此,寻求资源消耗更少、环境污染更小的发展之路,就是全面、协调和可持续的发展。

二、因地制宜原则

我国地域广阔,不同区域间的自然条件、农业发展水平差异很大。连片特困地区扶贫开发机制的科学构建必然会受到社会经济条件的制约,不同的社会经济发展水平也会对扶贫开发机制的完善和发展提出不同的要求。因此,各地推进扶贫开发时必须尊重自然规律和经济规律,不宜采用同样的模式、同样的节奏,达

---

① 中国农村扶贫开发的新进展(白皮书)[EB/OL]. 新华网, http://news.xinhuanet.com/politics/2011-11/16/c_111171617.html, 2011-11-16.

到同样的水平,必须根据各地的实际情况,确定扶贫开发的层次、进程及采用的模式,做到因地制宜,区别对待。

三、开发式扶贫原则

开发式扶贫是一种全方位的扶贫模式,① 也是第三世界国家共同的任务和难题。开发式扶贫是一种扶贫战略,是指国家针对不同的致贫因素,采取不同的扶贫措施来推进扶贫工作,实现扶贫目标。开发式扶贫的主要内容包括:区域开发、科技扶贫、财政扶贫、文化扶贫、移民扶贫等。② 在前几个扶贫攻坚阶段中,我国通过一系列综合性扶贫措施,引入市场机制,改变过去单纯依靠经济扶贫或"输血式"扶贫的格局,突破资金、技术、基础设施等制约因素,实行开发式扶贫方针,较好地实现政府与市场的结合,从而促进贫困地区经济和社会的发展。因而,我国在完善和发展扶贫开发机制的过程中,也要坚持这一原则,动员社会各个方面的力量,变一元扶贫为多元扶贫。

第四节 中国连片特困地区扶贫开发机制的主要模式

2011年11月中国政府发布《中国农村扶贫开发新进展》(白皮书)指出,中国政府始终将减缓贫困作为国家发展的重要目标和任务,坚持以人为本,努力使经济社会发展成果惠及全体人民。③ 自20世纪80年代中期以来,我国先后制定实施《国家八七扶贫攻坚计划(1994~2000年)》《中国农村扶贫开发纲要(2001~2010年)》《中国农村扶贫开发纲要(2011~2020年)》等减贫规划,有组织、有计划、大规模地开展农村扶贫开发,使扶贫、减贫成为全社会的共识和行动。通过这些重要举措,促进了社会和谐稳定和公平正义,推动了我国人权事业的发展和进步。我国农村扶贫开发的伟大历程,在我国乃至世界发展史上具有标志性的意义。

总体而言,我国农村扶贫开发的主要模式包括三个方面:政府主导、多元参与、农民主体。从三个方面的关系看,这三个方面是相对独立又相互联系、彼此依存、综合作用、共同影响的,统一于扶贫开发的实践活动中。从整个模式的传导看,并不是单向的,而是一种混合推进模式,即政府主导、多元参与、农民主

---

① 银税. 关于我国开发式扶贫问题的思考[J]. 成都大学学报,2007(6).
② 龚晓宽. 中国农村扶贫模式创新研究[D]. 四川大学博士学位论文,2006:24.
③ 中国农村扶贫开发的新进展(白皮书)[EB/OL]. 新华网,http://news.xinhuanet.com/politics/2011-11/16/c_111171617.html,2011-11-16.

体共同形成合力，混合推进扶贫开发的模式。① 按照《中国农村扶贫开发纲要（2011~2020年）》，本书认为，在新时期、新阶段、新要求下，我国连片特困地区的扶贫开发在政府主导下，更加注重发挥多元参与和农民主体的作用。因而，本书对扶贫模式关于战略决策、资源传递、资源接受的划分标准是相对的。

一、扶贫开发的战略决策：政府主导

从1986年开始，我国把扶贫开发作为国家战略。② 在前几个阶段的扶贫开发实践中，中国政府已经从宏观上提出了保障措施。政府主导型的扶贫开发主要体现在宏观政策的制定上，如不断增加财政扶贫资金，安排扶贫贷款，同时加强对财政扶贫资金的监管，努力提高使用效益；开展党政机关定点扶贫工作；搞好区域间的统筹协调，实施西部大开发战略，做好沿海发达地区对口帮扶西部贫困地的东西扶贫协作工作等。为了进一步加强对扶贫开发的组织领导，政府还建立了从上到下的扶贫开发领导机构，确保扶贫开发主体合理有效地对社会经济资源实行控制、支配、协调和管辖。

二、扶贫开发的资源传递：多元参与

我国在政府主导下开展扶贫开发的过程中，注重发挥全社会的力量，发扬社会主义制度的优越性。这主要体现在扶贫资源的传递方面，从中央、省（自治区、直辖市）、市（州、自治州、盟）、县（县级市、自治县、旗、市辖区）到乡镇，我国建立了一个世界上机构最健全的传递系统，③ 即从上到下的扶贫开发领导小组及其办公室，还包括相应的单位和部门内部的专业扶贫机构等。同时，在扶贫开发实践过程中，中国政府也在不断改变单纯依靠行政组织推动扶贫开发的格局，充分利用政策决策机制、社会机制和市场机制，吸纳一切可用资源投入到扶贫开发中来，使多元扶贫主体参与到扶贫开发中来。

三、扶贫开发的资源接受：农民主体

想让扶贫开发真正实现贫困人口的利益，体现贫困地区的发展需要，主体就应该包含贫困农民。在扶贫资源接受方面，农民的主体地位是非常重要的。从20世纪90年代开始，我国就一直在推行参与式扶贫，参与式扶贫的核心就是赋权，也就是把应该属于贫困地区和贫困人口的权利交付给他们，由他们来决定如何使用扶贫资金和资源，并由其承担相应的责任。《中国农村扶贫开发

---

① 新《扶贫开发纲要》明确，在新时期新阶段新要求下，我国连片特困地区的扶贫开发主要包括专项扶贫、行业扶贫和社会扶贫。
②③ 龚晓宽. 中国农村扶贫模式创新研究［D］. 四川大学博士学位论文，2006：22.

纲要（2011~2020年）》进一步明确了"片为重点、工作到村、扶贫到户"的扶贫开发机制，也是从农民主体地位的角度出发来考虑完善和发展扶贫开发机制的。

第五节 中国连片特困地区扶贫开发机制的重点内容

正如前文关于机制、扶贫开发机制的相关定义和解释，本书认为，我国连片特困地区扶贫开发机制是一定系统所具有的、使系统整体保持正常运行所需要的各种功能的有机组合体，其构成系统各因素、各环节、各层次之间的关系错综复杂、相互联系、相互作用、相互制约，共同扶贫开发系统目标的实现。

一、扶贫开发机制的主要构成

作为一个复杂的社会系统工程，扶贫开发机制同其他机制一样，是一个有机统一的系统。本书认为，我国连片特困地区的扶贫开发机制主要构成包括运行机制、激励机制、调控机制和组织机制，简称"四大机制"。

二、扶贫开发机制结构分析

在扶贫开发机制系统内，各扶贫主体因扶贫的关联协同而获得关联效应和协同效应，因上下游环节之间外部交易内部化而获得交易费用的降低，这些因素使整个扶贫主体获得竞争优势，实现利益最大化。扶贫开发的效果及运行的效率很大程度上取决于扶贫开发机制是否科学合理。

我国连片特困地区扶贫开发机制由四大主要机制构成，扶贫开发机制的正常运行、动力保障、功能调节和组织实现需要"四大机制"的共同作用。

三、各机制间的相互关系

扶贫开发的四大机制是相互作用、相互制约、相互影响的。运行机制位于激励机制、调控机制与组织机制的内层，激励机制、调控机制与组织机制的良好运行有助于扶贫开发的顺利扶贫开发，运行机制的良好运行也会为组织机制、利益协调机制及风险控制机制提供良好的基础。

第六节 中国连片特困地区扶贫开发机制的推进手段

本书在前面谈到,新阶段的连片特困地区扶贫开发,主要建立在前几个阶段的基本经验之上,既借鉴了前几阶段的经验,又有一些创新。从扶贫开发机制研究的角度分析,新阶段的连片特困地区扶贫开发推进手段包括政府推进、市场推进、社会推出和混合手段三种。

一、政府推进

政府推进一直是我国扶贫开发主要手段之一,按照《中国农村扶贫开发纲要(2011~2020年)》要求,各级政府对本行政区域内扶贫开发工作负总责,实际上也就明确了政府推进手段的合法性。在政府推进的过程中,《中国农村扶贫开发纲要(2011~2020)》进一步明确了中央和地方的权力划分,提出"中央统筹、省负总责、县抓落实"的思路。同时,要正确处理好政府系统各部门间的关系、政府与农民、政府与市场、政府与社会的关系等,这样才能确保政府推进的顺利实施。

二、市场推进

主要是国家在扶贫开发过程中,适应社会主义市场经济的要求,引入竞争机制,按社会主义市场经济规律办事。扶贫的更高目标已不是单纯解决温饱,而是巩固扶贫成果,遏制返贫,脱贫致富。扶贫开发的主要方式,已不是简单的救济救助,扶贫开发的主要手段已不是全靠政府来推动,而要充分发挥市场的作用。党的十八届三中全会提出,要使市场在资源配置中起决定作用,是重大的理论创新,为我国在扶贫开发过程中大力倡导市场推进手段指明了方向,也为我国解决市场体制不健全问题提供了依据。

三、社会推进

本书认为,在我国扶贫开发中,除政府主导、市场决定资源配置两种常规的推进手段之外,还应当发挥社会组织的作用。在社会主义市场经济条件下,除了政府、市场两大部门外,作为第三大部门的各类社会组织也承担着相应的社会服务职能,如社会中介机构、社区服务机构、各类行业协会、消费者协会等。因而,社会推进主要是指这方面的因素在发挥作用。作为社会推进主导力量的各类社会组织,在弥补政府部门和市场部门的不足方面能发挥积极作用,执行政府部

四、混合手段

混合手段主要是一种综合性的手段，包含了政府、市场和社会机制的方方面面。本书主要指通过动员全社会的力量，完善和发展相应的协同机制，共同推进扶贫开发的手段。实际上是不断凝聚帮扶力量、拓展帮扶领域，以期提高社会参与扶贫开发的参与度，提升帮扶水平和实效。在混合扶贫开发手段中，不断强化和完善相关政策措施，鼓励先富帮后富，最终实现共同富裕。

第七节 中国连片特困地区扶贫开发机制成效的指标设定及测量

测量扶贫开发机制的指标，就是把指标予以量化。扶贫开发机制指标的量化，不仅在于扶贫资金和资源数量的多少，还在于相关指标的设定及量化分析。

一、指标设定

本书扶贫开发机制成效的指标的设定，是按照"四大机制"来分别设定的，即运行指标、激励指标、调控指标和组织指标。通过这些指标的设定，来看扶贫资金和资源是否偏离了贫困地区和贫困人口，是否满足了他们的需求，从而确保资金和资源投资的精准性和有效性。

1. 运行指标

本书在前面已论述了运行机制"片为重点，规划先行"、"村为载体，整村推进"、"户为受体、到户帮扶"的构建模式，因而，扶贫开发有序顺畅推进就是运行机制是否合理的衡量指标。本书认为，应着重把片区规划的制定实施、新村建设载体推动功能的发挥、到户帮扶的次数和质量等作为运行机制的重要衡量指标。

2. 激励指标

关于激励机制的衡量指标，应着重从动力机制的角度来考虑。本书认为，衡量激励机制作用发挥的情况，应该从政府投入、社会投入和扶贫对象投入的角度来分析。激励机制的目标就是要充分发挥这些扶贫主体的积极性，通过形成合力共同推进扶贫开发这一社会系统工程。

3. 调控指标

作为宏观调控主体的政府及其相关部门，通过一系列经济、行政、法律等手段对整个扶贫开发活动进行调控。本书认为，衡量政府调控成效的指标应当从两方面着手，一是我国连片特困地区的贫困户是否全部纳入国家帮扶的范围内；二是连片特困地区绝对贫困人口数量是否减少，减少的程度如何等。

4. 组织指标

我国的扶贫开发是在政府主导下进行的，进入新阶段后，引入了参与式扶贫治理机制。我国现阶段的"大扶贫"格局已经基本形成，因而，对扶贫开发组织机制的衡量指标应着重从两方面考虑，一是"中央统筹、省负总责、县抓落实"的管理体制是否健全；二是我国连片特困地区基层组织和贫困农户的积极性是否发挥，扶贫开发过程中的参与权、决策权、监督权以及合理的诉求是否得到切实维护和具体落实等。

二、指标测量

测量扶贫开发是否有效推进，从内容上看，主要是测量其是否精准，包括精确对象、精确帮扶、精确管理；从机制上来看，主要是通过运行指标、激励指标、调控指标和组织指标来测量。通过对这些指标的测量，实现对扶贫开发进程的动态监测，有利于帮扶主体掌握扶贫开发节奏、及时调整帮扶措施，最终实现精准扶贫目标。

1. 运行指标的测量

（1）片区规划实施情况。主要是连片特困地区的片区规划是否有效推进，是否在基础设施建设、产业发展、社会事业等方面取得突破性进展。

（2）扶贫载体的推进状况。主要是新村建设推进情况，是否满足贫困户、贫困人口的消费需要、文化需要，是否健康有序推进，公共服务平台作用的发挥程度如何等。

（3）到户帮扶的情况。一是机关人员到户帮扶情况的测量，主要是各级政府组织及其工作人员到片区贫困户进行帮扶的量化，考察依靠组织力量推进扶贫开发形成集成合力的指标；二是社会力量到户帮扶情况的测量，主要是各类社会力量在政府引导下，到片区贫困户进行帮扶的量化，考察组织集成合力的示范效应。

2. 激励指标的测量

（1）政府投入的测量。主要是政府投入扶贫资金和资源量的测定，扶贫开发进程中，政府是推进主体，测量这一标准是把政府投入进行量化，尤其是对重点贫困区域、重点贫困人口投入的量化。

（2）社会投入的测量。主要是对除政府及其组织以外的非政府组织、企事业单位、行业组织、科研院所、武警部队等社会各界扶贫资金和资源投入的测量。

（3）扶贫受体投入的测量。在考虑政府投入的同时，必须尊重和发挥扶贫对象的主体地位，从而引导更多的社会资源参与扶贫工作中来。对象主体作用发挥的测量标准主要是指扶贫对象自身作用的情况，包括投工投劳、集资引资等自我发展的量化指标。

新阶段的扶贫工作要充分发挥推进主体和对象主体这两个方面的积极性，相互联动推进才能取得更佳的效果。

3. 调控指标的测量

（1）纳入扶贫对象进行帮扶的贫困户数量。主要是对片区内纳入国家扶贫对象进行帮扶的贫困户数，实际上是扶贫对象的量化。

（2）绝对贫困人口的数量。主要是连片特困地区绝对贫困人口减少的数量，该指标检验扶贫开发效果的重要指标。

4. 组织指标的测量

（1）"从上到下"的组织体制的健全度。该指标主要衡量各级政府是否建立了责任制，是否加强了对扶贫开发专兼职干部队伍建设，组织机构是否健全等。

（2）"自下而上"的参与式治理机制的积极性。该指标主要衡量连片特困地区基层群众自治组织及贫困农户参与扶贫开发活动的情况，包括扶贫开发过程中的参与权、决策权、监督权的落实以及合理诉求的保护等。

第五章

中国连片特困地区扶贫开发的运行机制

扶贫开发过程中的运行机制是指在一定的扶贫体系内的各个组成部分构成一个总机体,相互依存、彼此制约、有机结合和自动调节所形成的内在关联的运行方式。

第一节 完善和发展连片特困地区扶贫开发运行机制的必要性

新阶段的扶贫开发是一项规模巨大的复杂工程,为了全面有效深入扶贫开发扶贫攻坚战略,完善和发展行之有效的运行机制十分必要。

一、有效推进扶贫攻坚的需要

社会主义市场经济体制是建立在社会主义经济基础之上的。从我国的扶贫开发工作来看,无论过去的扶贫经验还是现实的扶贫措施,基本上都是政府主导的模式,但扶贫开发工作应更加注重运用市场经济的规律。运用市场规律推进扶贫开发,就必须完善和发展适应新形势下的运行机制,这样才有利于实现扶贫开发的目标,有利于创新和发展扶贫开发机制。

二、加快连片特困地区发展的需要

总体来看,经过前几个阶段的扶贫开发的实践努力,我国的扶贫工作取得了辉煌的成绩。我国推进扶贫开发的具体措施虽然在减少贫困人口的数量和降低贫困发生率方面发挥了巨大的作用,但是面临着脱贫成本增加、减贫速度减缓、扶贫难度增大等诸多问题和挑战。加快连片特困地区的发展,尽快实现脱贫致富的要求更加迫切,完善和发展科学有效的运行机制十分必要。

三、提高扶贫资金使用效率的需要

从我国前几阶段扶贫开发的实践来看，财政扶贫资金主要包括中央转移支付、以工代赈资金和扶贫专项贴息贷款，其中以中央的转移支付为主，因而扶贫资金是十分有限的。① 要把有限的资金用到需要量大的扶贫开发中去，就必须提高扶贫资金的使用效率。为此，中央就扶贫资金的使用管理专门出台了相关规定，并在扶贫开发实际过程中不断加以强化。近年来，有些地方存在挤占、挪用、冒领扶贫资金的现象，中央政府三令五申加强扶贫资金的监管、提高扶贫资金利用效率的重要性。这些也是本书研究运行机制时重点考虑的问题，那就是通过完善和发展运行机制来提高扶贫资金使用的效率。

第二节 连片特困地区扶贫开发运行机制的主要内容

运行机制是顺利推进扶贫开发的重要条件，健全和完善运行机制，有利于实现扶贫开发的目标。

一、运行机制的构成

扶贫开发运行机制主要包括三个方面的结构要素，即扶贫主体、扶贫载体、扶贫受体。扶贫主体是指扶贫帮扶行为的发生方，扶贫受体是指扶贫帮扶行为的接受方，扶贫载体是指扶贫帮扶行为的有效途径和作用方式，可用简单的公式表示为：运行机制＝扶贫主体＋扶贫载体＋扶贫受体。② 目前，在我国的扶贫开发机制运行体系中，这种结构是现实存在的，并且切实发挥了巨大作用。

在我国连片特困地区扶贫开发的具体运行机制中，《中国农村扶贫开发纲要（2011～2020年）》确定了"片为重点、工作到村、扶贫到户"的扶贫政策，③ 本书将在下一节中进行详细解读，并作为实施路径来进行探索。

二、运行机制的基本要求

通过对我国连片特困地区的现状和特点进行分析，本书结合实际，认为完善和发展扶贫开发的运行机制应体现以下几方面的基本要求。

---

① 王永成. 公共治理与财政扶贫资金漏出问题研究 [D]. 贵州大学博士学位论文, 2006: 5.
② 龚晓宽. 中国农村扶贫模式创新研究 [D]. 四川大学博士学位论文, 2006: 51.
③ 中国农村扶贫开发纲要（2011～2020年）[N]. 人民日报, 2011-12-02.

1. 坚持以人为本的核心理念

"以人为本"是科学发展观的本质和核心，只有将"以人为本"作为整个反贫困、完善和发展扶贫开发运行机制的核心理论，扶贫思路才有可能不断创新，扶贫事业才有可能加快发展，取得实效。在扶贫开发工作中，无论是片为重点、村为载体，还是扶贫到户，都要充分体现以人为本的核心理念，一切以贫困者为出发点和落脚点，以贫困者为目的和尺度，而不是以政绩、指标、效益为目标。

2. 适应市场规律进行扶贫开发

尽管我国的扶贫开发是在政府主导下开展的，但我国是社会主义市场经济国家，一定要按市场规律办事。在推进扶贫开发进程中，要尊重市场规律，找准"致贫"的根本原因，遵循市场规律。反之，如果全部靠政府大包大揽，将会带来一系列严重问题，如出现大量的返贫现象等。

3. 积极推广参与式扶贫

参与式扶贫是指在扶贫开发过程中，由扶贫对象积极、全面介入扶贫开发的一种方式。这里的扶贫对象主要是指贫困农民，参与式扶贫主要是要尊重贫困农民的主体地位，充分调动其积极性和创造性，让其参与到扶贫开发中来。在参与式扶贫中，应进一步扩大贫困农民的民主权利，让其参与到扶贫项目的选择、实施、管理和监督中来，真正让贫困农民变"要我干"为"我要干"，① 从而提高其自我发展的能力。

三、运行机制的主要特点

我国连片特困地区的扶贫开发是一个巨大复杂社会系统工程，其运行机制具有以下特点：系统性，开放性，空间上并存、时间上继起。

1. 系统性

运行机制本身就是一个整体，一个系统。我国连片特困地区的扶贫运行机制是建立在一个科学的系统理论基础之上的，这种系统性表现在其主要构成本身就是一个相对独立的系统，无论是扶贫的主体、受体，还是扶贫的载体，都是相对独立的，同时又是紧密联系的，构成了一个有机的整体。在这个系统内，各种因素相互联系、相互作用，为保证各项扶贫目标和任务真正实现而协调、灵活、高效地运行。

2. 开放性

尽管扶贫开发是社会系统内的一个"巨大工程"，确切地说，我国的连片特困地区的扶贫开发主要是在连片特困地区这个"主战场"进行的，但事实上与

---

① 龚晓宽. 中国农村扶贫模式创新研究 [D]. 四川大学博士学位论文，2006：53.

外部环境之间、与周边地区之间是有物资、信息、能源、资源交流的，是一个相对开放的系统。同时，本系统内部之间也是开放的，系统内部无时无刻不在进行着各种各样的人、财、物等资源信息的交流、共享。

3. 空间上并存、时间上继起

前面谈到，我国连片开发扶贫运行机制主要由三个方面构成，即扶贫的主体、扶贫的载体、扶贫的受体，这三者在空间上是并存的，而整个机制的运行过程是相互联系、协同、继起的。无论从空间还是时间上，都呈现出一个完整的体系。只有这样，才能确保整个扶贫开发工作顺利进行。

第三节 连片特困地区扶贫开发运行机制的实现路径

2011年5月，国家颁布实施新《中国农村扶贫开发纲要（2011～2020年）》，确定了新一轮扶贫攻坚目标、任务和方略，提出了"建立片为重点、工作到村、扶贫到户的工作机制"，① 实际也是我国连片特困地区扶贫运行机制的实现路径。②

一、片为重点，规划先行

将片区作为新阶段扶贫攻坚主战场是新形势下推进中国特色社会主义现代化建设的历史召唤，对国家经济建设、政治建设、文化建设、社会建设和生态文明建设"五位一体"的总体布局具有重大意义。

1. "片为重点"的内涵和特点

前面本书对片区的定义进行了简单的梳理，相关资料显示，最新的片区划分工作是在《中国农村扶贫开发纲要（2011～2020年）》起草过程中正式启动的。国家扶贫开发总体发展格局的演变和扶贫阶段的变化为贫困地区发展提供了历史机遇和战略要求。20世纪80年代，我国贫困人口集中连片分布特征就很明显，基本形成了18个集中连片贫困地区，但是到国家扶贫开发的第三个阶段，③ 市场力量和政府力量才呈现出大规模、深层次扶贫开发的特征。就是在这样的大背景下，中央政府审时度势，提出了把连片特困地区作为新阶段扶贫开发主战场，在

---

① 中国农村扶贫开发纲要（2011～2020年）[N].人民日报，2011-12-02.
② 胡锦涛.坚定不移沿着中国特色社会主义道路前进为全面建成小康社会而奋斗——在中国共产党第十八次全国代表大会上的报告[N].人民日报，2012-11-08.
③ 我国扶贫开发的第三阶段即1994～2000年阶段，也即《国家八七扶贫攻坚计划》实施阶段。

全国重新划分确定了 14 个片区。① 2011 年 7 月，国务院扶贫开发领导小组《关于下发集中连片特殊困难地区分县名单的通知》明确了片区划分结果。由于西藏、"四省藏区"、"新疆南疆三地州"等三个片区已明确实施特殊政策，直接列入连片特困地区进行开发。因而，此次全国共划分为 11 个片区，涵盖 505 个县（市、区），这 505 个县（市、区）享受国家连片特困地区特定扶贫开发政策。

片为重点具有以下特点：

（1）集中连片。按照国家对片区划分的方案来看，我国新阶段的扶贫开发对片区是根据自然地理特征来进行划分的，体现了集中连片性，将地理相连、贫困程度较深的集中的县划分为一个片区，分散的贫困程度较深的县不划入片区。②

（2）片区跨省。国家新划定的 11 个连片特困地区一般为跨省片区，省内集中连片特困地区原则上由各省自行划分。《中国农村扶贫开发纲要（2011~2020年）》将西藏、"四省藏区"、"新疆南疆三地州"等已明确实施特殊政策的片区，直接列入连片特困地区。相关资料显示，国家新划定 11 个连片特困地区，除滇西边境片区以外，其他 10 个片区都地处跨省（直辖市、自治区）的交界地带。

（3）县为单位。从扶贫开发的第三个阶段，即 1994~2000 年阶段开始，我国的扶贫开发基本上是以县为基本单位的，进入新阶段，我国的扶贫开发对片区的划分也沿用了这一方法，以县为基本单位。相关资料表明，此次划分采用的指标均为县级行政单位的统计数据，保持了片区内各县级单位行政区划的完整，即一个县要么全部进入片区，要么不进入片区。此外，一个县也不能进入两个片区。③

（4）重点突出。片区划分，还充分体现了重点突出。这次划分主要以中西部地区为重点，东部地区未纳入划分范围。在确定划分指标数据的过程中，国家亦采用增加权重赋值的办法，对革命老区、民族地区、生态脆弱地区和边境地区予以倾斜和照顾。

（5）上下互动。对片区的划分主要是从上到下的设计思路，但在具体的片区扶贫规划中，也充分体现了上下互动的过程。实践证明，没有目标群体参与制定的规划，肯定是一个没有灵魂的规划，也不是能真正代表贫困地区和贫困人口群体利益的规划。

---

① 14 个片区即《中国农村扶贫开发纲要（2011~2020年）》重新确定的六盘山区、秦巴山区、武陵山区、乌蒙山区、滇桂黔石漠化区、滇西边境山区、大兴安岭南麓山区、燕山—太行山区、吕梁山区、大别山区、罗霄山区 11 个连片特困地区，加之已明确实施特殊政策的西藏、"四省藏区"、"新疆南疆三地州"。

②③ 共济. 全国连片特困地区区域发展与扶贫攻坚规划研究 [M]. 北京：人民出版社，2013：18.

2. "规划先行"的基本原则和要求

根据 2011 年 11 月 29 日中央扶贫开发工作会议总体要求和国务院的统一部署,① 2011 年下半年至 2012 年底,国务院扶贫办和国家发展改革委共同组织编制了武陵山片区等 11 个连片特困地区区域发展与扶贫攻坚规划,并得到了国务院的批准。② 这是新一轮扶贫开发攻坚战的重大创新之举,是继 20 世纪我国大规模国土整治和改革开放以来推动区域协调发展的又一次重要尝试。③

因而,我国在实施连片特困地区扶贫开发攻坚伊始,就突出了"片为重点,规划先行"的思路。

(1) 基本原则。主要有减贫原则、统筹原则、适当超前原则、可操作性原则和协调性原则。

第一,减贫原则。我国连片特困地区生产生活条件十分恶劣,自然灾害多、生态环境脆弱,基本公共服务滞后、自我发展能力差,同时缺乏足够的发展资金和资源,这些客观因素加之历史、民族、观念和风俗习惯等主观原因,使得这些地区致贫因素多、返贫率高、扶贫效率低等。因而,在编制片区扶贫规划时,应把减贫放在突出位置,在规划的具体内容当中应当将更多的资金和资源集中在片区贫困的减少上。

第二,统筹原则。我国片区的划分基本上都跨省(自治区、直辖市)、市(自治州、盟)或县(自治县、市辖区、旗),在编制片区规划时应充分考虑到这一点,加大统筹兼顾的力度。④

第三,适当超前原则。适当超前就是在规划编制过程中要有战略眼光,用科学发展观指导规划编制工作。主要体现在对于关系片区长远发展和可持续发展的民生项目上,要充分考虑其对经济社会发展的先导性和带动性,不能因部分规划落后而制约片区经济社会发展。

第四,可操作性原则。规划强调了可操作性原则,体现在政府主导与市场参与的相结合上,既注重政府主导项目的刚性规划,也充分考虑市场参与项目的弹性,通过市场引导各投资主体对扶贫开发的投入。当然,规划一旦制定并获批准通过,非经一定程序不得随意更改。

第五,协调性原则。主要是在规划编制过程中强调部门或单位之间的协调配

---

① 2011 年 11 月 24 日,国务院扶贫办和国家发展改革委联合印发《关于抓紧做好连片特困地区区域发展与扶贫攻坚规划编制工作的通知》,明确了相关片区规划编制的重要意义、指导思想、基本内容、编制主体、编制程序、工作进度和组织领导。温家宝在 2011 年 11 月 30 日中央扶贫开发工作会议上强调,要建立定点联系机制,一个片区由一个中央部委负责具体联系,督促指导片区规划的实施。

②③ 共济. 全国连片特困地区区域发展与扶贫攻坚规划研究 [M]. 北京:人民出版社,2013:1.

④ 按照 2011 年 11 月 24 日国务院扶贫办和国家发展改革委联合印发《关于抓紧做好连片特困地区区域发展与扶贫攻坚规划编制工作的通知》扶贫规划编制的要求,片区规划的编制以县为基本单位。

合，在大的片区规划框架内，做好相关协商衔接工作。同时，对于实施规划的预计时间也要做好相关对接，避免出现"断层、真空"状态等。最后，协调性还得落实到政府目标与贫困农户需求之间的关系上来，这也是扶贫开发的目标之所在。

（2）基本要求。2011年11月，国务院扶贫办和国家发改委联合印发了《关于抓紧做好连片特困地区区域发展与扶贫攻坚规划编制工作的通知》。11月29日至30日，中央扶贫开发工作会议召开，强调了规划编制的重要性和编制规划的总体要求。2011年12月1日，国务院扶贫办和国家发改委联合召开全国连片特困地区区域发展与扶贫攻坚规划编制工作会议，片区规划编制工作由此全面展开。① 2012年12月23日，国务院扶贫办和国家发展改革委印发最后三个经国务院批复同意的片区规划，② 至此，我国各连片特困地区扶贫开发进入规划实施阶段。

我国连片特困地区编制扶贫开发片区规划的进展比较顺利，充分体现了以下几方面的基本要求。

第一，实地调研。按照国家有关部门做好规划编制工作有关通知的要求，③ 在编制规划前，需要做大量的基础工作，包括实地调研，只有这样才能确保规划的针对性和科学性。实地调研包括以县为基本单位的调研，也包括省（自治区、直辖市）、市（自治州、盟）的分篇调研，最后统一到片区的分片规划上来。概括起来可表述为：到村入户调研，了解农户需求；掌握县级基本单位情况，夯实县域规划底部基础；跨省跨市统筹，形成片区总体规划。

第二，分类编制。此次开展的片区规划编制体现了分类编制的要求。根据我国片区扶贫规划的目标任务要求，此次扶贫规划的编制分为十二个大类，概括起来包括：交通、基本农田和农田水利、饮水安全、生产生活用电、特色优势产业、农村危房改造、教育、医疗卫生、公共文化、社会保障、林业和生态、人口和计划生育。④ 从大的方面讲，这次分类编制包括了基础设施建设、产业发展、农村基本生产生活条件的改善、社会事业发展、生态建设和环境保护以及人力资源开发等几个方面。在片区大的框架下，应着重从以上方面细化分类规划编制。

第三，分批实施。我国的片区规划无论是从编制时效还是推进实施，都体现了层次性，分批制定和推进实施。按照2011年11月中央扶贫开发工作会议的精神，我国14个连片特困地区的扶贫开发率先在武陵山片区开展区域发展与扶贫

---

① 共济. 全国连片特困地区区域发展与扶贫攻坚规划研究 [M]. 北京：人民出版社，2013：3.

②③ 据查阅有关资料，在2012年12月23日同一天最后批复的三个片区规划分别是：吕梁山片区、大别山片区和罗霄山片区。国家有关部门联合发文对做好片区规划编制工作提出了具体要求。

④ 范小建等. 连片特困地区扶贫规划编制理论与方法 [M]. 北京：中国财政经济出版社，2011：9.

攻坚试点,① 然后形成经验逐步向全国推广。

3. 基础设施建设规划

一般而言,基础设施具有为地区经济社会发展和生产生活等提供生产性服务和公共服务的双重功能,是区域发展与扶贫攻坚的主要装备力量。② 基础设施的主要内容有交通、水利、能源、信息化、城镇基础设施等五个方面。考虑到连片特困地区在交通、水利、能源等几方面与全国差距大,本书就着重对交通、水利、城镇建设等建设规划进行简要分析。信息化发展与城镇基础设施建设将和特色优势产业发展规划及农村基本生产生活条件的改善规划等相关内容整合在一起进行分析。

(1) 交通。综合交通运输网络的主要骨架包括高速公路、干线铁路、民航机场和内河航道。我国连片特困地区多为山高、路远、沟深的边远地区,与城市群、大城市有相当远的距离,基本上没有形成立体的交通网络,主要以陆路运输为主,其中大多是一般等级的公路,有的甚至将较低等级的公路运输作为唯一通道。

按照我国交通运输部2012年制定的《集中连片特困地区交通建设扶贫规划纲要 (2011~2020年)》,截至2010年底,我国11个片区与全国交通基础设施对比(详见表5-1)存在的差距主要体现在以下几点:③ 一是片区交通基础设施

表5-1 截至2010年底我国11个片区与全国交通基础设施对比④

指标	单位	全国	片区	片区占全国比重或低于全国的比重(%)
综合交通网总里程	万公里	409.9	93.3	23
公路通车里程	万公里	400.8	92.4	23
二级以上公路比例	%	11.2	6	5.2
乡镇沥青路率	%	96.6	95.4	1.2
行政村通沥青路率	%	81.7	57.5	24.2
行政村通达率	%	99.2	98.2	1

---

① 中央扶贫开发工作会议在北京召开 [N]. 新华每日电讯, 2011-11-30.
② 中国农村扶贫开发的新进展(白皮书) [EB/OL]. 新华网, http://news.xinhuanet.com/politics/2011-11/16/c_111171617.html, 2011-11-16.
③ 本书在分析片区规划时,只用了11个片区的规划数据,尚未包括已实施特殊政策的西藏、"四省藏区"和"新疆南疆三地州"。在接下来的分析片区规划中也同样只引用了11个片区的相关规划。
④ 集中连片特困地区交通建设扶贫规划纲要 (2011~2020) [R]. 交通运输部, 2012: 8.

第五章 中国连片特困地区扶贫开发的运行机制

续表

指标	单位	全国	片区	片区占全国比重或低于全国的比重（%）
铁路营业里程	万公里	9.1	0.9	10
铁路复线率	%	41	18	23
铁路电气化率	%	46	20	26
民用运输机场数	个	175	10	6
高速公路里程	万公里	5.8	1.03	18

偏低。如片区综合交通网总里程仅占全国比例的23%，其中，铁路营业里程更低，仅为10%。二是片区干线交通基础设施技术等级偏低。如片区二级以上公路所占的比例低于全国5.2%，高速公路占干线公路比例低于全国2%，铁路复线率和电气化率比全国低23%和26%。三是片区行政村通达率和乡镇、行政村的通畅率均偏低。行政村通达率低于全国1%，乡镇和行政村通沥青路率分别低于全国1.2%和24.2%。①

因而，要解决这一难题，就得突出片区重点，坚持"规划先行"的原则。各连片特困地区在制定交通网络规划时，必须充分考虑到片区实际，做到以下几点：一是立足空间结构和布局，规划交通网络和枢纽布局；二是衔接上位规划，完善主通道布局；三是着眼扶贫攻坚，加密片区通道；四是合理布局区域枢纽，完善运输服务系统；五是注重避让生态环境敏感区，减少影响。②

（2）水利。2011年，中央出台了《中共中央、国务院关于加快水利改革发展的决定》，提出加快水利改革发展的指导思想，为我国连片特困地区的水利规划提供了可靠的依据。

虽然新中国成立后尤其是改革开放以来，我国加强了对水利基础设施建设和水资源的保护力度，在片区防洪、供水、灌溉等方面成效明显，但与新阶段区域发展和扶贫开发的要求还有很大差距。为此，我国11个连片特困地区在编制未来十年水利发展规划时，针对不同片区缺水类型，因地制宜确定了水利发展重点。现将部分有典型特征的片区水利规划要点摘录如下（详见表5－2）。

---

① 共济. 全国连片特困地区区域发展与扶贫攻坚规划研究［M］. 北京：人民出版社，2013：69.
② 共济. 全国连片特困地区区域发展与扶贫攻坚规划研究［M］. 北京：人民出版社，2013：74.

表5-2 部分片区水利规划的基本要点摘录①

片区	水利工程建设	水资源开发利用
大兴安岭片区	完成大型灌溉区、重点中型灌溉区续建配套和节水改造。强化农田水利建设,科学布局抗旱水源井,加强完善农田水利工程电力供应等配套设施	合理利用地表水,适度开发地下水
燕山—太行山片区	加快灌区节水改造,完善灌区末级渠道配套。大力推广使用先进的节水技术和节水设施	强化水环境管理
吕梁山片区	加强饮水工程、重点水库和城乡供水管网建设。合理布局城乡集中引水水源,加快城乡和园区供水管网完善和改造	解决城镇供水和农村饮水安全问题
大别山片区	健全基层水利服务体系	适时兴建淮河中上游水库。加大淮河及其他中小河流治理。提高城镇排水防洪能力
罗霄山片区	强化赣江水资源保护和水资源污染防治。确定小型水利工程管理体制和运行机制,健全基层水利服务体系	推进赣江中上游大中型水库等骨干水利工程建设。进一步推进中心城市、城镇防洪安保工程建设
六盘山片区	加快推进甘肃引水二期工程、提水工程建设。加快大中型灌溉区节水改造和大型灌溉排泵站更新改造,完善灌区末级渠系配套	推进自然降水的收集、储存
秦巴山片区	建设一批重要水源工程和调水工程	实施流域综合治理和上下游水资源联合开发与调度
滇桂黔石漠化片区	建设一批大中小型水库和引提水工程。实施一批应急水源工程,加大岩溶地下水资源开发利用	提高农田灌溉水利用效率
滇西边境片区	加强干热河谷地区、粮食生产区抗旱应急水源及配套设施建设	提高水资源供给、调蓄和防洪能力

　　11个片区水利规划基本要点有:一是以人为本,民生优先,如吕梁山片区规划中关注农村饮水安全问题等;二是统筹兼顾,突出重点,如秦巴山片区拟建

---

① 根据11个片区规划涉及的水利建设与水资源保护的部分内容,摘录了具有个性特征的一部分片区水利规划要点,详见11个片区基础设施规划。参见:国务院扶贫办,国家发展改革委. 片区规划 [EB/OL]. 国务院扶贫办网站, http://www.cpad.gov.cn/, 2013-04-12.

设一批重要水源工程和调水工程等；三是因地制宜，分类推进，如滇西边境地区加强抗旱应急水源及配套设施建设等；四是衔接规划，适度超前，如罗霄山片区规划推进赣江中上游大中型水库等骨干水利工程建设等。

（3）能源。2011～2020年，我国连片特困地区处于工业化、城镇化"双加速"时期，能源消费需求不断提升。因而，从11个片区规划涉及的能源发展规划中可以看出，在开发能源方面，各片区各具特色。如有的片区以水电开发为主，有的则以太阳能、风电等新能源为主等，充分体现了片区的资源优势和特点（详见表5-3）。

表5-3　11个片区能源规划基本要点摘录①

片区	农村能源建设重点	能源输送网络建设重点	供应能力建设重点
大兴安岭片区	加强农田低压电网和变电设施建设	推进石油、天然气和煤制气管网建设	开发利用风能、生物质能等新能源
燕山—太行山片区	完善农田低压电网和变电设施建设	扩大风电消纳范围	开发利用风能、生物质能等新能源，推进风电场建设
吕梁山片区	加强农田低压电网和变电设施建设	加强骨干电网建设	加强煤发电、坑口发电等煤电一体化项目建设
大别山片区	发展沼气，综合利用农作物秸秆等	加快城乡电网升级改造和电网智能化建设	发展太阳能、水能、风能、生物质能等新能源
武陵山片区	提高农村居民生产生活用电保障水平，实现"户户通电"	推进连接川渝气田的天然气管道工程建设和区域用气管网建设	提高天然气输送能力
罗霄山片区	实施农村电网改造，实现城乡用电同价	提高中心城市电网和县网供电保障能力	农村水电增效扩容改造
六盘山片区	推进新一轮农村电网改造升级	发展送端电网	推进黄河、洮河等水电梯级开发
秦巴山片区	推广太阳能、节能省柴灶	加强骨干电网建设	开发利用太阳能、风能、生物质能等新能源
乌蒙山片区	推进无电地区电力通达，实现"户户通电"	提高国际省际交换能力，构筑跨区域电力交换枢纽	加快水电基地和流域水电集群建设

① 根据11个片区规划中涉及的能源发展规划的部分内容摘录，详见11个片区基础设施规划。参见：国务院扶贫办，国家发展改革委．片区规划［EB/OL］．国务院扶贫办网站，http://www.cpad.gov.cn/，2013-04-12．

续表

片区	农村能源建设重点	能源输送网络建设重点	供应能力建设重点
滇桂黔石漠化片区	开发小水电	加快"西电东送"骨干电网建设	推进南盘江、北盘江、红水河和都柳江的水电梯级开发
滇西边境片区	提高太阳能热水器普及率	加快"西电东送"骨干电网建设	推进澜沧江、金沙江水电资源开发

从以上11个片区能源规划基本要点可以看出，我国各连片特困地区在能源规划上，主要做到了以下几点：一是发挥资源优势推进能源开发，如滇西边境片区规划中拟推进澜沧江、金沙江等水电资源开发等；二是结合实际推动清洁能源开发，如大别山片区规划发展太阳能、水能、风能、生物质能等新能源等；三是优化能源布局和输送方式，如武陵山片区推进连接川渝气田的天然气管道工程建设和区域用气管网建设等；四是因地制宜解决能源不足问题，如罗霄山片区规划实施农村水电增效扩容改造等。

4. 特色优势产业发展规划

尽管国内外学者对于特色优势产业的内涵和测量进行了一系列研究，但未明确提出相关概念或者虽然提出了初步概念但尚未形成统一认识。鉴于此，本书结合西方学者的相关主张以及我国学者的一些理论实践活动，[①] 从连片特困地区的实际出发，认为我国连片特困地区的特色优势产业是基于片区的独特自然条件、自然资源、自然环境和历史、人文、地缘基础上产生的有别于其他地方的、具有独特品质的产品（特色优势产品），且达到一定生产规模，具有一定市场竞争力和占有率，在片区经济中占有重要地位的产业。[②] 对此，有学者认为特色产业和优势产业不完全对等，并进行了简单的划分，本书认为，在我国连片特困地区，这两种产业都没有必然的区别，真正有特色的产业一定会有优势，有优势的产业一定具备某种特色，因而，本书在论述时把特色优势产业合在一起进行研究。

具体到产业的分类规划上，本书结合我国连片特困地区的产业发展规划，摘录了关于农业、工业、服务业的相关规划内容。

（1）农业。由于我国连片特困地区地理环境、自然资源的特殊性，各片区农业分布具有较强的地域特征，农业生产以山区农业为主。结合实际，各片区在发展农业的规划中都提出了各具地域特色的发展方向。本书从片区规划中摘录了

[①] 如亚当·斯密的绝对优势论，大卫·李嘉图的相对优势论，赫克歇尔和俄林的资源禀赋论，马歇尔和艾萨德等人依据区域资源优势进行产业空间布局的思想，以及20世纪80年代以后克鲁格曼、马丁和迈克尔·波特等对产业空间集聚的分析等，都强调了发挥区域资源禀赋优势的重要性。

[②] 高全成，王恩胡. 西部地区特色优势产业发展状况综述[J]. 西安财经学院学报，2008（5）.

部分重点农业发展基地进行分析（详见表5-4）。

表5-4　部分片区拟重点发展的农业基地摘录①

片区	重点农业基地
大兴安岭片区	商品粮基地、杂粮杂豆基地、马铃薯基地、葵花基地、红辣椒基地、蓖麻亚麻基地、万寿菊甜菊基地、白瓜子基地、中草药基地、奶牛等畜禽养殖基地
燕山—太行山片区	蔬菜基地、马铃薯基地、杂粮杂豆基地、畜禽基地、奶牛基地、獭兔及黄芪羊等特色养殖基地、干鲜果经济林基地、食用菌基地、中药材基地、黄花基地、油料基地
吕梁山片区	红枣基地、核桃基地、苹果基地、沙棘基地、马铃薯基地、杂粮基地、畜禽及牧草基地、葡萄基地、油料基地
大别山片区	茶叶基地、油茶基地、中药材基地、蔬菜基地、林果基地、蚕桑基地、苗木花卉基地、畜禽基地、水产基地
武陵山片区	油茶基地、茶叶基地、蚕茧基地、烤烟基地、蔬菜基地、魔芋基地、柑橘基地、中药材基地、干果基地、肉类基地、楠竹基地
罗霄山片区	水果基地、茶叶基地、油茶基地、蔬菜基地、中药材基地、白莲基地、竹荪基地、食用菌基地、烤烟基地、竹木基地、苗木花卉基地、生猪基地、肉牛基地、家禽基地、水产基地、杂交水稻基地
六盘山片区	马铃薯基地、制种基地、苹果基地、高原夏菜基地、苗木花卉基地、压砂瓜基地、啤酒大麦生产基地、葡萄基地、中药材基地、干果基地、畜禽基地
秦巴山片区	油橄榄基地、核桃基地、油茶基地、板栗基地、猕猴桃基地、脐橙基地、食用菌基地、蚕桑基地、茶叶基地、魔芋基地、杜仲基地、天麻基地、贝母基地、木瓜基地、蔬菜基地、苗木花卉基地、畜牧基地、水产基地
乌蒙山片区	酿酒专用粮基地、烤烟基地、中药材基地、马铃薯基地、蔬菜基地、竹林基地、油茶基地、茶叶基地、核桃基地、花椒基地、辣椒基地、苦荞基地、苹果基地、脐橙基地、畜牧业基地
滇桂黔石漠化片区	蔬菜基地、木本油料基地、中药材基地、糖蔗基地、蚕桑基地、畜牧业基地、茶叶基地、非粮生物质能源料生产基地、商品粮基地、热带作物基地
滇西边境片区	茶叶基地、橡胶基地、蔗糖基地、木本油料基地、咖啡基地、中药材基地、香料基地、珍贵用材林基地、畜牧基地、水产基地

---

① 根据11个片区规划中涉及的重点发展农业基地的部分内容，摘录了具有个性特征的一部分片区拟重点发展的农业基地，详见11个片区产业发展规划。参见：国务院扶贫办，国家发展改革委. 片区规划 [EB/OL]. 国务院扶贫办网站，http://www.cpad.gov.cn/，2013-04-12.

从以上片区重点发展的农业基地建设规划来看,种植业占有绝对地位,养殖业、水产业发展相对滞后,农业内部结构仍有待优化。从片区产业规划的内容来看,今后片区农业发展的主要方向:一是稳定粮食等大宗农产品生产,如玉米、水稻、各种杂粮等粮食作物;二是培育特色农业产业,主要是发展特色种植业、养殖业、林果业,如茶叶、蔬菜、水果、中药材等;三是推进农业产业化,如前面所摘录的农业基地建设等;四是加强农业服务体系建设,如发展各类农业专业合作组织,完善和发展县、乡、村三级服务网络等;五是完善农产品市场体系,如建设一批农产品加工配送中心,积极开展"大型超市 + 专业合作组织"、"大型超市 + 大型生产基地"的"农超对接"。

(2)工业。尽管我国连片特困地区工业基础整体薄弱,产业环节相对单一,在全国范围内具有一定影响的企业较少,但大多片区处于各类特色农业发展区、矿产资源密集区、林业资源独特区,因而各片区在编制工业发展规划时也都突出了片区特色。

第一,农产品加工业的发展重点。农产品加工业是以农业物料——人工种养或野生动植物资源为原料进行工业生产活动的总和。广义的农产品加工业是指以农、林、牧、渔产品及其加工品为原料所进行的工业生产活动。狭义的农产品加工业是指以人工生产的农业物料和野生动植物资源及其加工品为原料所进行的工业生产活动。① 相关资料显示,近十年来,随着我国中央一号文件连续锁定"三农",农业和农产品加工业得到了长足发展,农产品加工业已成为我国国民经济中发展速度最快、与"三农"关联度最高、对"三农"带动最大的产业之一。② 连片特困地区的特色农产品加工业既是片区的支柱产业,也是片区的特色优势产业。因而,我国连片特困地区编制的产业发展规划坚持了农产品加工业的发展方向,突出了区域特色、民族特色,发挥了比较优势,注重提高加工技术的升级改造和对产品的综合利用等。

第二,矿产加工业的发展重点。我国部分连片特困地区矿产资源丰富,有些地方在编制规划时结合片区自身实际和资源特点提出了投资拉动和资源开发拉动的"两轮驱动"模式。本书收集整理了部分片区规划中关于矿产资源的开发重点进行分析(详见表5-5)。

---

① 李余,吴博文. 新一轮西部大开发背景下特色农产品加工业的典型模式分析及对策研究[J]. 经济问题探索,2013(8).
② 詹懿. 转变经济发展方式背景下的西部特色农产品加工业发展研究[J]. 经济问题探索,2012(7).

第五章　中国连片特困地区扶贫开发的运行机制

表5-5　部分片区拟重点开发矿产资源种类摘录①

片区	矿产资源种类
武陵山片区	锰、铁、铝、汞、磷、石膏等
罗霄山片区	钨、稀土、钽、铌等
秦巴山片区	铝、钒、钼、镍、钛等
乌蒙山片区	煤、铝、锰、硫铁矿、稀土、磷等
滇桂黔石漠化片区	铝、锰、锑、磷等

综合分析我国各连片特困地区各自的资源特点，有学者认为，对重点矿产资源进行有序开发和利用，是缓解庞大国内需求的必要途径。但在进行开发的同时，一定要与环境保护紧密结合起来，在国家总体布局下，整合各类资源，坚持集约开发，综合利用，提高资源利用率。

第三，生物医药产业发展重点。我国连片特困地区地理环境特殊，自然资源丰富，生物部类繁多，因而也是各种生物医药产业的重要来源地。本书通过对部分片区关于中药材资源开发的重点规划分析（详见表5-6），试图推导出我国连片特困地区生物医药产业的发展方向。

表5-6　部分片区拟重点开发中药材资源品种摘录②

片区	中药材资源品种
燕山—太行山片区	黄芪等
大别山片区	银杏、茯苓、厚朴、桔梗、板蓝根等
武陵山片区	天麻、青蒿素、金银花、百合、五倍子、杜仲、鸡爪黄连、紫油厚朴、香莲、竹节参、鸡腿白术、独活、玄参、木瓜等
罗霄山片区	茯苓、杜仲、厚朴、丹参等
六盘山片区	当归、黄芪、党参、枸杞等
秦巴山片区	杜仲、天麻、连翘、丹参、绞股蓝、当归、黄姜、山茱萸、金银花、西洋参等
乌蒙山片区	天麻、半夏、党参、滇红花、杜仲、草乌、重楼等
滇桂黔石漠化片区	三七、石斛、青蒿、鸡血藤、太子参、金银花等
滇西边境片区	石斛、重楼、滇红花等

---

① 根据11个片区规划中涉及的矿产资源开发的部分内容，摘录了具有个性特征的一部分片区拟重点开发的矿产资源品种，详见11个片区产业发展规划。参见：国务院扶贫办，国家发展改革委．片区规划［EB/OL］．国务院扶贫办网站，http：//www.cpad.gov.cn/，2013-04-12.

② 根据11个片区规划中涉及的生物医药产业的部分内容，摘录了具有个性特征的一部分片区拟重点开发的中药材资源，详见11个片区产业发展规划。参见：国务院扶贫办，国家发展改革委．片区规划［EB/OL］．国务院扶贫办网站，http：//www.cpad.gov.cn/，2013-04-12.

各片区在发展规划中都将严格执行"开发与保护相结合"原则,强化对珍稀濒危药材品种的保护,着力推进濒危药用植物的人工栽培等。同时,各片区将采取相关措施,加大科技攻关力度,加强民间中医药配方,打造医药龙头企业,大力发展片区特色的生物医药产业,拓展片区经济发展和农民增收途径。

(3) 服务业。有 21 世纪"朝阳产业"之称的服务业具有就业比例高、环境污染少等诸多优点,因而,我国连片特困地区在编制片区发展规划时也十分注重发展服务业。据《2011 中国旅游市场趋势观察研究预测报告》预测,到 2020 年我国将成为世界上最大的旅游目的地国家,2011～2020 年也将成为我国旅游业快速发展的"黄金十年"。①

部分连片特困地区发展服务业的重点规划显示这些片区既在搞好旅游业、餐饮业等传统服务业上"做文章",也在积极打造依托信息技术的文化、金融等现代服务业"下功夫"。

结合我国连片特困地区旅游资源丰富的实际,部分片区在规划中大力发展旅游业的重点措施主要表现在如下方面:一是"大旅游"发展格局的构建得到重视,如四川近年来推出的旅游发展大会,就是通过"政府搭台、旅游唱戏、市场运作、各方参与"的方式来推进四川省旅游资源的整体开发;二是旅游资源的内涵有待进一步挖掘,如秦巴山片区的四川巴山红叶等,自然景观气势磅礴,已经成为摄影家的乐园,但仅在省内有一定知名度,还未被推向海内外国际市场,有待进一步重点开发;三是旅游基础设施有待进一步完善,如 2013 年国庆长假期间,四川九寨沟景区等发生游客拥堵不能下山事件,表明相关的基础设施及配套工程建设不完善;四是旅游产品开发的多元化需求要求高,开发多元化的旅游产品,应满足不同人群消费需求,找准市场定位、注重产品特色、区分产品档次,从而提高市场占有率,实现旅游业收益不断增加的目标。

关于文化产业和金融业规划发展的重点本书不再一一举例分析,总体而言,我国各连片特困地区在产业发展规划中十分注重发展特色优势产业,主要是基于资源禀赋的比较优势战略。11 个片区的主要资源禀赋优势包括相对便宜的劳动力、特色农产品、未经大规模工业开发污染的矿产资源和土地资源等。因此,应当积极发展关联产业,如特色农产品加工业,特色农产品加工业作为劳动密集型、资源密集型、资金密集型和技术密集型产业对工业化、城镇化和农业现代化起着承上启下的作用,因而能增加贫困地区与发达地区的贸易,达到比较优势的充分利用。②

---

① 2011 中国旅游市场趋势观察研究预测报告 [R]. 国统调查报告网,2011 - 08 - 16.
② 李余,吴博文. 新一轮西部大开发背景下特色农产品加工业的典型模式分析及对策研究 [J]. 经济问题探索,2013 (8).

5. 农村基本生产生活条件改善规划

2011年,我国国民经济和社会发展"十二五"规划纲要提出,要按照推进城乡经济社会发展一体化的要求,搞好社会主义新农村建设规划,加强农村基础设施建设和公共服务,推进农村环境综合整治。[①] 改善连片特困地区农村基本生产生活条件需要做到:提高乡镇村庄规划管理水平、加强农村基础设施建设、强化农村公共服务和推进农村环境综合整治等。

通过对我国部分连片特困地区农村基本生产生活条件改善方面的规划,可以发现,片区改善农村基本生产生活条件规划的主要内容:一是加强小城镇规划建设。参考城市基础设施建设标准并考虑农村人口进入城镇居住的实际需要,抓好城镇基础设施建设,在小城镇逐步建设拥有基础功能并符合基本公共需要的学校、医院、商店、道路、供水、排水、环保、绿化等基础设施。同时,积极建设具有地方特色的红色旅游小镇、民俗文化旅游小镇、生态旅游小镇、农家乐游小镇以及工艺制造小镇、商贸小镇等。二是加强新型村庄规划建设,根据不同片区的特点,确定扶贫新村聚居点的标准、规模、进度,加快建设有片区地域特色、民族特色的新村聚居点。三是改善农业生产条件。加大水土流失治理力度,加强土地整治和中低产农田改造,推进农田基本水利建设等。四是加强农村公共服务。提高义务教育、基本医疗、基本社会保障和农村文化体育生活的服务能力和水平。五是推进农村环境综合整治。建设美丽乡村,切实改善农村生产生活条件等。

6. 社会事业发展规划

社会事业是指中央和各级地方政府领导的社会建设和社会服务事业,是与行政部门和企业(包括金融机构)行为相并列的活动。从社会事业的分类来看,主要包括教育事业、医疗卫生、劳动就业、科技事业、社会保障、文化事业、体育事业、社区建设、旅游事业、人口与计划生育等。本书结合我国连片特困地区的实际情况,着重就教育、医疗卫生、科技和社会保障方面的部分规划进行分析研究。

(1)教育。我国国民经济和社会发展"十二五"规划提出了教育水平明显提升的目标,连片特困地区在编制教育发展规划时,切实将片区规划与国家"十二五"规划相衔接,并超前谋划了"十三五"规划可能与教育相关的内容,提出了相应的措施,主要体现在统筹发展各类教育、改善办学条件、健全国家教育资助制度等方面。如在健全国家教育资助方面,国务院办公厅2011年就下发了《关于实施农村义务教育学生营养改善计划的通知》,通知要求,农村义务教育

---

① 我国国民经济和社会发展十二五规划纲要[EB/OL]. 新浪网, http://www.sina.com.cn, 2011-03-17.

学生营养改善计划内容包括：在集中连片特困地区开展试点，中央财政按照每生每天3元的标准为试点地区农村义务教育阶段学生提供营养膳食补助。试点范围包括14个片区（含西藏、"四省藏区"、"新疆南疆三地州"）680个县（市）约2600万在校生。①

对于以上关于教育发展规划的具体内容，本书不再一一进行分析，主要就部分片区在教育发展规划中强调职业教育和高等教育特色专业的部分内容进行简要分析（详见表5-7）。

表5-7 部分片区规划中强调的职业教育和高等教育特色专业摘录②

片区	职业教育和高等教育特色专业
大兴安岭南麓片区	现代农业、商贸物流
燕山—太行山片区	特色旅游、文化创意、商贸物流和特色农产品加工等
武陵山片区	特色旅游、民族文化和现代农业等
罗霄山片区	特色旅游、农产品加工、机械制造以及与稀土、钨、铀等矿产资源开发利用有关的特色学科
六盘山片区	现代物流、商贸服务和加工制造业以及现代农业等
乌蒙山片区	民间文化、民族手工业和民族建筑等
滇桂黔片区	特色旅游、民族文化和现代农业等
滇西边境片区	特色旅游、现代物流、商贸服务、特色农业和加工制造业等

同时，根据教育部《关于实施面向贫困地区定向招生专项计划的通知》（教〔2012〕2号）文件，专项计划的内容："十二五"期间，每年在全国招生计划中专门安排1万名左右的专项计划，以本科第一批招生计划为主。本科计划由中央部门高校和在本科第一批招生的地方高校共同承担招生及培养任务，高职计划由国家示范性（含骨干）高等职业学校承担招生及培养任务。③ 这些充分体现了我国各连片特困地区全面贯彻党和国家的教育方针政策，积极发展学前教育、加

---

① 关于实施农村义务教育学生营养改善计划的意见［A］．国务院办公厅，2011．
② 根据11个片区规划中涉及的教育规划的部分内容，摘录了一部分片区拟重点发展的职业教育和高等教育特色专业，详见11个片区社会事业发展规划。参见：国务院扶贫办，国家发展改革委．片区规划［EB/OL］．国务院扶贫办网站，http：//www.cpad.gov.cn/，2013-04-12．
③ 国家拟通过专项计划的实施，增加贫困地区学生接受高等教育的机会，促进教育公平；引导贫困地区基础教育健康发展，提高教育水平；并且鼓励学生毕业后回贫困地区就业创业和服务，为贫困地区发展提供人才和智力支撑。

快普及高中阶段教育、注重发展社会教育、①优化提升教育质量、支持民族教育等，编制规划了片区教育发展规划，这些应当是立足片区教育资源和发展实际，突出了片区教育发展重点。如表5-7所示，在发展职业教育方面，部分片区强调特色旅游、民族文化和现代农业等专业的发展，强调与本地人力资源和产业发展密切结合，突出了相关专业和学科建设。

（2）医疗卫生。按照我国国民经济和社会事业发展"十二五"规划纲要要求，我国医疗卫生发展的基本要求是"保基本、强基层、建机制"，主要内容包括：加强公共卫生服务体系建设、加强城乡医疗服务体系建设、健全医疗保障体系、完善药品供应保障体系、积极稳妥地推进公立医院改革、支持中医药事业发展等②。考虑到我国连片特困地区医疗卫生事业基础薄弱，与全国平均水平有很大差距，尤其是部分片区传染病、职业病和地方性疾病的预防控制任务十分艰巨，因而对部分片区规划中关于监测和预防控制疾病的相关内容进行摘录分析（详见表5-8）。

表5-8　部分片区规划中关于监测和预防控制疾病的表述摘录③

片区	关于监测和预防控制疾病的相关表述内容
大兴安岭南麓片区	有效监测和预防控制重大传染病及碘缺乏、氟中毒等地方病、食源性疾病、人畜共患疾病和职业病
燕山—太行山片区	有效监测和预防控制重大传染病、地方病、职业病
吕梁山片区	有效监测和预防控制重大传染病、地方病、职业病
大别山片区	有效监测和预防控制重大传染病、地方病、职业病和血吸虫病
武陵山片区	有效控制重大传染病、地方病、职业病和人畜共患疾病
罗霄山片区	有效监测和预防控制重大传染病、地方病、职业病
六盘山片区	有效监测和预防控制重大传染病、职业病及碘缺乏、氟中毒等地方病。开展大骨节病综合防治
秦巴山片区	有效监测和预防控制重大传染病、地方病、职业病。有效救治管理重型精神病人
乌蒙山片区	加强艾滋病综合防治体系、鼠疫防治体系、人畜共患疾病等传染病以及新疾病、慢性病、地方病、职业病的监测与预防控制

---

① 本书认为，社会教育是指非正规教育，主要包括各类在职培训、职前教育、成人教育、函授教育、电视教育、农业推广以及其他形式的短期基本技能培训等。
② 国民经济和社会发展十二五规划纲要［EB/OL］. 新浪网，http：//www.sina.com.cn/，2011-03-17.
③ 根据11个片区规划中涉及的监测和预防控制疾病的部分内容，摘录了一部分表述内容，详见11个片区社会事业发展规划。参见：国务院扶贫办，国家发展改革委. 片区规划［EB/OL］. 国务院扶贫办网站，http：//www.cpad.gov.cn/，2013-04-12.

从表 5-8 可以看出，我国部分连片特困地区传染病、职业病和地方病比较严重，是片区医疗卫生规划中监测和预防控制的重点，这实际关系到公共卫生服务体系建设，关系到医疗卫生服务能力和水平等。因而，在片区规划医疗卫生发展时，应加快推进国家基本公共卫生和重大公共卫生服务项目，如逐步提高人均基本公共卫生服务经费标准；进一步完善医疗服务体系，如健全片区县、乡、村三级医疗卫生服务网络；着力提高医疗卫生服务能力，如加强以全科医生为重点的基层医疗卫生队伍建设，使每万人口全科医师数达到 2 个人；① 加大基层医疗服务机构和基础设施建设，如推进片区基层卫生院、卫生室、卫生站建设等。

（3）科技。我国连片特困地区大多存在资金利用效率低、资源环境代价高、生态资源脆弱，加之广大贫困农民封建迷信思想较重、存在一些不良习俗及"等、靠、要"的思想等，在扶贫开发过程中，应当充分发挥科学技术的作用。我国连片特困地区科技发展的现实是非常落后，本书通过对部分片区社会事业发展规划中关于科技方面的内容摘录进行分析（详见表 5-9）。

表 5-9 部分片区规划中与科技相关的表述摘录②

片区	科技方面存在的问题
大兴安岭南麓片区	农户科技文化水平不高，市场意识淡薄
燕山—太行山片区	农户缺乏发展现代农业生产技能，经营管理能力弱，转移就业和创业意识不强
武陵山片区	中高级专业技术人员严重缺乏，科技对经济增长的贡献率低
罗霄山片区	农业技术推广体系不健全，农业科技服务人员不足
六盘山片区	农业技术推广体系不健全，农业科技应用水平低
秦巴山片区	农技推广服务不足，农业科技应用水平低，现代农业发展缓慢。科技支撑当地发展的潜力没有充分显现，对经济增长贡献率低
乌蒙山片区	科技服务推广体系不完善，农业科技成果转化和应用水平低
滇桂黔石漠化片区	科技对经济发展贡献率低。干部群众市场意识淡薄，劳动力素质整体偏低，农户生产经营方式落后
滇西边境片区	科技文化设施建设滞后，专业技术人员严重缺乏，农技推广服务不足，农业科技应用水平低，现代农业发展缓慢

---

① 卫生事业发展"十二五"规划内容。
② 根据 11 个片区规划中涉及的社会事业的部分内容，摘录了一部分关于科技方面的表述内容，详见 11 个片区社会事业发展规划。参见国务院扶贫办，国家发展改革委．片区规划［EB/OL］．国务院扶贫办网站，http：//www．cpad．gov．cn/，2013-04-12．

从我国连片特困地区的发展实际来看，事实上每个片区都存在科技力量薄弱的问题，所以，各片区在编制片区科技发展规划时基本上都有针对科技投入的内容。这就要求我们在扶贫开发中加大资金投入的同时，进一步加大科技扶贫的力度，有针对性地开展科技扶贫活动，注重推广、普及和培训片区农户适用的科技知识等，同时，加强片区科技人才的培养，加强创新型龙头企业的培育等。

（4）社会保障。根据《中国农村扶贫开发纲要（2011~2020年）》提出的贫困地区社会保障目标任务要求，到2015年，我国农村最低生活保障制度、五保供养制度和临时求助制度将进一步完善，实现新型农村社会养老保险制度全覆盖；到2020年，我国农村社会保障和服务水平将进一步提升。①

从我国各连片特困地区编制的关于社会保障规划的内容来看，基本上都突出了对养老保险、最低生活保障制度、医疗保障体系、医疗求助制度、社会福利和社会保障基础设施建设及能力建设等内容。

7. 生态建设和环境保护规划

党的十七大首次提出了建设生态文明的内容，党的十八大进一步提出了加强生态文明建设，建设"美丽中国"的目标，《中国农村扶贫开发纲要（2011~2020年）》也强调要重视生态环境建设，实际上为我国各连片特困地区编制生态建设和环境保护规划提出了要求，指明了方向。本书结合我国近年来已经实施或正在实施的部分重大生态建设工程进行举例分析（详见表5-10）。

表5-10 我国重大生态建设工程简况②

工程名称	基本情况
天然林保护工程	1998年开始试点，2000年在17个省（市、区）正式启动天保一期工程（2000~2010年），2011年启动第二期工程。主要任务：在长江上游和黄河上中游地区继续停止天然林商品性采伐；减少东北、内蒙古等重点国有林区木材采伐量；管护森林；建设公益林；国有中幼林抚育；培育后备资源等
退耕还林工程	1999年开始试点，主要内容：25度以上坡耕地退耕造林、荒山荒地造林和封山育林。后续工程主要内容：在原有补助政策到期后，为巩固退耕还林成果，解决退耕还林农户生活困难和长远生计问题
京津风沙源治理工程	2000年正式启动，当时是为了改善北京、天津的大气质量而紧急启动的。2013年，国家启动二期工程（2013~2022年）。工程任务：加强林草植被保护和建设，加强重点区域沙化土地治理，稳步推进异地搬迁37万人等。工程范围：北京、天津、河北、山西、内蒙古、陕西的138个县（旗、市、区）

---

① 中国农村扶贫开发纲要（2011~2020年）[N].人民日报，2011-12-02.
② 根据相关资料整理，主要以启动实施时间为序进行排列。参见：共济.全国连片特困地区区域发展与扶贫攻坚规划研究[M].北京：人民出版社，2013：173.

续表

工程名称	基本情况
退牧还草工程	2003年正式启动。主要内容：通过围栏建设、补播改良以及禁牧、休牧、划区轮牧等措施，恢复草原植被，改善草原生态，提高草原生产力，促进草原生态与畜牧业协调发展。工程范围：内蒙古、西藏、新疆、青海、四川、甘肃、宁夏、云南以及新疆生产建设兵团的退化草原区

结合我国已经实施或正在实施的部分重大生态建设工程的实际，通过对各片区生态建设和环境保护规划的相关资料进行分析，本书认为，在推进片区扶贫开发过程中，应高度重视生态建设和环境保护工作，最重要的是要用科学发展观的理念来指导规划的编制和实施，在工程编制和建设过程中兴利除害、严格标准，同时加大宣传推广力度，使绿色、环保、低碳观念深入人心。

8. 人力资源开发规划

人力资源是指在一定区域内的人口所具有的劳动能力的总和，或者说是能够推动整个经济和社会发展的具有智力劳动和体力劳动的能力的人口总和。① 人力资源开发与区域发展密切相关，是我国连片特困地区扶贫攻坚的重要手段。从我国部分连片特困地区规划中关于农村人力资源片区规划的内容来看，农村人力资源开发的主要内容包括农村劳动力转移和劳动力素质提高等。

本书通过对部分片区劳动力异地转移就业目的地进行分析（详见表5-11），以期对我国连片特困地区人力资源开发的主要措施有所启示。

表5-11　部分片区规划中劳动力异地转移目的地摘录②

片区	国内异地转移就业目的地	国际劳务输出目的地
大兴安岭片区	哈大齐工业走廊、长吉图经济区、辽中南经济区及周边城市	
燕山—太行山片区	周边大中城市等	
吕梁山片区	太原城市群、呼包银榆经济区及周边城市	
大别山片区	武汉城市群、中原经济区、皖江城市带和周边城市等	

---

① 陶雅. 浅谈人力资源管理的重要性 [J]. 内蒙古科技与经济, 2007 (21).
② 根据11片区规划中涉及的人力资源开发部分内容的整理，选取部分有代表性的片区人力资源缺乏的内容进行摘录。参见国务院扶贫办, 国家发展改革委. 片区规划 [EB/OL]. 国务院扶贫办网站, http://www.cpad.gov.cn/, 2013-04-12.

续表

片区	国内异地转移就业目的地	国际劳务输出目的地
罗霄山片区	珠江三角洲地区、海峡西岸经济区、长江三角洲地区及周边城市等	
六盘山片区	关中—天水经济区、兰州—西宁经济区、宁夏沿黄经济区及周边城市等	依托欧亚大陆桥,开拓中亚南亚、中东北非等地区劳务市场
秦巴山片区	成渝经济区、关中—天水经济区、武汉城市群、中原经济区及周边城市等	
乌蒙山片区	成渝经济区、滇中经济区、黔中经济区、攀西经济区及周边城市等	
滇桂黔石漠化片区	北部湾经济区、滇中经济区、黔中经济区及周边城市等	
滇西边境片区	滇中经济区及周边城市等	开拓东南亚和南亚劳务市场

通过对表5-11的进一步分析研究,本书认为,促进我国连片特困地区以劳动力转移就业和提高劳动力素质为主要内容的人力资源开发规划:一是立足片区实际,规划发展好片区内劳动密集型产业。二是统筹城乡发展,拓宽就业渠道。三是调整产业结构布局,推进农村劳动力有序流动。四是加大教育培训,提高劳动力素质和就业能力。五是完善就业服务体系,为农村劳动力健康有序流通提供良好服务等。

二、村为载体,整村推进

"村为载体"主要是指以社会主义新农村建设为载体,实施"整村推进"扶贫模式。把"新村建设"作为扶贫开发的综合载体,"整村推进"扶贫开发,这个理论的产生来源于实践。具体来讲,这一模式是在各地的扶贫开发实践过程中提炼总结出来的,而后被国家采用,纳入全面推广的领域。换个角度来看,要实行"整村推进"措施,就是应当把"新村建设"作为扶贫开发的综合载体,作为各类扶贫资金和资源的集散中心、各类基本公共服务的共享平台。

1. "整村推进"的内涵与特点

本书在前面已经谈到,我国全面开展有组织的扶贫开发是从1986年开始的,由此也开启了我国"整村推进"扶贫模式的实践活动。进而在《国家八七扶贫攻坚计划》时期开始"到村到户"扶贫模式。2001年,在总结了各地实践经验的基础上,我国开始探索"参与式整村推进扶贫"工作,通过艰苦卓绝的努力,全国已有4.51万个贫困村于2005年底初步完成"整村扶贫开发"。① 2005年底，党的十六届五中全会正式提出了建设社会主义新农村的目标。2006年，《关于推进社会主义新农村建设的若干意见》正式发布。2011年，中国政府认真总结了前十年的扶贫开发成果，制定了新的扶贫开发纲要，即《中国农村扶贫开发纲要（2011~2020年）》，这是在全面建成小康社会最后十年间关于扶贫开发的纲领性文件，标志着我国扶贫开发战略进入以"新村建设"为载体、"整村推进"扶贫开发的全面建设阶段。

2006年，我国《关于推进社会主义新农村建设的若干意见》确定了新农村建设方针，即"生产发展、生活宽裕、乡风文明、村容整洁、管理民主"，可以概括称为20字方针。② 其中，生产发展摆到了最前位，使之成为20字方针的重中之重。根据我国西部有关省扶贫开发的经验，发展生产就是要以"新村建设"为载体，"整村推进"扶贫开发工作。

作为一项综合性扶贫工程，"新村建设"以村级经济、文化、社会的全面发展为目标，以农户为主体，采取一系列参与式扶贫措施，坚持开发与发展的原则，进行整体推进的扶贫开发举措。在新村建设过程中，应十分注重规划先行，同时突出重点，有步骤地实行"整村推进"扶贫开发。这一模式在内容上主要以增加贫困人口的收入和发展贫困地区经济为中心。在组织形式上十分注重发挥政府的引导作用，同时充分调动各类社会资源参与到"新村建设"中来，从而达到"集小钱办大事"的目的。

结合前几阶段的实践活动，特别是1986年"整村推进"扶贫模式率先在地方开展以来，可以将"村为载体、整村推进"扶贫模式的主要特点概括为以下几方面，当然，进入新时期以后，"新村建设"的全面开展赋予这一模式一些新的特点。一是整合扶贫资源，实行"捆绑式"投入，有利于汇集社会各方面的扶贫资金和资源；二是以参与式扶贫模式为主，有利于扩大基层民主，发挥贫困农民的主体作用；三是注重政府引导，有利于坚持扶贫开发的正确方向等。

2. "村为载体，整村推进"的主要措施

从我国前几个阶段扶贫开发的实践来看，"整村推进"措施取得了良好的扶贫效果。结合新阶段的扶贫开发实践，本书认为"村为载体，整村推进"的主要措施包括以下几个方面。

（1）将新村建设与农村产业结构调整有效结合起来。农村产业结构调整的最终目的就是增加农民收入，使农民稳定脱贫。由于思想保守、观念陈旧、思路

---

① 杨军. 整村推进扶贫模式探析［J］. 农村经济，2007（4）.
② 中共中央国务院关于推进社会主义新农村建设的若干意见［EB/OL］. 中央政府门户网站，http://www.gov.cn，2006-02-21.

狭窄，长期以来，贫困地区农民在产业结构调整中，只是一味地在种植业上进行简单的种植结构调整，只是注重从数量到品种上的简单变化，这些狭隘的调产思路，不能从根本上解决农民增收问题。

通过实施新村建设与农村产业结构调整有效地结合，从而使部分农民从传统的产业中转移出来，从事其他服务类行业，能拓宽农民就业渠道，促进农民增收致富。

（2）将新村建设与小城镇建设有效结合起来。党的十六大以来，我国把发展小城镇、推进城镇化建设步伐提高到国家战略高度上来。要提高我国的现代化水平，解决农村富余劳动力的出路和农民增收问题，必须走农业现代化、农村城镇化、农民市民化的路子，把农民从农业和农村中尽可能地转移出来。

这就要求我们在新村建设中，按照小城镇建设的标准，着眼长远，高起点规划，高标准建设，让农民进入一个新天地，避免不考虑长远发展规划和利益导致的重复建设和浪费问题，做到新型小城镇建设一步到位。

三、户为受体，到户帮扶

扶贫受体是指以贫困户作为扶贫帮扶行为的接受方，其划分按不同的对象有不同的标准，本书所采用的划分标准是以贫困户收入状况来进行划分的。按前面论述的方法，我国的贫困户可以划分为绝对贫困户和相对贫困户。因而，本书所说的到户帮扶实际上包括了到绝对贫困户和相对贫困户进行帮扶的行为。

1. 扶贫到户的内涵与特征

扶贫到户，就是按扶贫开发的要求，做到政策到户、项目到户、资金到户、效益到户和帮扶措施到户。国家不仅将扶贫到户作为一项重要措施，而且把解决贫困农户温饱的各项指标也量化到户。

这实际上体现了一种以人为本的理念。"以人为本"是科学发展观的本质和核心内容。只有将"以人为本"作为反贫困的核心理念，扶贫思路才有可能不断创新，扶贫事业才有可能加快发展，取得实效。①

结合近年来我国扶贫开发的实践活动，本书认为"扶贫到户"具有以下几方面的特征。一是扶贫瞄准更为精确，"扶贫到户"能够使扶贫资金和资源瞄准到贫困户，能提高扶贫瞄准的精准度；二是充分体现了"以人为本"的发展理念，一切以贫困户为出发点和落脚点；三是有利于发挥贫困户的积极主动性，通过"扶贫到户"措施，能培育贫困户的自我发展能力，提高贫困户参与扶贫的积极主动性。

---

① 龚娜. 以人为本与扶贫开发 [J]. 理论与当代，2006（2）.

2. "扶贫到户"的主要措施

本书认为扶贫到户要提高扶贫资金和资源瞄准贫困户,真正做到政策到户、项目到户、资金到户、效益到户和帮扶措施到户。必须尊重贫困农民的主体地位,让贫困农民参与扶贫项目的决策、扶贫资金的监督管理等,同时,加大对贫困农民的教育培训力度,不断提高贫困农民参与扶贫的能力。

(1)扶贫资金和资源瞄准到户。在扶贫开发过程中,如何保障穷人能够利用好扶贫资金和资源是一个很重要的课题。这就对扶贫到户提出了新要求,那就是要让扶贫资金和资源瞄准到户。扶贫瞄准包括区域瞄准和人口瞄准,归根结底还是在于瞄准到户。

(2)帮扶工作要上门入户。推动中央和国家机关、国有企事业单位、军队系统等单位到连片特困地区开展定点扶贫,做到每个片区内每个重点县都有单位帮扶,努力做到领导干部联系帮扶、干部驻村帮扶、单位定点帮扶、企业带动帮扶。① 支持各民主党派、工商联以及各类非公有制企业、社会组织参与片区定点扶贫工作。同时,根据各部门、各系统、各单位的统一安排,组织本部门、本系统、本单位干部职工到贫困户结对帮扶、上门入户,帮助贫困户改善生产生活条件、加快脱贫致富,制定相关措施,从资金支持、产业发展、人员培训以及劳动力转移就业等方面加大工作力度。另外,组织相对发达地区与片区开展结对帮扶。

(3)提高贫困农民自我发展能力。由于贫困农民的自组织化程度低,缺乏脱贫致富的相关知识和技能,加之有些传统和习俗阻碍了贫困农民自我发展能力。一是要积极支持和鼓励贫困农民参与各种非政府组织,提高自组织化程度。农民可以以社区为基础,建立各种社团,如生产小组、技术小组、信贷小组、管理小组等。通过社团的活动组织起来,提高自组织化能力。二是要主动接受相关知识和技能的培训。通过接受基础教育来提高素质,主动接受各种基本的法律知识、权利观念和契约观念的培训,接触其他方面的培训和咨询,比如技能、信息等。三是破除阻碍发展的旧传统和旧风俗,丰富社区文化。很早以前,就有学者提出,"在执行经济发展计划之前,假如没有先了解该民族的价值趋向,没有企图先转变一些不利于现代化经济发展的基本态度,那么计划的推行将受到很大的挫折"。② 当然破除传统与习俗不是一蹴而就的,需要通过长期努力建立新制度,培育新文化。

---

① 吴华. 整村推进帮扶工作是扶贫开发重要举措[J]. 今日中国论坛,2007(9).
② 赵建伟. 贫困与发展——苦聪人指导变迁的人类学研究[J]. 广西民族学院学报(社会科学版),2005(12).

第五章　中国连片特困地区扶贫开发的运行机制

第四节　运行机制创新实践：贵州加强基础设施建设个案分析

作为我国大西南重要省份之一的贵州省，辖区内部分地区属于乌蒙山片区和滇桂黔石漠化片区，扶贫攻坚任务十分艰巨。为了有效推进扶贫开发，2011年，贵州省提出举全省之力向贫困发起"总攻"，把扶贫攻坚作为第一民生工程，计划到2015年，按照国家扶贫标准，贫困人口数量将比2010年减少一半，确保2020年与全国同步建成小康社会。① 实际上在上一轮扶贫开发过程中，② 贵州就十分注重基础设施建设，特别是2002~2011年，取得了巨大成效。其主要做法体现在基础设施建设和生态建设方面，突出了规划先行，抓住了建设重点。

一、超前布局，把发展交通作为扶贫开发的优先选项

从2002年到2011年十年间，在中央的关心和支持下，贵州省把发展交通作为优先选项，既打通"主动脉"，又畅流"微循环"，以公路为重点的交通固定资产投资完成2176.4亿元，为贵州省跨越发展提供了强力支撑。③

到2011年底，贵州省公路总里程达到15.78万公里，比2001年增加12.32万公里，在西部地区排第四位；路网密度由2001年的每百平方公里19.67公里，上升到2011年的每百平方公里89.62公里，在西部地区排第二位。截至2011年年底，贵州省作为"主动脉"的高速公路通车里程达2023公里，比2001年新增1712公里；在建高速公路里程达2680公里，已建成和在建高速公路里程超过4700公里。贵州省88个县（区、市）中，已通高速公路的达到47个，已开工建设高速公路的县达到39个，"十二五"末期将实现县县通高速。水运方面，2011年，贵州省通航里程达3563公里，等级航道达2215公里，其中四级航道270公里。航空方面，贵阳龙洞堡国际机场扩建工程进展顺利，遵义机场已经通航。根据龙洞堡机场提供的数据，近10年来，机场经营的航线从24条增加到75条，通航城市从18个变为55个，其中还有3个是国际城市。旅客吞吐量增加4倍，货运吞吐量增加2.65倍。④

与此同时，贵州进一步规划出了新一轮扶贫开发基础设施建设的重点。贵州省在加快公路、水运、铁路、航空等建设方面，超前布局，加快推进，"十二

---

① 赵勇军. 大扶贫大跨越——贵州省扶贫开发十年硕果累累 [N]. 人民日报，2012-11-12.
② "上一轮扶贫开发"是指《中国农村扶贫开发纲要（2001~2010年）》规划落实期间的扶贫开发。
③④ 王桥，王斌. 贵州打响基础设施建设攻坚战中高原巨变写新篇 [N]. 人民日报，2012-11-12.

五"期间将形成贵阳至重庆、成都、长沙、昆明等地2小时,至广州、武汉等地3小时,至西安等地4小时,至郑州等地5小时,至上海等地6小时,至北京等地7小时的快速铁路交通网。预计"十二五"末期,贵州省境内建成投入运营的快速铁路和客运专线里程将达1269公里。到2015年,贵州将形成贵阳至全国7小时交通圈战略,全面进入高铁时代。"十二五"期间,贵州省计划投资22亿元加快水运基础设施建设,全面完成国家规划的西南水运出海中线通道贵州段航运扩建工程和乌江航运建设工程,新增四级航道431公里、港区码头8个、泊位15个、水上搜救中心10个,贵州省四级航道将达到791公里。与此同时,贵州省还将加快推动乌江构皮滩和龙滩过船设施建设,力争在2017年打通贵州省"南下珠江、北进长江"的"黄金水道"。"十二五"期间,贵州省将形成一个干线机场和13个支线机场的"一干十三支"航空格局,为贵州经济发展插上助飞的翅膀。①

一系列交通建设"组合拳",使贵州连片特困地区无缝连接的立体交通网络格局日渐清晰,体现了贵州在新阶段,加快推进扶贫开发,在交通建设方面超前布局、优先发展的战略规划。

二、统筹规划,把生态建设放在扶贫开发的突出位置

长期以来,贵州因典型的喀斯特地貌和水利设施匮乏,使降水量丰富的贵州水资源十分匮乏,人均供水量仅相当于全国平均水平的一半多,工程性缺水问题十分突出。因而,贵州在大力加强基础设施建设的同时,十分注重对生态环境的保护,综合施策,统筹协调,把水利建设与生态建设、石漠化治理三者结合起来,取得了明显成效。

1. 把解决工程性缺水作为工作重心

2002~2011年,贵州省水利建设总投入达到589.6亿元,是1949~2002年总投入的5.3倍。"十一五"规划以来,通过积极争取中央加大对贵州省水利基础设施建设的投入,中央水利投资逐年增长,2011年和2012年的中央水利投入均超过60亿元,是2002年的7.8倍。地方水利建设投资逐年增加,从2003年的5.28亿元增加到2012年的79亿元,增长了15倍。黔中水利枢纽工程和"滋黔"工程全面开工建设。投资73亿元的黔中水利枢纽一期工程和18个中型水库打捆的"滋黔"一期水源工程相继开工建设,不仅填补了贵州没有大型骨干水源工程的空白,也为贵州省建立骨干水源工程体系、增强抵御自然灾害的能力奠定了良好的基础。

---

① 王桥,王斌. 贵州打响基础设施建设攻坚战高原巨变写新篇[N]. 人民日报,2012-11-12.

2. 实施"三位一体"的综合治理模式

2011年，贵州省启动实施了"三位一体"规划水利项目，平均一年开工20个中型骨干水源工程，与往年平均每两年开工1个中型水库相比，骨干水源工程建设实现了跨越式发展。2011年，国务院批准实施《贵州省水利建设生态建设石漠化治理综合规划》，把贵州的水利建设与生态建设、石漠化治理三者结合起来，"三位一体"科学规划、统筹安排，以水为核心，形成三者之间的良性循环，支撑经济社会可持续发展，从根本上解决制约贵州发展的问题。①

3. 实施"工业强省"发展战略中正确处理好发展和环境之间的关系

发展是第一要务，环境是重要支撑。2011年，贵州省纳入监测的12个城市中，达到国家环境空气质量二级标准的城市有7个，占监测城市数的58.3%，其余5个城市环境空气质量达到国家三级标准，占监测城市数的41.7%，国家环保重点城市贵阳市、遵义市全年空气优良率分别为93.97%和90.68%。贵州省城市全年空气优良天数平均优于全国平均水平，城市环境空气质量优良率逐年均有提高。贵州自然生态与农村环境保护工作让人民群众拥有更多的蓝天、呼吸更清新的空气。贵州省至今已创建了国家级生态乡镇25个，省级生态乡镇21个，填补了贵州没有国家级生态乡镇的空白。②

贵州的创新实践表明，在对连片特困地区的扶贫开发中，要突出重点，规划先行，为贫困地区和贫困人口尽快脱贫致富打下坚实基础。

---

①② 王桥，王斌．贵州打响基础设施建设攻坚战高原巨变写新篇［N］．人民日报，2012-11-12．

第六章

中国连片特困地区扶贫开发的激励机制

扶贫开发过程中的激励机制是指扶贫开发系统内主体通过激励因素或激励手段与客体之间相互作用的关系总和，它是按预定的标准和程序将相关利益和资源分配给组织成员，以实现扶贫开发共同目标的过程。激励机制实际上是解决我国连片特困地区扶贫的动力机制问题。

第一节 完善和发展连片特困地区扶贫开发激励机制的必要性

马克思指出，"人们奋斗所争取的一切，都同他们的利益有关"。[①] 在世界各国经济发展过程中，都十分注重利益的协调问题，而激励机制又是利益协调机制功能最强大的组成部分，其缘由在后面的相关理论分析中会简要论述。1989年，"华盛顿共识"达成，经济学家认为要解决拉美国与东欧转型国家的通胀和债务问题，就要把价格搞对，实行新自由主义的经济政策。2004年，"北京共识"形成时，经济学家才发现渐进式改革的魅力，认为"把激励搞对"、"把制度搞对"，才是解决发展中国家问题的龙头和枢纽。[②] 既然激励机制如此重要，要确保连片特困地区扶贫开发运行机制顺畅有效，完善和发展相应的激励机制就十分必要。本书以为，这既有利于调动各相关利益主体的积极性，又是促进连片特困地区社会和谐的需要，也是全社会体现效率与公平的需要。

一、有利于调动相关利益主体的积极性

社会主义的本质是解放生产力，发展生产力，消灭剥削，消除两极分化，最

[①] 马克思恩格斯全集（第1卷）[M]. 北京：人民出版社，1984：82.
[②] 蒋永穆，纪志耿. 构建社会主义和谐社会的利益机制研究 [J]. 当代经济研究，2008（2）.

终达到共同富裕,这已成为马克思主义的基本常识。完善和发展我国扶贫开发的激励机制,就是要激发中央和地方各级党政机关、企事业单位、军队和武警部队、社会各界和贫困人口这些相关利益主体的积极性,形成巨大的推动力,推动扶贫开发不断深入开展。进入新阶段,我国的社会主义建设事业中出现了一系列新的阶段性特征,主要表现在生产力水平总体上还不高,自主创新能力还不强,长期形成的结构性矛盾和粗放型增长方式尚未根本改变,这些阶段性特征也同样体现在连片特困地区的阶段性发展中,这就需要利益驱动,调动各方面的积极性,投入到扶贫开发事业中去。我国进入全面建成小康社会的新阶段,连片特困地区加快发展、科学发展的势头十分强劲。完善和发展激励机制,有助于连片特困地区的经济社会全面发展,实现跨越式发展,激励各方面的力量,力争与全国同步全面建成小康社会。

二、有利于协调扶贫主体之间的利益

随着我国改革开放的不断深入,经济社会的持续发展,我国社会分化加剧,社会资源重新分配、地位关系的重新组合导致了许多新的社会利益主体出现,产生了边缘性、交叉性和集合性的诸多利益主体。同时,利益差距的扩大化、利益冲突的公开化、利益需求的多元化和利益获取途径的多样化也在不断加剧,并且还有进一步复杂化的趋势。① 因而,构建社会主义和谐社会,维护公平正义的发展环境十分重要。社会和谐是中国特色社会主义的本质属性,是国家富强、民族振兴、人民幸福的重要保证。② 激励机制是构建社会主义和谐社会的难点和重点。在我国连片特困地区尤其如此,如果激励机制不合理,将会严重影响社会和谐。

随着我国扶贫开发的不断深入,各扶贫主体面临着复杂的利益关系,面临着要协调各个利益阶层之间利益,难度大,任务艰巨。因此,需要处理好方方面面的利益关系,需要各个利益主体基于国家利益和长远利益的角度,进行利益协调,完善和发展激励机制,实现社会的和谐发展。因此,扶贫对象脱贫致富不仅仅是全面建成小康社会的目标,同时也是社会发展、经济发展的必然要求。纵观世界各国的经济发展史,无论是发展中国家还是发达国家,随着一国经济实力的不断增强,都加强了贫困地区和贫困人口的经济实力和自我发展能力。

新时期,我国连片特困地区社会结构和利益格局发生了变化,在这种情况下,我们只有完善和发展科学有效的激励机制,协调好各扶贫主体之间的利益,

---

① 蒋永穆,纪志耿. 论竞争力视角下社会主义和谐社会利益协调机制[J]. 综合竞争力,2010(7).
② 中共中央关于构建社会主义和谐社会若干重大问题的决定[EB/OL]. 中国共产党新闻,http://cpc.people.com.cn/GB/64093/64094/4932424.html,2006-10-18.

坚持把改善人民生活作为正确处理改革发展稳定关系的结合点,着力解决贫困地区人民群众最关心、最直接、最现实的利益问题,才能统筹协调各方面的利益关系,妥善处理扶贫工作中的各类矛盾,实现连片特困地区经济建设、政治建设、文化建设、社会建设和生态建设的协调发展。

三、有利于全社会实现效率与公平的目标

1993年,中央在确立社会主义市场经济体制的文件中提出"效率优先,兼顾公平"的分配原则,党的十六届五中全会再次强调"更加注重社会公平",充分说明我国在发展社会主义市场经济过程中十分注重效率与公平的问题。

从连片特困地区的发展来看,我国是以经济扶持为手段来解决连片特困地区脱贫致富问题,从而达到扶贫开发战略的目标。这就容易产生经济发展掩盖公平正义,单纯追求效率而忽视农民生活状态整体提升的错误看法,同时也容易导致扶贫资金投入的收益被企业及其他利益团体所侵占,而未能真正使贫困地区的农民得到实惠。

从整个社会来看,扶贫资金和资源属于国家统一的资源体系中被转移到贫困地区和贫困人口的那一部分。① 国家有通过将社会资源重新分配、缩减不同阶层和地区间差异的职能,国家对扶贫资金和资源进行的整合和投入,就是在履行这一职能。当然,对于发达地区和非贫困人口来讲,他们可能觉得不公平。因为相对于贫困地区和贫困人口,他们对国家经济增长的贡献更大。在具体操作过程中,如果单纯追求平均分配,其作用只能是像低保一样,让老百姓有口饭吃,达不到扶持、开发、自主脱贫的良性循环,扶贫资金和资源发挥的效率太低;如果单纯追求效率,也势必会造成更大程度上的不公平。因此,如何利用好有限的资源,在尽可能公平的前提下,追求更高的效率呢?② 这就需要我们完善和发展良好的激励机制。

效率与公平之间存在着良性互动关系。我们构建扶贫开发激励机制,并不是一种"非零和"模式。③ 也就是说,在构建激励机制时,并非要消除财产占有上的不平等现象,而是要注重起点公平、过程公平和规则公平;要使一切有利于连片特困地区经济社会发展的创造愿望得到尊重,创造活动得到支持,创造才能得到发挥,创造成果得到肯定;要充分保护私有产权,加快制度创新步伐;从而极大地激发各贫困地区贫困群众的创业激情,极大地促进各帮扶单位的扶持力度,

---

① 许源源,苏中英. 和谐理念缺失:农村扶贫瞄准偏离的重要原因[J]. 贵州社会科学,2011(5).
② 许源源,苏中英. 中国农村扶贫瞄准的历史演变[J]. 老区建设,2007(4).
③ 所谓"非零和"模式,指各方不再是你赢我输的关系,一方所得并不一定意味着另一方所失,其中蕴含着参与者可能存在某种共同的利益,能够获得"双赢"、"多赢"或"共赢"的结果。

使整个连片特困地区的经济运行充满活力,从而实现效率和公平在高水平下的动态组合。

第二节 连片特困地区扶贫开发激励机制的主要内容

经济学上讲公平和效率之间的关系时,常从动态的角度着眼,将公平划分为起点公平、过程公平、结果公平三个层面。它们之间的关系是相互区分、相互依存、相互联系和相互制约的。起点公平和过程公平是结果公平的前提和保证,公平的起点和过程最后都要通过结果表现出来,并且要受到结果的检验。结果公平是起点公平和过程公平的最终目标,起点的公平和过程的公平都是为了保证结果的公平。① 将经济公平这三个层面的概念借鉴过来,我们完全可以用来分析激励机制。

一、扶贫开发激励机制的理论基础

前面本书已经谈到,研究激励机制必然是建立在利益协调理论基础之上的。近年来,我国有一部分学者就利益协调理论进行了较为细致的研究,做了充分的论述。本书选取其有代表性的"统筹经济社会发展理论"、和谐利益论与社会利益协调理论以及"双重四位一体"利益协调模式等进行简述,以此作为构建本书激励机制的理论基础。

1. 统筹经济社会发展理论

2004年,党的十六届三中全会提出了"坚持以人为本"的科学发展观,有学者就专门著文对统筹经济社会发展的利益关系进行了研究。概括起来,主要包括以下内容。

利益关系的协调是统筹经济社会发展的需要。在分析经济社会发展存在的突出矛盾和问题时,有学者提出了"五个失衡",即经济增长与社会事业发展相对失衡、经济增长与收入分配相对失衡、经济增长与扩大就业相对失衡、经济增长与人的全面发展相对失衡、经济增长与体制创新相对失衡。因而,需要在统筹经济社会发展时充分考虑利益协调问题。②

有学者把解决这些问题的思路上升到用马克思主义的世界观、方法论的高度来加以重视,即坚持辩证的思维方式,坚持唯物史观,坚持马克思主义的认识论

---

① 赵雪峰.论市场经济的改革取向与社会公平问题 [J].消费导刊,2008 (8).
② 王伟光.关于统筹经济社会发展的理论思考 [J].求是,2004 (11).

和基本观点等。采取统筹兼顾的方法,促进经济社会和人的全面发展。①

在我国连片特困地区的扶贫开发中,也涉及统筹经济社会发展的各个方面,需要统筹协调好各种利益关系。从某种程度上看,我国新阶段的扶贫开发同科学发展观的"五个统筹"的基本要求是一致的。②

借鉴到扶贫激励机制方面,就是要坚持"以人为本",把贫困群众的利益放在突出位置,在扶贫开发的过程中,实现经济社会与贫困群众的全面发展。同时,也要协调好扶贫主体之间的利益关系,"利益关系是一切社会关系的核心",③ "社会利益及其实现始终具有基础作用",④ 通过利益激励机制调动各类扶贫主体参与扶贫开发的积极性。

2. 和谐利益论与社会利益协调理论

针对和谐社会的构建问题,有学者指出,和谐社会的本质是和谐利益,提出,和谐利益是指社会利益关系处于这样一种状态:在一定的社会经济条件下,利益主体在利益差异和利益矛盾的前提下实现利益均衡和利益共享,各利益主体的活力与创造力竞相迸发,在共同利益不断增进的同时,个别利益也不断得到丰富和发展。⑤ 进一步阐述了其"五层涵义"和"三大构成要素"。和谐利益的"五层涵义"是指:和谐利益与利益矛盾同生共存、和谐利益是相对的、动态的、历史的、具体的。和谐利益的"三大构成要素"包括:丰富的物质财富是利益关系和谐的基础、健全的制度是利益关系和谐的保证、普遍的精神文明是利益关系和谐的前提。⑥

在充分论述了和谐利益的涵义和构成后,学者们对如何实现和谐利益进行了探讨。有学者提出了利益自发和谐的实现路径,也有学者提出了利益人为和谐的路径,⑦ 其中,大多认为,协调利益关系是实现和谐利益的关键。

有学者进一步提出了社会利益理论,指出社会利益即是从社会角度出发与人类活动有关的利益。⑧ 社会利益理论进一步演进为和谐社会的利益协调理论。为了进一步说明如何协调的问题,有学者提出了新时期应处理的十大利益关系问题,即中央与地方的利益关系,国家、企业、个人的利益关系,地区与地区之间的利益关系,工农之间的利益关系,行业与行业之间的利益关系,企业与

---

① 王伟光. 关于统筹经济社会发展的理论思考 [J]. 求是, 2004 (11).
② "五个统筹"是指统筹城乡发展、统筹区域发展、统筹经济社会发展、统筹人与自然和谐发展、统筹国内发展和对外开放,是科学发展观的新要求。
③④ 洪远朋. 中国社会利益关系的系统理论思考 [J]. 探索与争鸣, 2011 (2).
⑤⑥ 陈波,洪远朋,卢晓云. 和谐利益论 [J]. 社会科学研究, 2010 (4).
⑦ 钞小静. 天然和谐,还是人为和谐? 西方经济学家关于经济和谐论争的述评 [J]. 西北大学学报, 2007 (7).
⑧ 洪远朋,高帆. 关于社会利益问题的文献综述 [J]. 社会科学研究, 2008 (2).

企业之间的利益关系，个人与个人之间的利益关系，脑力劳动者与体力劳动者之间的利益关系，要素所有者之间的利益关系，我国与其他国家之间的利益关系。①

以上各种利益关系在我国连片特困地区的扶贫开发中都是客观存在的，如何处理好各利益主体的相互关系至关重要。可见，构建扶贫开发激励机制必须以社会主义和谐社会利益协调理论为基础。

借鉴到激励机制的构建中，也必须处理好相关利益关系。当然，这些利益关系包括经济、政治、文化、社会、生态各方面，其中尤以经济利益为主，恩格斯说过："第一个社会经济关系首先是作为利益表现出来。"② 一切经济关系实质上都是经济利益关系。③ 因而，前面所提及十大利益关系可以表述为"十大经济利益关系"。在我国扶贫激励机制的构建中，应当充分重视利益尤其是经济利益的实现问题。

3. "双重四位一体"利益协调模式

2011 年，有学者提出了"双重四位一体"利益协调模式，他们认为，构建社会主义和谐社会利益协调机制应当遵循"双重四位一体"的模式：社会主义和谐社会的经济利益协调机制主要靠理论界既有的利益协调机制来实现，辅之必要的利益规范机制和利益补偿机制；社会主义和谐社会的政治利益协调机制主要靠利益表达机制来实现，辅之必要的利益补偿机制和利益规范机制；社会主义和谐社会的文化利益协调机制主要靠利益激励规范来实现，辅之必要的利益表达机制和利益补偿机制；社会主义和谐社会的社会利益协调机制主要靠利益补偿机制来实现，辅之必要的利益规范机制和利益表达机制。④ 以上"四位一体"的利益协调机制，⑤ 实际上就是将经济、政治、文化、社会利益协调机制同激励、表达、规范、补偿机制组合配对起来，即构成图 6-1 所示的社会主义和谐社会利益协调机制核心——"双重四位一体"模式。⑥

---

① 洪远朋. 中国社会利益关系的系统理论思考 [J]. 探索与争鸣, 2011 (2).
② 马克思恩格斯全集（第 2 卷）[M]. 人民出版社, 1980: 537.
③ 洪远朋, 谢虹. 资本论与经济利益关系 [J]. 当代经济研究, 2000 (5).
④ 刘佳义. 经济全球化背景下中国政府经济管理模式创新研究 [D]. 湖南大学博士学位论文, 2007: 8.
⑤ 蒋永穆, 纪志耿. 论竞争力视角下社会主义和谐社会利益协调机制 [J]. 综合竞争力, 2010 (7).
⑥ 蒋永穆, 纪志耿. 构建社会主义和谐社会的利益协调机制研究 [J]. 当代经济问题研究, 2008 (2).

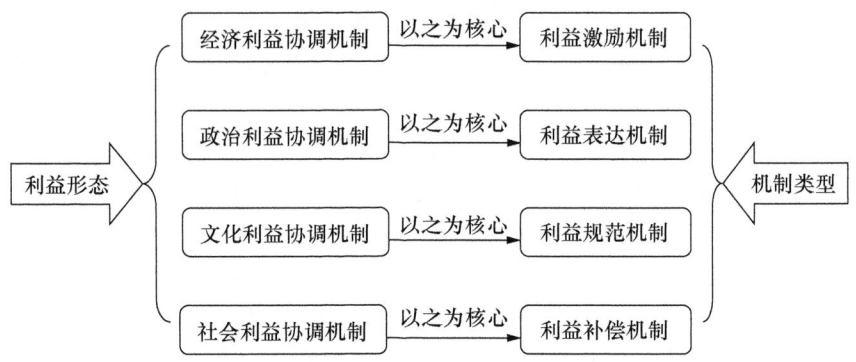

图6-1 社会主义和谐社会利益协调机制中的"双重四位一体"模式①

所谓"双重四位一体"的社会主义和谐社会利益协调机制,就是利益形态上的经济利益协调机制、政治利益协调机制、文化利益协调机制、社会利益协调机制,与机制类型上的利益激励机制、利益表达机制、利益规范机制、利益补偿机制,②各自自成一体而又相互对应,前者以后者为手段加以实现,后者以前者为目标用以指导,由此所形成的互动关系和整体框架就称为"双重四位一体"模式。

根据机制相关含义,我们可以简单探讨一下从利益形态来看的经济利益协调机制、政治利益协调机制、文化利益协调机制、社会利益协调机制,与从机制类型来看的利益激励机制、利益表达机制、利益规范机制、利益补偿机制,之间是如何相互作用,自成一体的。两组"激励机制簇"之间的作用原理如图6-2所示。

通过对第一组"激励机制簇"相互关系的分析可得出,经济利益协调机制为核心,为政治和文化利益的协调提供物质支撑;政治利益是经济利益的集中表现,它将经济利益中出现的矛盾显露出来,并通过表达疏导等方式加以化解;文化利益建立于经济利益和政治利益之上,经济资源和政治资源丰富的社会成员必然拥有较多的文化资源,过着风光而又体面的生活,享受社会的尊崇和羡慕,同时,文化利益又会对经济利益和政治利益产生一定的反作用,健康和理性的消费文化将会使社会各阶层心理得到平衡,使社会秩序更加安定。

---

① 蒋永穆,纪志耿. 社会主义和谐社会的利益机制研究[M]. 北京:经济科学出版社,2011:194.

② 蒋永穆,纪志耿. 论竞争力视角下社会主义和谐社会利益协调机制[J]. 综合竞争力,2010(7).

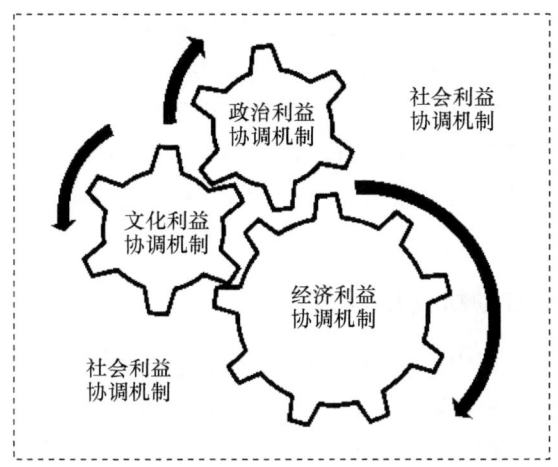

图6-2　经济、政治、文化、社会四大利益协调机制的耦合①

分析了第一组"激励机制簇"之间的相互关系后，学者们又进一步考察利益激励机制、利益表达机制、利益规范机制、利益补偿机制这一组"激励机制簇"之间的作用原理，如图6-3所示。

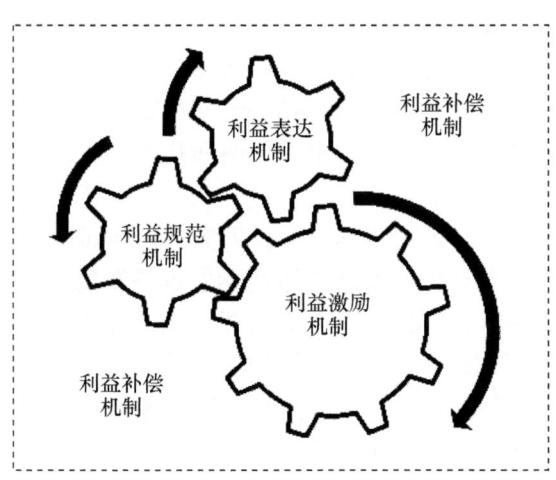

图6-3　激励、表达、规范、补偿四大机制的耦合②

---

①② 蒋永穆，纪志耿. 社会主义和谐社会的利益机制研究[M]. 北京：经济科学出版社，2011：200.

通过对第二组"激励机制簇"之间相互关系的分析可得出,利益激励机制处于中心位置,起到起点公平的作用;利益表达机制和规范机制啮合于利益激励机制之上,起到过程公平、机会公平、规则公平的作用;利益补偿机制环绕于三大机制周围,起到保护弱势群体利益,达到结果公平的作用。

由此可见,利益激励机制在社会主义和谐社会"双重四位一体"利益协调机制中处于中心地位。

二、扶贫开发激励机制的组成

在我国扶贫开发进程中,激励机制是引擎,它直接影响扶贫开发的进程和结果。影响扶贫开发激励机制的因素既有客观因素,也有主观因素。客观因素主要是指生产力的发展,特别是连片特困地区经济的发展;主观因素主要是指扶贫开发过程中涉及的利益主体对扶贫对象的影响作用。扶贫开发激励机制的构成包括激励主体、激励手段与激励客体三部分,它们之间构成了一种动态的配合与传导机制。

1. 激励主体

从客观上分析,连片特困地区扶贫开发激励机制的激励主体应当由个体和群体组成,进一步可细分为政府、个人和组织三类。政府是代表国家行使权力的机构,它需要从维护社会整体利益的角度出发,制定科学的法律、社会、经济、文化等政策,同时施以适当的行政干预;个人是社会的组成细胞,国家利益的体现是通过个人利益达成来实现的;而组织则是国家在实施政策、个人在实现利益的过程中承载生产、生活等社会活动的重要场所和载体。所以,激励机制的实施主体包括政府、组织、个人三者。

本书认为,参与扶贫开发的主体众多,但实施主体同样可分为以上三类,按照激励主体的内涵,扶贫开发的实施主体实际上也是激励主体。《中国农村扶贫开发纲要(2011~2020年)》指出"中央统筹、省负总责、县抓落实的管理体制",实际上明确了各级政府的激励主体地位。《中国农村扶贫开发纲要(2011~2020年)》同时明确了行业扶贫、社会扶贫及社会各界扶贫,包括各类扶贫组织和志愿者,也是组织主体和个人主体的具体表现。

2. 激励手段

与扶贫开发激励机制的三大实施主体相对应,激励机制中的激励手段也可以分为三类:第一类是政府激励手段,其实施主体是国家、政府及其相关组织。国家、政府及其相关组织可以通过行使国家权力和职权,对经济社会发展实施一系列必要的政策和措施,从而协调扶贫主债权间的利益关系。第二类是组织激励手段,其实施主体是各类社会组织。这些囊括了国家机关、科研院所、公司企业以及乡镇村落、居民社区、社团、家庭和隐性社会群落等社会组织,通过在组织范围内行使章程实施管理,在组织与组织之间沟通协作,从而实现其激励手段。第三类是伦理激励手段,是介于有形的政府控制和无形的市场调节之间的"第三方"激励手段,其实施方式主要是以习俗、道德、舆论、信念等为代表的伦理规范行为。

在我国连片特困地区,激励手段可以按照扶贫主体的分类不同进行分析,本书从政府组织、企事业单位、科研机构、行业组织、社会组织和个人等方面的行为入手,把激励手段划分为行政激励手段、组织激励手段、伦理激励手段。

行政激励手段主要包括:经济手段物质激励、行政手段目标激励、法律手段约束激励等。组织激励手段主要包括:组织权威、组织规章和组织文化。伦理激励手段主要包括:道理习俗、价值规范和舆论评价等。

3. 激励客体

激励机制是满足人们利益需要的过程,在这里,需要的内容就成为激励的客体。这既包括马斯洛需求层次理论中的生理、安全、社交、尊重、自我等不同层次的需求,也包括衣、食、住、行、医、学、娱等普通需求。人们为满足这些需求,就必然投入劳动,获取收入,进行交换,进而实现自身的利益需求。

在我国连片特困地区,激励客体包括连片特困地区和贫困农户的政治利益、经济利益、文化利益、社会利益和生态利益"五位一体"的利益集合体。

三、扶贫开发激励机制的基本要求

根据《中国农村扶贫开发纲要(2011~2020年)》及相关扶贫政策,结合现阶段连片特困地区面临的问题和矛盾,作为政府主导下的扶贫开发,本书认为构建扶贫开发激励机制的基本要求可以归纳为缩小贫富差距、尊重扶贫对象主体地位、营造良好的扶贫文化氛围三个方面。

1. 缩小贫富差距

由于各种复杂因素的影响,我国目前出现了贫富差距拉大的问题。由于自然、社会、历史和现实诸多因素的长期综合作用,贫困地区贫困群众与发达地区富裕群众的贫富差距日益扩大,影响和谐社会建设。当今社会不和谐因素归根结底产生于利益之争,尤其是各阶层、各群体由于收入分配不均而产生的经济利益之争,所以,在构建激励机制时应十分注重利益分配的公平问题,缩小收入分配差距、注重社会公正。

2. 尊重扶贫对象主体地位

合理的激励机制有利于激发社会成员的创造活力。事实证明,激励机制不合理会造成社会成员情绪低落、工作积极性下降;而公正合理的激励机制则有利于激发社会成员的创造活力和创新才能，使整个经济充满活力。

尊重扶贫对象就是要发挥其积极主动性。扶贫对象是社会生产力的主体，他们的精神状态和积极性状况决定其所从事的事业的发展质量和速度，决定社会历史的进程。如果在扶贫开发中出现了令扶贫对象极不满意的现象，贫困群众在扶贫开发中不能得到应该得到的实惠，扶贫就不可能得到他们的有力支持和帮助，难以顺利地扶贫开发下去。所以，从这个角度上说，激励机制与社会成员的创造活力是息息相关的。

尊重扶贫对象还表现在关注其合理诉求方面。连片特困地区扶贫开发发展不平衡、利益协调不顺畅和贫困群众的积极性不高的一个重要原因是普通民众的诉求表达机制不顺畅，怨言得不到申诉，意见得不到反映，积累到一定程度时必然以上访、示威、游行和大规模群体性事件的形式爆发，所以，构建激励机制必须把"诉求表达顺畅"纳入到要求中来，只有给老百姓一个表达意见的机会，利益矛盾和利益冲突才能被化解在基层，整个扶贫开发工作才能协调有序运行。

3. 营造良好的扶贫文化氛围

我国实施连片特困地区扶贫开发的目的不仅是创造丰富的物质产品和物质享受，更为重要的是实现贫困地区群众精神面貌和文化生活的提升，"仓廪实而知礼节、衣食足则知荣辱"，人们在物质生活得到满足后，必然会追求更高更好的文化产品和精神享受，某些时期这些精神文化层面的东西甚至会对物质产品的创造产生巨大的推动力，所以，"精神文化高尚"也应纳入社会主义激励机制要求中来。

四、扶贫开发激励机制的主要特点

扶贫开发激励机制在发挥作用过程中，除了具有与其他激励机制相关的特性外，还具有以下几个方面的特点：利益相关性、竞争性、物质激励与精神激励相结合性。

1. 利益相关性

激励总是同一定利益相关的，从某种程度上讲，激励机制就是利益机制。在连片特困地区扶贫开发过程中，每一个激励客体都十分关注自己的利益，当激励要素投入时，被激励者首先考虑的是更高层次的利益需要，这是一种正激励的愿望。当然，有时也可能事与愿违，"如果不努力工作，就会被降低到更低一级层次的需求"，① 这就可能是一种负激励，也是与利益相关的。因而，无论是正激励还是负激励，都是与利益相关的。

---

① 申喜连. 论行政机关对企业激励机制的借鉴 [J]. 湖南社会科学, 2004 (3).

2. 竞争性

在激励机制中，作为激励客体的人们需要的满足程度是众多的，也是多样的和充满竞争的。在连片特困地区推进扶贫开发的过程中，用于扶贫的各种资源和利益是有限的，发展也是不平衡的，激励客体所面临的竞争环境是激烈而残酷的，如同逆水行舟，不进则退。

3. 物质激励与精神激励结合性

从贫困地区的发展实际来看，适当提高物质激励的比重十分必要。因为必须首先承认各类人力资源作为普通人的基本利益需求，才能有效地调动这些人力资源。[1] 但这并不意味着调动人的积极性就完全依靠物质激励，毕竟物质激励的手段和效果是有限的，还需要辅之以精神激励。有效的精神激励能更好地调动个体积极性，更有效地提高组织效率。要找到物质激励与精神激励的结合点，将各方的利益实现与工作业绩紧密联系，完善相关的考核制度，从而实现能力本位与道德本位的平衡。

第三节 连片特困地区扶贫开发激励机制的实现路径

马克思主义认为，生产力决定生产关系，而生产关系所发挥的效应会反作用于生产力；经济基础决定上层建筑，上层建筑又会反作用于经济基础。利益关系从属于生产关系，并且是生产关系中最核心、最本质的部分，由生产力的发展所决定。因此，连片特困地区的扶贫开发机制可以从以下几方面来构建。

一、构建科学的政绩考核制度

地方政府政绩考核仍以经济发展各项指标为主，政府资源大量投入到经济建设领域中，并且集中到能够体现政绩、增加政治资本的项目。农村扶贫项目往往被忽视，敷衍了之。要想改变这种格局就必须对政绩考核制度进行改革。一是科学制定政绩考核指标体系。要改变经济指标一家独大的考核方式，加大对社会民生、公共服务、环境保护等非经济指标的考核力度，对连片特困地区而言，可根据不同片区的主体功能定位，实行差别化考核。习近平总书记2013年11月3日至5日在湖南考察时强调，要全面认识持续健康发展和生产总值增长的关系，防止一味以生产总值论英雄。[2] 二是改变自上而下的考核方式，实行360°考核测评

---

[1] 申喜连. 试论行政组织激励机制向企业组织激励机制的借鉴 [J]. 中国行政管理, 2011 (11).
[2] 防止把发展简单化为增加生产总值 [N]. 新华每日电讯, 2013-11-06.

法，在考核过程中要有上级、平级和下级等多方面的人员参与，考核结果也更加公正、客观。对扶贫工作的考核，应引入贫困农民的评价，并在考核权重上予以倾斜。考核的对象除政府外，还应加入社会组织，避免出现有事无度、有权无责的现象。三是要打破地方保护主义和特权思想。连片特困地区绝大多数跨省，扶贫参与主体分布较广，在考核中一定要打破地方保护主义思想，实行交叉考核。同时，要打破部门的特权思想，从我国行政体制的实际来看，极少数部门权力过大，部分干部职工特权思想、衙门作风较重，要坚决避免，以切实认清"四风"之害，① 应让大量弱势部门（又称"冷衙门"）及其干部职工参与到扶贫考核中去，增加他们的话语权，发挥其参与扶贫的积极性和主动性。

二、注重发挥其他组织的功能

其他组织主要指非政府组织。在我国，非政府组织发展相对滞后，很多组织还带有很强的政治性和经营性，在管理上缺乏有效的监督制约，发挥的社会效力还很有限。但是，正是因为差距的存在，其提升的空间还很大。非政府组织作为联系政府和贫困农民之间的一条纽带，其作用十分明显：一是能吸纳农民自身的参与，从而更好地贴近农村实际，服务农民，发挥作用；二是由非政府组织实施项目或资金运行过程中，既有政府的监管，又有农民的监督，能够有效降低扶贫开发工程出现的偏差，减少资金运行不当和贪污、腐败等衍生问题。

三、发挥扶贫对象的积极主动性

大力发扬"宁愿苦干，不愿苦熬"的扶贫开发精神，进一步激发连片特困地区广大基层干部群众与贫困农民的热情，提振脱贫致富的信心。尊重连片特困地区和扶贫对象的主体地位，提高他们的自我管理水平和发展能力，充分发挥其主动性和创造性，鼓励他们自立自强、尽快实现脱贫致富。

第四节 激励机制创新实践：广西大化县开发扶贫个案分析

位于广西大化县西北部的七百弄乡是滇桂黔石漠化片区的重灾区。七百弄乡缺水缺土，连灌木都难以生长。长期以来，七百弄乡的农民只能在石缝中抠出泥土种庄稼，几座山围成的漏斗形洼地成为他们生存的唯一依靠。

---

① "四风"是指形式主义、官僚主义、享乐主义、奢靡之风。

群山围成的洼地被称作"弄",七百弄其实有一千多个这样的"弄"。素有"九分石头一分土"之称的"七百弄"一直是广西贫困山区的代名词。生活在大化县山区的八万人,人均只有三分耕地,而且土地贫瘠。① 但是,现在的情况发生了变化,该县十分注重激发老百姓的积极主动性,变"扶贫开发"为"开发扶贫",帮助老百姓自主探寻致富路。

近年来,大化县着力布局"一带三区"生态农业发展格局,以"公司+合作社+农户"的模式运作,基本覆盖了全县所有农村贫困人口。按照规划,红水河两大库区将建成无公害淡水养殖带,南部将建成以甘蔗种植、果蔬生产等为主的生态农业种植区,中部将建成标准化生猪养殖区,西北部大石山区将形成以种植核桃等特色作物为主的特色农业种植区。

为吸引投资,大化县出台了农业产业化扶持政策,政策规定,对于符合"一带三区"发展格局并达到一定条件的投资者,给予适当补助和奖励,最高总额达170万元。大化县在引进企业时主要考察的标准是:最好的技术、雄厚的资金和畅通的销售。据初步测算,一块钱的奖励能拉动八块钱的投资,并且形成每年十块钱左右的产出。目前,大化县已经引进了广西善源、美国艾格菲等国内外大型企业。

为了更好地推进新农村建设、落实产业化扶贫政策,大化县实施"整村扶贫开发"的一系列重要举措,将其作为重要切入点。目前,首批22个"整村扶贫开发"的村正在建设,预计在"十二五"期间该县将完成43个村的"整村扶贫开发"建设工作。

列入"整村扶贫开发"规划的村将引进至少一个致富项目,为提高资金使用效率,扶贫资金将主要用于"整村扶贫开发"的贫困村建设。与此同时,为了让每个村都能找到合适的致富项目,2012年,大化县选派了158名得力干部到基层担任"第一书记",基本实现了行政村(社区)驻村"第一书记"全覆盖。贡川乡红柳村的"第一书记"卓广云说:"不管信息技术有多发达,还是面对面的交流最有效!"②

在全面建成小康社会的进程中,谁也不能缺位。生活在石漠化地区的人们,是小康社会的建设者,也应该是小康社会的受益者。没有他们的小康,就不是全面的小康。这种尊重扶贫对象主体地位,激励其自我发展,变"扶贫开发"为"开发扶贫",让扶贫对象的角色也发生了改变,从"要我干"到"我要干",进而不断增强其自我发展能力的重要举措值得借鉴。

---

①② 周洪双,刘昆. 变"扶贫开发"为"开发扶贫"[N]. 光明日报,2013-01-17.

第七章

中国连片特困地区扶贫开发的调控机制

扶贫开发过程中的调控机制是指为实现扶贫开发目标，运用一系列手段调节控制扶贫开发及其发挥作用的机理。本书所论述的调控机制是一种政府经济行为，是指政府在扶贫开发环境变化时所做出的一系列反应以及政府控制、管理和指导本地扶贫开发工作的能力。政府调控合理与否，对当地扶贫开发工作及当地经济发展影响巨大。

第一节 建立完善连片特困地区扶贫开发调控机制的必要性

扶贫开发是政府的重要职责之一，也是全社会的共同责任。政府在扶贫开发中起主导作用，对促进贫困地区经济增长，加快农民脱贫致富进程发挥了重要作用，做出了巨大的贡献，这与政府在扶贫开发过程中加强宏观调控的举措是分不开的。完善和发展有效的调控机制对于连片特困地区的扶贫开发工作十分必要。

一、合理利用扶贫资金和资源的需要

改革开放 30 多年来的实践证明，我国用于扶贫开发的资金和资源是十分有限的，有些富裕的地方也有可能抢占这些有限的扶贫资源。在连片特困地区扶贫开发的过程中，由于片区基本上是跨省（自治区、直辖市）、跨市（州、自治州、盟）、跨县（县级市、自治县、旗、市辖区）的，片区内的资金和资源统筹安排要靠相应级别政府的统一调控才能得到有效保障。加之由于扶贫资金的投入在一定时间内固定在某一个地区，容易滋生一些地方"等、靠、要"的惰性思想。[1] 因而，在扶贫资金和资源的投入方面，政府的宏观调控十分必要。

---

[1] 洪名勇. 我国贫困地区开发扶贫机制探讨——基于贵州省的分析 [J]. 农业现代化研究，2009 (3).

二、顺利推进连片特困地区扶贫开发的需要

前文已谈到,调控机制的构建主要是为了保证运行机制畅通,实际上是为了保证我国连片特困地区扶贫开发的顺利推进。由于受到长期传统的计划经济体制的影响,我国贫困地区政府在向市场体制转型过程中往往难以适应,其行为有诸多不合理的地方,包括贫困地区政府的短期行为、上级政府的随机干预行为和贫困地区的封闭行为等。以上三种行为可能不能概括所有贫困地区政府的不合理行为,并且这些行为不是贫困地区所特有的,非贫困地区也同样存在。但这些不合理的行为阻碍了连片特困地区扶贫开发的顺利推进,在贫困地区产生的后果和影响很严重,应该引起各方的关注。因而,完善和发展调控机制十分必要。

三、完善和发展社会主义市场经济体制的需要

党的十四大明确指出,我国社会主义经济体制改革的目标是建立社会主义市场经济体制,① 要使市场在国家宏观调控下对资源配置起基础性作用,党的十七大提出"从制度上更好地发挥市场在资源配置中的基础性作用",这是由我国社会主义初级阶段的基本国情决定的。经过多年努力,我国目前已逐步建立起了较为完备的社会主义市场经济体制,并且还在进一步完善和发展中。2013年11月,党的十八届三中全会提出,要使市场在资源配置中起决定性作用。在社会主义市场经济条件下,我国的扶贫开发也应当与之相适应,尤其是连片特困地区的扶贫开发应积极适应市场对资源配置起决定性作用这一方式,如在完善和发展的农村市场体系方面,应加强统一规划布局。从某种程度上讲,我国连片特困地区扶贫开发的调控机制是为适应市场经济的环境和要求构建的。

第二节 连片特困地区扶贫开发调控机制的主要内容

我国的扶贫开发阶段性基本经验表明,有无科学规范的调控机制,关系到扶贫开发的进程、结果和质量。扶贫开发调控机制的主体是国家和政府及其组织。在我国,国家和政府及其组织根据自身职能和职责,通过采取一系列经济、行政和法律的调控手段,整合扶贫开发资源,调动各种积极因素,推动扶贫开发攻坚,确保连片特困地区扶贫攻坚计划的顺利实现。

---

① 郝建让. 社会主义市场经济体制下的环境法制建设 [J]. 中国环境管理, 1993 (3).

一、调控机制的构成与基本手段

根据相关学者的论述,结合实际,本书认为,扶贫开发的调控机制主要由五部分构成:需求预测系统、组织系统、动力系统、信息系统以及调控的方式和手段。

调控预测系统可以通过需求预测,进一步了解扶贫开发过程中扶贫资源需求的数量和结构以及可能发生的与扶贫有关的情况,是扶贫开发调控机制的起点。关于调控的组织系统将在后面的组织机制中进行专门论述,这里不再赘述。调控的动力系统本书已在前面的激励机制中进行了专门论述,这里没必要再进行详细论述。调控的信息系统实际上贯穿于整个调控的全过程,是关于信息化建设的科学领域,本书没有就此进行专门研究。调控的手段和方式,实际上是制约扶贫开发进度的各种杠杆,包括经济、行政、法律手段以及其他各种混合手段等,这是本书研究的重点。

1. 经济调控

我国是社会主义市场经济国家,国家在调控过程中要适应市场经济发展的需要,结合经济和社会发展中出现的一些新情况,采取经济调控的方式来推动连片特困地区的扶贫开发。具体来讲,经济调控的措施包括财政政策、货币政策、税收、价格杠杆等经济手段,同时引入竞争机制,调节调控客体之间的经济利益关系。

2. 行政调控

行政调控是强制调控,是调控主体运用行政权力来贯彻国家意志。① 行政调控带有行政命令色彩,它主要在行政组织系统内发挥作用,通过一系列行政强制手段,如指示、命令、领导责任制以及各种规章制度等,来统一领导、指挥扶贫开发工作。在连片特困地区,涉及地区之间的统筹协调,往往都是由其共同上级行政组织来组织协调,运用一系列行政手段,来统一协调片区内的扶贫开发活动。

3. 法律调控

我国是社会主义法治国家,经过多年来的法制宣传教育活动和司法实践,依法治国的理念已深入人心。新中国成立以来,我国的法律体系在不断完善,在扶贫开发领域也同样如此。同样,法律调控也是调控主体在调整各类利益关系时常用的手段,有时还是根本手段。② 我国实施大规模的扶贫开发战略后,国家先后

---

① 顾建一. 国民动员调控机制的构成与优化 [J]. 军事经济研究,1995 (12).
② 武汉市民族事务委员会专题调研小组. 武汉市构建城市和谐民族关系调控机制的报告 [J]. 民族研究,2001 (6).

出台了一系列关于扶贫开发方面的法律法规，彰显了国家法律调控的权威。如1997年颁布实施的《国家扶贫资金管理办法》、2002年颁布实施的《国家扶贫开发工作重点县管理办法》等，为有效地调控扶贫开发工作提供了法律依据。

二、调控机制的基本要求

新时期有效推进扶贫开发是为了更好地实现全面建成小康社会的目标，为了加强扶贫开发的针对性和有效性，必须完善和发展科学的调控机制。从调控机制的构成和内容分析，本书认为，调控机制的基本要求包括：科学高效、重视利益、强制实施等。

1. 科学高效

作为调控机制必须遵循的基本原则，"科学高效"在连片特困地区扶贫开发中显得尤其重要。这是因为连片特困地区的扶贫开发是一个巨大复杂的社会系统工程，涉及面广，政策性强，关乎民生，十分重要。在推进过程中，要保证一个片区、一个贫困基本单位扶贫开发工作迅即展开，任务十分艰巨，难度很大。这就要求在既定的目标范围内，健全机构、落实措施、强化手段、畅通渠道，确保高效运行。另外，科学高效还体现在反应灵敏、快速有序，结构合理、密切协作等方面。

2. 重视利益

重视利益是调控机制的目标任务要求。在社会主义市场经济条件下，人们所创造的一切财富，都是同一定的利益相关联的。在连片特困地区扶贫开发中，最终目标是为了让贫困农民尽快脱贫致富，还是与利益相关的。对于参与扶贫开发的扶贫主体来说，除了政府及其组织、公益性组织外，大多数参与扶贫的主体都是与实现其一定的利益息息相关。因而，无论从哪个方面来讲，连片特困地区的调控要重视市场主体的利益，运用好利益调节机制。

3. 强制实施

虽然在市场经济条件下，资源配置以价格为信号，① 要求按经济规律办事，但市场对资源进行基础性配置或起决定性作用的时候难免有失灵的情况。因而在调控时应当引入政府行政手段，进行强制实施。连片特困地区的资源配置主要着眼于贫困地区和贫困人口尽快脱贫致富的需要，这种需要不完全是通过市场来反映的，扶贫资源的配置也不完全按市场自发调节，即使市场对资源配置起决定性作用，也应当充分发挥政府和社会的作用。因而，从某种意义上讲，连片特困地区的扶贫开发是国家意志的体现，有时只能由国家采取相应的措施强制实施。

---

① 顾建一. 国民动员调控机制的构成与优化 [J]. 军事经济研究，1995 (12).

三、调控机制的主要特点

连片特困地区的扶贫开发跨省交界面积大、少数民族人口多、贫困人口分布广。因而,新形势下的调控机制具有以下新特点。

1. 涉及面广

调控机制本身就涉及面广,加之连片特困地区的扶贫开发是一个复杂巨大的社会系统工程,因而更具广泛性。从地域上讲,涉及跨省(自治区、直辖市)、跨市(州、自治州、盟)、跨县(县级市、自治县、旗、市辖区)等跨地区;从民族上讲,涉及各少数民族聚集区;从人口上讲,涉及贫困人口和非贫困人口;从扶贫内容上讲,涉及基础设施建设、产业发展、民生改善等各领域,涵盖了政治、经济、文化、教育等方方面面。

加之片区内地区之间的差异性、贫困人口之间的差异性以及民族之间的差异性,自然资源禀赋差异、历史原因、风俗习惯和民族原因等因素交织在一起,因而,连片特困地区的调控机制具有涉及面广的特点。[①]

2. 方式多样

调控系统各组织之间、调控对象之间以及调控主客体之间容易产生一系列问题,如部门之间利益的协调等,同样,连片特困地区内部贫困地区之间、民族之间、贫困人口之间容易产生各种各样的问题,如民族之间纠纷、扶贫基本单位之间矛盾等,表现形式多种多样。在连片特困地区的扶贫开发进程中,扶贫主体间、扶贫受体间以及相互之间的关系较为复杂,表现在利益方面也是形式多样,处理不好,容易产生一系列不必要的麻烦。这就对调控机制提出了更高的要求,需要采取各种各样的方式,有效进行调控,针对不同的问题必须采取相应的调控措施等。

3. 效应互动

连片特困地区内地区之间、民族之间、扶贫基本单位之间以及贫困人口之间的联系十分紧密、关系十分密切,调控措施直接影响到扶贫开发的进展、质量和效果。调控得好则有利于扶贫开发的顺利推进,调控得不好则可能阻碍当地经济社会的发展。因而,建立一种良性的、效应互动的片区扶贫利益协调关系十分重要。从调控机制的角度来看,更多体现在调控各类客体之间建立起一种效应互动的密切关系,从而有效推进扶贫开发工作。

4. 功能示范

由于连片特困地区的特殊性质和地位,有着一体化的公共资源,实施一体化

---

① 林钧昌. 城市化进程中的城市民族问题研究 [D]. 中央民族大学博士学位论文,2005:2.

的发展模式，因此，连片特困地区对周边地区，对其他地区，甚至对海外都具有很强的辐射作用。有学者提出，在城市构建和谐民族关系的调控机制问题，提出了功能示范的特点。本书认为，同城市构建和谐民族关系的调控机制一样，连片特困地区内和谐的民族关系、人际关系、发展关系等，对周边地区、其他地区有着良好的示范性。①

第三节 连片特困地区扶贫开发调控机制的实现路径

新形势下连片特困地区的发展难免遇到各种各样复杂的问题和矛盾，这是客观存在的，而且表现形式多样，但这些问题和矛盾可以归纳为对立统一的矛盾性。

依据社会控制等有关理论，本书认为，结合新时期、新阶段、新要求下扶贫开发的实际，着力构建"一个系统、三大利器"的调控机制，"一个系统"是指完善和发展连片特困地区贫困人口基本信息系统，"三大利器"分别是指加强扶贫资金的投入使用和监督管理、整合连片特困地区扶贫资源、在统筹城乡发展中转变贫困农民身份。

一、完善和发展连片特困地区贫困人口基本信息系统

新时期、新阶段、新要求下，扶贫开发的主要目标是解决扶贫对象温饱，尽快实现脱贫致富，减少贫困人口，巩固温饱成果，要做到这一点，就要加强基础性工作。为了切实把握贫困状况，做到有的放矢，真扶贫，扶真贫，在前一阶段连续对绝对贫困人口实行"簿、册、卡"动态登记管理的基础上，进一步加强信息化建设步伐。完善建档立卡，对1.22亿贫困人口的基本信息进行登记，贫困农户名单的确定要采取参与式方法，张榜公布，确保公正。通过细致的基础工作，力争做到户有卡、村有册、乡有簿、县有微机管理，强化对贫困农户的动态管理。②

按照《中国农村扶贫开发纲要（2011~2020年）》的要求，我国扶贫开发以片为重点，工作到村，扶贫到户。在卡造册过程中，可以分片区建立信息平台。同时，在到村到户的扶贫工作中，可结合全国公安机关正准备开始实行的公民身份指纹采集工作一并进行相关信息的收集。为了完善和发展连片特困地区的贫困

---

① 武汉市民族事务委员会专题调研小组. 武汉市构建城市和谐民族关系调控机制的报告[J]. 民族研究，2001（6）.

② 龚冰. 中国新阶段农村扶贫开发的主要策略与效果评价[J]. 学术论坛，2007（11）.

人口基本信息系统，有下面两项基础性的工作要做。

1. 适时调整人口贫困线

前面已经提到，我国采用综合标准来确定贫困人口，尽管 2011 年中央决定将农村人均纯收入 2300 元（2010 年不变价）作为新的国家扶贫标准，这个标准比 2009 年提高了 92%，但我国的人口贫困线较低的事实是客观存在的。研究者们提出了三种提高的方法：第一是参照国际标准，即以每人每天生活消费不低于 1 美元为标准。也就是说全年消费不低于 365 美元，相当于 2500 元人民币左右，这个贫困标准有点高。第二是以农村人口的 20% 为标准，收入水平处于后 20% 范围之内的为贫困人口，这也是一个庞大的数字。第三种方法是以农村人均收入的 50%~60% 为标准，低于 50% 或 60% 的为贫困人口，这个数据依然庞大。因此，这三种方法都不太适合我国的实际情况。

还有一种比较流行的方法就是在现有的贫困线之上加上一定的金额①。笔者认为这是一种可行的办法，关键不在于要确定一个多大的金额，而在于要提高标准。而且笔者认为也不应该在全国推行统一的贫困标准。诚如阿玛蒂亚·森所言："那种在一个给定的社会中，存在着一个一致性的贫困线的假设是对事实的歪曲。"②

每个连片特困地区应该根据其发展程度确定本片区范围内的贫困标准，这样能够更好地与物价的浮动和消费水平挂钩。提高贫困标准，从技术角度而言能使扶贫更容易瞄准贫困者，还可以稳定贫困人口，防止脆弱性的脱贫人口返贫。

提高贫困标准首先要把所有低收入人口包括在内，使他们摆脱低水平的温饱状态，通过稳定地提供资金和资源扶持保持他们生产和创造的积极性。

当然，提高贫困标准会遇到两个挑战：其一是国家财力的挑战；其二是原有绝对贫困人口的挑战。这就要求我们在提高新标准时，要充分考虑到所要求增加的资金我国财政是可以承受的。另外，新的标准并不意味着放弃原来的绝对贫困人口。提高贫困标准的目的是更好地改变所有可能或者已经处于贫困状态的人群的生存状况。改变的只是贫困标准，而不是扶贫过程中的各种政策优惠。而且，绝对贫困人口数量的增加也能够使国家从各个不同的角度来思考贫困，区分出各类人群产生贫困的原因，并有针对性地采取扶贫措施。正如有的学者所言，制定贫困线新标准后，可能会导致贫困人口数量上升，但这不仅不是我国扶贫开发事

---

① 李兰芝. 我国西部山区农村贫困成因的政治经济学分析 [J]. 西部发展评论, 2005 (2). 李芝兰认为：全国统一贫困标准 = 现行绝对贫困标准 + 自然灾害造成的风险因素 + 文化教育费 + 医疗保健费 = 637 + (28.3% ×637) + 137.4 + 69.5 = 1024.17（元）. 刘玉森. 新时期中国农村贫困标准之我见 [J]. 农村经济, 2003 (7). 刘玉森等把提高食品质量、改善衣住条件、增加医疗费支出和增加教育经费支出而增加的费用计算在内，以河北省六个县为测算项，得出 1020 元；同时还以食品消费占生活消费的 60% 作为贫困标准推算出 1042 元。因此，贫困标准应在 1020~1042 元之间。两个标准相差无几，应该可做借鉴。

② 阿玛蒂亚·森. 贫困与饥荒——论权利与剥夺 [M]. 北京：商务印书馆, 2001：41.

业出现的反复和挫折,反而显示出我国的反贫困事业正走向新的更高阶段。①

提高扶贫标准可以考虑连片特困地区实际情况,由于各地发展不平衡,经济发达地区可根据自身实际和能力确定更高的本地扶贫标准,连片特困地区可以根据片区实际情况,按照国家有关政策和贫困线的标准,划定片区扶贫标准。适时调整人口贫困线,把更多低收入人口纳入扶贫范围,这是社会发展的进步,是扶贫力度加大的重要措施。

2. 建立贫困人口档案和连片特困地区档案

规范确切的贫困人口档案和连片特困地区档案是一项基础性工程,有利于国家政府部门及相关组织确切掌握连片特困地区的基本情况,特别是有关贫困的基本情况,为进一步制定完善相应扶贫政策措施提供参考。

事实上,我国部分连片特困地区很早就已开始为贫困人口建立档案,只是还没有全面推广,或者是流于形式,没有真正发挥其应有的功能和作用。随着扶贫开发的不断深入,完善和发展贫困人口档案系统的工作已十分迫切。

在完善和发展贫困人口档案系统的同时,本书认为,建立连片特困地区档案也十分必要,这样有利于片区的统筹协调,实行动态监测,对整个连片特困地区扶贫开发的进展情况实行动态掌握。

二、加强对扶贫资金的投入管理和监督评估

近年来,我国基本上形成了一个调控连片特困地区扶贫的工作网络,为加强对连片特困地区扶贫的调控奠定了扎实的组织基础。但在扶贫资金的使用管理上还存在一些漏洞,需要进一步完善。

1. 扶贫资金瞄准从片到户要精准

做好新阶段的扶贫开发工作,需要在扶贫资金瞄准的精度上下功夫。《中国农村扶贫开发纲要(2011~2020年)》明确了"片为重点,工作到村,扶贫到户"的思路,实际上也是扶贫资金瞄准"从面到点、从片到户、最终落实到贫困人口"这一聚焦的思路,是同扶贫瞄准理论相一致的。

一般来讲,我国中央政府的扶贫资金主要有三种形式:财政扶贫资金、以工代赈资金和贴息贷款。因而,在调控扶贫资金的投入使用上,主要是对这三种形式的资金的投入使用。相关统计显示,近30多年来,随着国家财力的增强,中国政府安排的专项扶贫投入不断增加,其中,贴息贷款一直占有较大比重,而且有继续增大的趋势;而以工代赈资金的投入较之前一阶段的投入有所上升,但不

---

① 卢锋. 中国:探讨第二代农村反贫困策略——北京大学中国经济研究中心与世界银行研究院"扶贫与发展"系列研讨会述评[EB/OL]. 北京大学中国经济研究中心网站,"讨论稿系列(Working Paper Series)", 2004 (6).

稳定；发展基金的投入到了前一阶段后期有所上升，并且有继续上升的趋势。

中央要求国家各项扶贫资金必须以贫困乡、村、户作为资金投放、项目实施和受益的对象。① 从我国连片特困地区的实际情况来看，实际上国家重点扶持的贫困县绝大多数分布在14个集中连片地区，所以这种投放也是先从片开始的，再到县、乡、村，最后精准到贫困农户上。

在前几个扶贫阶段的扶贫资金投入过程中，存在瞄准精度不够、贫困地区和贫困人口漏出的情况，主要有"规则导致的漏出"和"不合规则的漏出"两种情况。"规则导致的漏出"主要是指贫困线、贫困县和贫困村等制度导致的，实际贫困人口远离国家扶贫资金和资源。比如，我国的贫困线较低，仅相当于国际公认贫困标准的2/3。虽然国家的扶贫政策把低收入人口也涵盖在内，但还是与国际公认贫困标准有较大差距。在低标准贫困线的约束下，许多实际的贫困人口就没有获得国家扶贫资金和资源的资格。② 再比如，尽管2001年我国确定了14.8万个贫困村，并且明确了扶贫到村的政策措施，但这也仅仅只覆盖了全国80%左右的农村贫困人口，漏出率也是很高的。同时，还有一些"不合规则漏出"，主要表现在项目建设中贫困农户的漏出、信贷资金发放中贫困农户的漏出等，还包括贫困村、贫困农户对资金的需求未能满足等。这些都是扶贫资金投入时要充分考虑的因素，把工作重点放在创新和完善扶贫开发的调控机制上来。③

2. 扶贫监管评估立体措施要到位

为了保证扶贫资金瞄准的质量和效果，强化扶贫监管评估措施是十分必要的。在扶贫开发的前几个阶段中，我国形成了比较完备的监管评估体系，包括来自政府行政监督、扶贫组织系统内部的监督以及专业部门的评估等，但随着经济社会的不断深入发展，也出现了一些新问题，如前所述，有些地方还存在着扶贫资金偏离或漏出的情况，影响到扶贫的质量和效果，因而必须进一步加强监督管理，搞好评估督导。

本书认为，新阶段的扶贫资金监管评估体系应当是立体的，应当发挥社会监督的作用，充分发挥基层组织和贫困群众的监督作用，包括舆论监督等，形成一个立体的监管网络，从而保证扶贫资金分配、管理和使用的各个环节公开透明。④

事实上，中国政府也十分重视对扶贫资金项目的监管。2013年10月，国务院召开相关会议，进一步重申了相关要求。会议指出，扶贫资金是贫困群众的"保命钱"和减贫脱贫的"助推剂"，对加快贫困地区发展、改善贫困人口基本

---

① 国家扶贫资金管理办法 [EB/OL]. 国务院扶贫办网站，http: //www.cpad.gov.cn/，2006 - 03 - 03.
② 王国良. 中国扶贫政策——趋势与挑战 [C]. 北京：社会科学文献出版社，2005：93.
③ 樊彩英. 关于创新扶贫开发机制的几点思考 [J]. 山西农经，2006 (2).
④ 樊彩英. 加强扶贫资金项目管理提高扶贫开发投入效益 [J]. 山西农经，2005 (3).

生产生活条件,发挥了积极作用。但近期审计发现了一些地方扶贫等保民生资金存在虚报冒领、挤占挪用、滞留沉淀和监管弱化等问题,值得警醒。①

另外,在强化监管措施的同时,要由专门的组织机构对扶贫资金的投放与利用进行评估。在依靠专门组织对扶贫资金的投放与利用进行评估的同时,也应充分发挥贫困农民、贫困农民自己的组织和非政府组织等各个主体的积极作用。

三、整合连片特困地区的扶贫资源

新阶段的扶贫开发把连片特困地区作为主战场,更加注重整合各类资源加快推进扶贫开发。国内外反贫困的成功经验表明,扶贫资源的有效整合有利于扶贫开发效率的提高,如贫困地区物质资本与社会资本的整合、扶贫政策与扶贫资金的整合、国内外扶贫资源的整合等,均有利于提高扶贫开发的效率。然而,我国目前的反贫困治理在扶贫资源整合方面还存在诸多问题,如投资、财政、税收、金融和产业等各种政策难以相互配合,反贫困政策体系中财政政策运用得较多而其他政策明显不足;扶贫项目资金平均主义分配现象突出,导致扶贫资金使用分散、项目配置不切实际、重点不突出、到户率低,加之扶贫资金来源庞杂、多头林立的资金管理体制使扶贫资金利用率低下等;国内外扶贫资源投入缺乏统一协调和管理监督,各行其是,导致资源利用率不高;贫困地区特有的社会资本不能得到合理的引导和运用,在贫困治理过程中往往被忽视等。②

我国连片特困地区主要集中在中西部地区,如吕梁山黄土残垣沟壑区和晋北高寒冷凉区等片区,自然条件恶劣、社会资源匮乏、经济发展后劲不足等,③ 加之有些地区生态环境脆弱、基础设施落后以及文化程度较低等,严重制约了当地扶贫开发的进程。这些贫困落后地区的发展存在很大问题和困难,在扶贫开发过程中,要整合各类扶贫力量,统筹各类社会资源,下大力气加快推进扶贫攻坚。

四、在统筹城乡发展中转变贫困农民身份

我国城乡"二元经济"结构制度和长期存在的二元户籍制度,使得城市经济以现代化的大工业生产为主,而农村经济以典型的小农经济为主,城乡的道路、通信、卫生和教育等基础设施差距太大,二元户籍制度更是把全国占绝大部分的农村人口禁锢在农村地区,制约了农村剩余劳动力的转移,导致了农民的贫困和农村的落后。要保障我国贫困农民脱贫致富,生活宽裕,必须在加快农村城镇化和非农化过程中,为农民在市场经济条件下的充分竞争提供公平的平台,减

---

① 国务院召开常务会议研究强化扶贫资金监管 [N]. 新华每日电讯,2013 – 10 – 09.
② 成卓. 中国农村贫困人口发展问题研究 [D]. 西南财经大学博士学位论文,2009:5.
③ 樊彩英. 关于创新扶贫开发机制的几点思考 [J]. 山西农经,2006 (2).

少农产品与工业品之间的"剪刀差",同时放宽户籍制度的限制,构建城乡一体化的制度体系,逐步缩减城市和农村之间的差距,从而使农村的基础设施得以完善,促进生产发展;在制度上保证农民在城市里不会受到歧视和不公正待遇(如拖欠工资、儿童入学、医疗事故等),让农民可以在城市里扎根,在城乡之间自由流动,保障农民从事城市务工的同时可以兼顾种植业。

城乡对立和由此形成的巨大差别,造成了多数人生活的困难和社会的矛盾,并束缚了社会的进一步发展,是非常明显的利益不协调现象。马克思和恩格斯认为,未来的社会不是固化的城乡分离,而是在新的基础上和更高级的形态上形成的城乡之间的协调与平衡发展,即实现城乡的融合,"消灭城乡之间的对立,是共同体的首要条件之一"。① 把城市和农村各自生活方式的优点结合起来,取其精华,去其糟粕,才是真正的城乡融合。②

消除城乡对立,实现城乡融合绝不是一蹴而就的。一方面,资本主义发展在加剧城乡对立的矛盾的同时,又孕育着消除这种对立的现实可能性,而且生产力的极大进步为城乡在更高基础上的协调、平衡发展创造了坚实的物质技术基础。③ 从另外一个角度来看,实现城乡融合是一个漫长的历史过程,"消灭城乡之间的对立,取决于许多物质前提,尽管这些前提条件还需详加探讨,但任何人一看就知道,这个条件单靠意志是不能实现的"④。

马克思、恩格斯还指出了消除城乡对立的具体路径。在消灭资本主义私有制、变革生产关系的前提下,首先,应重视城市的中心地位。作为时代进步产物的城市,是经济的中心和社会前进的主要动力;具有巨大的经济规模效应和聚集效应;是提高劳动者素质的有利场所;并且城市及其内部布局的工业对农业和农村具有明显的带动作用,⑤ 因此,应充分发挥城市在城乡融合发展中的重要作用。其次,统筹城乡产业发展,尤其应当把工业和农业生产有机结合起来。以工促农,以城带乡,统筹城乡发展,从而实现"把农业和工业结合起来,促使城乡对立逐步消灭"⑥。最后,应在全国有计划地布局生产力,使工业和人口尽可能地合理分布。马克思认为,使农村人口从与世隔绝的和愚昧无知的状态中挣脱出来,必须使人口尽可能地平均分布于全国,并且在合理分布的状态下,使工业生产和农业生产发生紧密的联系。⑦

---

① 马克思恩格斯选集(第1卷)[M].北京:人民出版社,1995:104-105.
② 刘建立.马克思、恩格斯"城乡融合"思想及当代启示[J].理论界,2012(8).
③ 石玉顶.马克思、恩格斯关于城乡统筹发展的思想及其启示[J].经济学家,2005(6).
④ 马克思恩格斯选集(第1卷)[M].北京:人民出版社,1995:105.
⑤ 陈明生.马克思主义经典作家论城乡统筹发展[J].当代经济研究,2005(3).
⑥ 马克思恩格斯选集(第1卷)[M].北京:人民出版社,1995:294.
⑦ 刘建立.马克思、恩格斯"城乡融合"思想及当代启示[J].理论界,2012(8).

转变农民身份,减少农民,也就是农民市民化,是解决"三农"问题的根本途径,当然也是新时期新阶段新要求下扶贫开发的根本途径。从各地扶贫开发的经验分析,有序推进农业转移人口市民化,逐步把符合条件的农业转移人口转移为城镇居民,从而通过减少农民、达到富裕农民的目的是最根本的办法。①

第四节 调控机制创新实践:四川屏山县移民搬迁个案分析

四川屏山县位于四川盆地南缘,金沙江下游北岸,总人口 31.2 万,其中农业人口 25.9 万。屏山县自然条件恶劣,素有"九山半水半分田"之称,以山为屏,山大沟深,地处偏僻。贫困历史久远,从 20 世纪 90 年代《国家八七扶贫攻坚计划》期间所确定的"省定贫困县",到 2000 年以后的两轮"国家扶贫开发工作重点县",②再到新十年"乌蒙山连片特殊困难地区县",③屏山县从来没有停止过与贫穷的抗争。屏山县是集工程移民区、少数民族地区、边远山区为一体的重点贫困县,综合分析贫困成因,呈现出明显的"整体性、区域性、工程性"的贫困特征。④

近年来,处于县城和主要乡镇搬迁的屏山县,主要经济指标明显落后。一是经济总量规模小。2012 年实现 GDP30.32 亿元,人均 GDP1.19 万元,两项指标均列居全市最后位。二是工业化水平低。2012 年全县规模以上工业增加值 7.18 亿元,县级规模以上工业利税 1.84 亿元,指标排列均为最后位。⑤

屏山县农村贫困人口主要分布在向家坝库区、高山高寒地区和少数民族地区,这些地区交通、水利等基础条件差,社会事业落后,产业发展滞后,扶贫成本高,脱贫难度较大。随着世界第四大水电站——向家坝水电站建设,全县工程性移民达六万人。

在贫困落后的水电库区,移民工作主要在政府的调控下进行。针对移民"故土难离不愿搬、补偿补助不满意、搬迁安置不放心"等难题,屏山县委、县政府从政策制定、工作推进、矛盾化解、发展富民等方面入手,创新调控机制方法,扎实推进库区移民迁建,平稳完成了县城整体搬迁及六万移民的安置任务。

---

① 龚晓宽. 中国农村扶贫模式创新研究 [D]. 四川大学博士学位论文,2006:134.
② 两轮"国家扶贫开发工作重点县"即根据《中国农村扶贫开发纲要(2001~2010 年)》、《中国农村扶贫开发纲要(2011~2020 年)》,屏山县均被确定为"国贫县"。
③ "新十年"即《中国农村扶贫开发纲要(2011~2020 年)》实施期间。
④⑤ 屏山打响"脱贫达小康"攻坚战 [N]. 宜宾日报,2013-09-29.

1. 根据国家新的贫困线标准，制定相应政策

按照国家新的农村贫困线标准，全县仍有贫困人口 68575 人，贫困发生率 25.49%，高出四川省平均水平 5%。2012 年 GDP30.3 亿元，人均 GDP1.19 万元，列居宜宾市全市最末位；当年农民人均纯收入 5756 元，比宜宾市全市同期平均水平低 2015 元。①

屏山县农村致贫因素相互牵连，脱贫基础十分薄弱，返贫现象非常突出，单项措施收效甚微。近年来，该县调整思路，创新方式，突出重点，抓住难点，制定相关政策，紧紧扭住贫困户脱贫这个中心任务不放松，坚持四措并举，实施十大行动，破解脱贫难题。

立足经济社会发展与扶贫攻坚实际，屏山县提出统筹扶贫开发"转移脱贫、产业脱贫、技能脱贫、保障脱贫"四大扶贫攻坚工作路径，明确在工业化进程中吸收和接纳贫困户、在城镇化进程中转移和消化贫困户、在农业产业化进程中带动和覆盖贫困户，坚持在"三化联动"中破解农村贫困难题。同时，屏山县委办、县政府办提出了"贫困村党建扶贫、产业扶贫、教育扶贫、卫生扶贫、技能培训就业扶贫、农村危房改造扶贫、金融保险扶贫、救济救助扶贫、乡村旅游扶贫、少数民族地区发展扶贫"十项扶贫攻坚行动工作方案，进一步细化和明确各项扶持政策，完善了该县扶贫攻坚政策支撑体系。

2. 整合扶贫资源，合力推进扶贫开发工程

国家层面，国土资源部作为乌蒙山片区扶贫攻坚的牵头单位，外专局继续对口联系屏山县；省级层面，省委省政府确定省总工会、省妇联、川航、三峡公司四家单位对口联系屏山县；市级层面，市级 55 家单位对口帮扶屏山县。

在移民搬迁过程中，坚持以扶贫攻坚、助农增收统揽全县农业农村工作大局，树立扶贫攻坚"一盘棋"的思想。将扶贫攻坚、助农增收列为县委、县政府对各乡镇和县级各部门七大单项考核项目的第一序列，严格考核、奖惩；加大财政投入。设立扶贫攻坚专项基金，2013 年在已经预算基础上，再增加预算 300 万元，本级财政投入达到 800 万元。从 2014 年起，每年在本级财政预算中安排 2000 万元扶贫攻坚专项基金，集中用于产业发展项目贴息、贷款风险基金、农业产业保险补助和与贫困户脱贫相关的具体项目；整合项目，集中投入。根据全县经济社会发展总体规划和扶贫攻坚需要，首先在重点贫困村实施村道硬化、农村安全饮水、农网改造、新村建设、产业发展、广播电视等项目；县级财政支农资金重点用于贫困村、贫困户的脱贫致富项目上来，要将各类资源整合到扶贫攻坚主战场，办好群众最急最盼的事，切实解决贫困群众饮水难、住房难、行路

---

① 屏山打响"脱贫达小康"攻坚战 [N]. 宜宾日报，2013 - 09 - 29.

难、就医难、子女上学难等实际问题，让贫困群众直接受益。① 实行干部包户。按照"不脱贫、不脱钩"的要求和"一年脱贫、一年巩固、一年联系"的帮扶机制，实行"任务到人、帮扶到户"，将包户任务完成情况作为干部年终述职述廉和报告的必要内容。

3. 抓住机遇，搞好扶贫开发规划

因规划滞后、基础薄弱、发展资金严重短缺等因素，屏山县新县城和各移民乡镇产业支撑尚未形成，城集镇移民就业无门，收入锐减，呈现"空心化"趋势；向家坝库区农村移民安置与农业产业发展不同步、不配套，农村移民短期内难以实现产业增收，再加上近80%的农村移民选择了非农安置方式，成为新的失地群体，脱贫基础不牢，返贫压力巨大。农村贫困与城市贫困矛盾和问题同样突出，移民与贫困两大难题同时存在，极大地加重了扶贫减贫难度，深入推进扶贫开发的任务十分艰巨。

由于贫困人口多，贫困程度深，贫困原因错综复杂，脱贫减贫任务艰巨，屏山县成为了新十年国家扶贫开发工作重点县、国家乌蒙山集中连片特困地区县，同时又是移民后扶发展重点县，拥有比过去更多的有利条件和发展良机。31万屏山人正在从困难中凝聚力量，把困难变为机遇。

随着宜宾市到屏山县快速通道、岷江大桥及乐山市到宜宾市高速公路连接线、成都到贵阳高铁等一批重大交通设施的相继建成，屏山县的区位优势将更加凸显，发展的内外环境更加优越；向家坝水电站蓄水后形成的高峡平湖、老君山国家级自然保护区等独特的生态资源，屏山县的生态优势更加凸显。该县已经成功争取到向家坝留存电政策和移民后扶发展配套用地，为招商引资、发展工业赢得了先机，屏山县跨越发展的基础条件正在形成。未来五年将是县域经济强势崛起的重要时期，这一时期，移民后扶规划将启动实施，随着国家扶贫开发政策的不断细化和落实到位，中央、省、市财政性资金和国家大型项目、重点工程将更多地向贫困地区、移民库区倾斜，这将为屏山县加快发展提供宝贵机遇。同时，随着西部大开发战略持续深入推进，成渝经济区、金沙江下流沿江经济带和川南经济区等规划的实施，也将为屏山县扶贫开发提供更加广阔的空间。

在当地党委、政府的坚强领导下，通过一系列宏观调控措施，屏山县提出了到2015年基本脱贫七万人，到2017年全面完成扶贫攻坚任务，到2019年与宜宾市同步建成小康社会的目标。②

---

① 四川省委扶贫开发工作会议举行［EB/OL］. 中国共产党新闻网, http: //cpc. people. com. cn, 2012 – 02 – 28.

② 屏山打响"脱贫达小康"攻坚战［N］. 宜宾日报, 2013 – 09 – 29.

第八章

中国连片特困地区扶贫开发的组织机制

扶贫开发过程中的组织机制是指为了达到扶贫开发的目标,将组织扶贫开发系统内各方面的力量和资源进行整合,合力推进扶贫开发工作的组织架构及组织机理。建立我国连片特困地区扶贫开发组织机制的新方法是对理论界提出的新课题,也是实践中特别值得总结推广的新路径。本书探讨的我国连片特困地区扶贫开发的组织机制主要是指政府领导下的扶贫集成。

第一节 完善和发展连片特困地区扶贫开发组织机制的必要性

作为一项庞大的社会系统工程,扶贫开发需要多部门共同参与、密切配合、协同推进。个人、科研单位、事业单位、企业、政府和周围环境之间的物质流、能量流、信息流等的交换贯穿在扶贫开发的全过程中。本书论述的组织机制是在经济全球化和经济一体化的背景下,在全面建成小康社会的进程中,将集成思想引入扶贫开发,是两个或两个以上的扶贫主体间、客体间或者主客体间集合成一个有机复合系统的过程和结果,旨在尽可能优化扶贫开发组织的整体性、系统性,以求获得组织整体功能集成化。

一、扶贫主体多元化的现实需要

扶贫开发是一项庞大的社会系统工程,涉及诸多部门、诸多环节、诸多利益主体,如生产关系的调整和组织创新,各类主体间的利益协调等。这一切若没有一定的组织体系和机制推动,是不可能实现的。我国的扶贫开发虽然是在政府主导下进行的,但各行各业扶贫主体十分广泛,包括各级党政机关和企事业单位、军队和武警部队、社会各界等,加之各扶贫主体内容机构较多,在新形势、新阶段、新要求下,如何整合好这些扶贫力量,是检验扶贫开发成效的重要标准。①因此,无论是从每一个环节来看,还是从全过程来看,扶贫开发都必须依托于一定的组织机制来实现。

二、扶贫开发环境深刻变化的客观需要

现阶段的扶贫开发正处在转变经济发展方式的关键阶段,需要使创新成为经济发展常态的、内生的力量。在改革开放初期,我国的资源和环境承受力比较强,经济发展空间比较大,还能够按照世界产业发展路径来发展。但是,现阶段我国的环境资源承载力、劳动力供给水平和价格、产业结构等都发生了深刻的变化。面对新的经济格局,必须通过创新使我国经济发展依靠内生力量。创新的方式是多种多样的,例如技术创新、组织结构创新、管理创新等。2010年2月3日,胡锦涛在省部级主要领导干部深入贯彻落实科学发展观加快经济发展方式转变专题研讨班开班式上做了重要讲话,针对加快经济发展方式转变提出了八点意见:加快推进经济结构和产业结构调整,加快推进自主创新和生态文明建设,深入实施可持续发展战略,建立资源节约型技术体系和生产体系,加快实施生态工程,推动整个社会生产发展、人民生活富裕、自然生态良好之文明发展道路的形成。②党的十八届三中全会提出改革生态环境保护管理体制,指出"党委领导、政府负责、环保部门综合管理、有关部门协调配合"的环境保护体制尚不完善。③可见,坚持科学发展观促进我国经济发展与环境保护关系的重大调整,在扶贫开发中就应当高度重视组织模式创新,完善和发展有效的组织机制。

三、扶贫组织体系科学化的创新需要

正如前文所述,扶贫开发是一个巨大复杂的社会系统工程,必然对其组织体系有更高的要求,扶贫组织体系应当更科学、更具活力,能充分、有序、高效地运转。扶贫开发除了主体的多元化之外,还涉及社会的方方面面,包括扶贫资金、资源,各种信息流、物质流、能量流等,因而,如何通过完善和发展组织机制将特定系统内的各种有效资源通过一定方式整合起来十分重要。这就要求在扶贫开发过程中,通过合理的组织体系将具有共性、互补性、关联性的众多扶贫主体及相关机构组织到一起的同时,创新组织方式方法,通过一定的机制创新,使

---

① 论学习中国农村扶贫开发纲要(2011~2020年) [EB/OL]. 中央政府门户网站, http://big5.gov.cn, 2011-12-02.
② 胡锦涛在省部级干部落实科学发展观研讨班上的讲话 [EB/OL]. 中央政府门户网站, http://www.gov.cn/ldhd/2010-02/03/content_1526928, 2010-02-03.
③ 全面深化改革学习读本 [M]. 北京:当代中国出版社, 2013:209.

扶贫资金、信息、技术和人才等资源在系统内循环流动和反复利用，从而在经济发展进程中实现全面协调可持续发展，实现区域发展、经济社会发展以及人与自然和谐发展。

第二节　连片特困地区扶贫开发组织机制的主要内容

为了更好地研究分析组织机制，本书特地采用了近年比较盛行的组织集成思想。作为政府主导下的扶贫开发组织模式，应当通过扶贫集成的方式来组织实施。由于每项具体扶贫措施都涉及各个层面的利益并会引发交互联系和针对性调整，扶贫开发的重任不可能由任何单一部门完成。为适应不断变化的客观情况，政府及其系统本身的工作内容、组织结构和工作模式等，① 也应保持适度的可调适性，实现组织集成化。

一、集成思想的理论借鉴与扶贫集成

集成作为一种主动性寻优过程，② 很早就存在于社会组织和经济组织中。我国古代著名的水利工程——都江堰、古代埃及的金字塔、古巴比伦的空中花园等都是古人集成智慧的结晶。"曼哈顿计划"、"阿波罗计划"、"三峡工程"、"天宫计划"等更是把集成思想与集成管理演绎得淋漓尽致。如果说机器设备是零部件的集成，那么人类社会则可以视为是人的集成，包括社会关系的集成。总之，从古至今，国内国外，集成作为一种现象都是广泛存在的，并且伴随社会经济变化、技术组织管理的转型而不断发展。集成正成为社会广泛关注的重点，深入渗透到人类生活的方方面面。

从字面上看，协同（synergy）、协调（collaboration）、合作（cooperation）、组合（combination）、交互（interaction）等是集成题中应有之义，但集成还包含了综合、融合、沟通、交互，使成为整体的意思。③ 在现实生活中，集成（integration）现象随处可见。比如，社会组织是人的集成，产品是零部件的集成，生产条件是厂房、机床、工具的集成。④ 但是，集成管理和内部机制作为复杂性的一种科学表现则是近年来的事。随着企业中的成组单元（GTC）、企业资源计划（ERP）、柔性制造系统（FMS）、准时生产制（JIT）、并行工程、技术创新小组

---

① 蒋永穆，李丽．"5·12"大地震抗震救灾新模式：政府集成 [J]．天府新论，2011（2）．
② 贺军，毕先萍．论高技术产业化中的政府角色安排 [J]．经济评论，2001（6）．
③ 王辉．跨国公司技术联盟管理研究 [D]．复旦大学博士学位论文，2004：4．
④ 陈建国．天津城市交通系统集成研究 [D]．天津理工大学博士学位论文，2006：1．

第八章　中国连片特困地区扶贫开发的组织机制

等的出现，人、财、物，产、供、销等资源被有机地集成起来，集成作为一个科学概念才逐渐被运用到生产流程和经济组织中。① 概而言之：集成是把两个或两个以上的集成单位（要素、子系统）有机整体化或系统化的行为和过程。在这个整体化或系统化的过程中，会产生一些规模效应、群聚效应，这些也是按照一定的集成方式和模式进行构造和组合的，是对各种要素的创造性融合。② 通过集成形成的集成体（集成系统）不是集成单元之间的简单连入、堆积、混合、叠加、汇聚和捆绑，其目的是为了极大地提高集成体的整体功能，以形成独特的创新能力和竞争优势，实现其整体功能的倍增或涌现。③ 集成作为系统构成的一种方式和解决问题的一种方法，本质上强调两方面内容：一是以系统思想为指导。通过集成将原来没有联系或联系不紧密的要素重新组合成具有一定功能的新系统，是从系统角度进行的综合和优化，以产生规模效应或群聚效应。二是强调人的主动性。集成是一种创造性融合过程，④ 只有经过人为主动选择和优化的要素结合在一起才能称之为集成。通过对集成概念的进一步研究，在实际应用的时候我们将其含义总结为：集成是把两个或两个以上的集成单元（包括各要素和子系统）综合起来集其大成的行为和过程，⑤ 其中包括人为主动优化、分析筛选、选择匹配等活动，为的是通过各要素集合，成为相互优势互补、融合，成为一个系统整体，求得整体功能最优。⑥

集成单元是构成集成系统、集成网络或集成关系的基本要素，集成要素之间相互作用的原理可以称之为集成模式。集成模式是对集成要素之间物质、信息交流关系和能量互换关系的概括，集成模式可以分为互补型、互惠型和协同型三种类型。⑦其中，互补型集成模式是指集成单元之间在结构行为、功能等方面具有优劣势互补的集成关系，互惠型集成模式是指不同集成单元以某种物质为介质结合在一起，建立起供给与需求为主的集成关系，各自都从集成过程中更好地实现了自身功能。协同型集成模式是指不同集成单元通过聚合重组，在改善各自功能的基础上形成整体性系统，并实现集成功能倍增和突变（涌现）。

从集成的发生机理而言，集成系统的产生可以分成结构集成、过程集成、功能集成三种方式。结构集成是指具有互补或互利关系且处于同一层次的相似集成元素为实现特定功能在一定的时空范围内而融合汇集。在这类集成中，各集成元

---

① 海峰. 管理集成论 [J]. 中国软科学，1999（3）.
② 张正义. 知识经济与成套设备的集成创新 [J]. 制造业自动化，1998（8）.
③⑤⑦ 海峰，李必强，冯艳飞. 集成论的基本范畴 [J]. 中国软科学，2001（1）.
④ 李宝山等. 集成管理——高科技时代的管理创新 [M]. 北京：中国人民大学出版社，1998：31-32.
⑥ 舒辉. 集成物流研究 [D]. 江西财经大学博士论文，2004：4.

素之间往往具有相同的界面或处于同一时空,因此集成较为稳定的系统。① 过程集成,是指集成元素按照某一有序过程融合汇集。在这类集成中,各集成元素有着统一的集成媒介,结果是产生自发地形成一种有序关系集成界面。② 功能集成,是指各种同类、异类集成元素基于互补、互促或其他作用方式、作用效果或作用机制所进行的融合汇集,实现集成系统整体功能倍增或集成涌现。③ 在这类集成中,需要具有多样性、复杂性等特征的界面和介质,为形成层次性的集成系统提供保障。

扶贫工程集成是在扶贫主体在应对巨大复杂局面的背景下,将集成思想作为管理方法引入政府组织管理体系,目的是把两个或两个以上的机关、行业或者群团组织集合成一个有机复合系统,是不同链条上各个环节按照一定的集成方式和模式进行的再造和结合,以提高扶贫工作整体效能,是促进行政效能提升和实现地方经济跨越式发展的基础。④ 总而言之,扶贫集成是一种全新的政府组织模式。

作为一项庞大的社会系统工程,扶贫开发需要多部门协作共同推进,是一项复杂群体性活动。在扶贫开发的全过程中,政府、企业、事业单位、科研单位以及村社、农户和周围的环境,必须发生物质、能量、信息等的交换。因而,在这样的交换环境下,扶贫组织机构不能过于僵化,必须根据这些变化不断调整自身的工作内容、组织结构和工作方式,以适应新的情况。因此,采取集成的方法将任何单一部门都无法独立进行的扶贫攻坚作为开放复杂巨系统,厘清扶贫主体各部门横向间的关系和纵向间的层次,把扶贫主体及其所处环境看成一个整体,把各相关要素按照扶贫攻坚全面胜利的目标集成起来,优化集成体的功能,最终圆满完成扶贫开发工作的各项要求,不失为一种有效的路径。因而,扶贫集成模式必须贯穿于扶贫开发的始终。⑤

二、扶贫组织集成化的主体及内涵

作为解决复杂巨系统问题的一种方法,扶贫集成模式的构造是扶贫开发系统的一种新理念,是政府有目的、有组织进行集成工作的一种抽象和表达,应该贯穿于连片特困地区扶贫开发的始终。⑥ 被集成的各要素是各级政府部门、行业组织和社会组织,上述组织既是扶贫集成系统的基本单位,也是形成扶贫集成的物质条件。扶贫集成不是这些机构的简单叠加,而是将两个或两个以上的政府部门、行业组织和社会组织按照一定的目的和集成模式进行各方面的再组织,从而

---

①②③ 海峰,李必强,冯艳飞.集成论的基本范畴[J].中国软科学,2001(1).
④⑤ 蒋永穆,李丽."5·12"大地震抗震救灾新模式:政府集成[J].天府新论,2011(2).
⑥ 钱学森,于景元,戴汝为.一个科学新领域——开放的复杂巨系统及其方法论[J].自然杂志,1990(12).

集合成为一个有机整体的行为和过程。① 它强调政府组织、行业组织和社会组织的主体行为性，集成体形成后的功能倍增性以及扶贫集成部门的自组织性，其目的在于更大程度地提高扶贫主体的运行效率。②

在扶贫开发过程中，扶贫集成模式突出体现了以下内涵：坚持中央统筹、省负总责、县抓落实的管理体制，实行党政一把手负总责的扶贫开发工作责任制；中央一级以国务院扶贫开发领导小组为决策核心，③ 下设扶贫办为议事协调机构，领导小组成员单位包括发改委、财政部、农业银行及国务院其他部、委、局、办；省（自治区、直辖市）、市（州、自治州、盟）、县（县级市、自治县、市辖区、旗）成立相应的领导小组和工作机构，重点加强跨部门协作；强化片区内协作，强化跨地区、跨部门、跨行业协调工作；将扶贫开发工作纳入政府机构改革和目标考核范围，强调全过程的监督管理，并根据客观需要适时调配、重组各政府部门的架构，从而实现扶贫集成，不断提升扶贫工作效率。

三、扶贫集成的基本要求

扶贫集成作为一种新的思想理论体系，具有与其他集成思想相通的基本要求，主要体现在行政成本最小化、环境成本内化、资源高效利用、效益"三赢"几个方面。

1. 行政成本最小化

扶贫集成的基础是分工与协作，其本质是一种准市场网络型组织。要满足行政成本最小化要求，就要最小化扶贫集成体内的交易成本和组织成本。现代经济是建立在分工基础上的，在交易成本不为零的世界，分工与交易成本是同一硬币的两个面。

扶贫开发需要成本，而成本的高低是决定扶贫开发成败的重要因素。我国14个连片特困地区的共同特征是地处偏远、交通不便、自然环境条件极差，经济发展水平低、产业结构单一、生产手段和生产方式落后、生活能源短缺，社会发育程度低、信息闭塞、人口素质不高等。④ 这些地区的气候、水利、土质、植被、人口等方面的情况各不相同，也决定了其扶贫开发的基本特点、主要形式、主要方法和经验教训大相径庭，因此，这些地区扶贫开发的成本是很高的。

---

① 海峰，李必强，向佐春. 管理集成论 [J]. 中国软科学，1999（5）.
② 蒋永穆，李丽. "5·12"大地震抗震救灾新模式：政府集成 [J]. 天府新论，2011（2）.
③ 论学习中国农村扶贫开发纲要（2011～2020年）[EB/OL]. 中央政府门户网站，http：//big5. gov. cn，2011－12－02.
④ 一迪图. 生态移民的困惑 [J]. 华夏人文地理，2003（10）.

我国的扶贫开发是在政府主导下进行的，因而，在政府推进扶贫开发过程中，行政成本一方面是地方各级政府为推行扶贫开发时需要相应的资金配套；另一方面，扶贫开发错综复杂，需要做耐心细致的行政工作，也会产生大量的行政成本。

扶贫集成将地理空间处于同一范围或邻近范围的众多扶贫主体（客体）按照某种规则结合在一起，在扶贫集成内部形成区域空间的网络化结构。这种准市场网络型组织既不同于企业的科层结构，也不等同于市场，它是介乎二者之间的一种组织形式，并通过企业间的多样化契约来实现组织系统内各经济主体的协同活动。扶贫集成增强了扶贫主体的灵活性、促进了对相关主体（客体）的控制，并降低了交易成本和组织成本，因而是一种既可以提高分工水平又可以减少交易成本的重要制度安排，是扶贫开发系统演进的客观结果。可见，决定扶贫开发效用的不只是交易费，还包括组织费用，最小成本化是扶贫开发系统进行组织形式选择的关键。

2. 环境成本内化

经济学的研究视野漠视了环境资源也是一种特殊的生产要素，导致环境资源长期以来被排除在经济学视野之外。① 造成扶贫主体错位、物质能量低效使用、扶贫工作各自为政，以至于扶贫主体产生"资源取之不竭、环境污染低（零）成本"的幻象，从而会导致扶贫开发主体不重视组织结构的规划，在高耗能、高污染、高排放的道路上驻足不前。②

在阶段性的扶贫开发中，贵州省就曾经出现过这种重视经济发展、忽视生态环境的现象。在以往的扶贫开发过程中，贵州省很多贫困地区为解决粮食不足问题，为了多种粮食，不断扩大耕地面积，甚至毁林、毁草垦荒等，结果造成环境恶化，贫困状况不仅没有改善，反而陷入"越穷越垦、越垦越穷"的恶性循环怪圈。这类过度的生物资源开发，造成了水土流失、石漠化等问题。在有些矿产资源丰富的贫困地区，则实行"有水快流"，用廉价的劳动力开采富饶的矿产资源，结果不仅造成资源的巨大浪费，还伴随着工伤事故和生命损失。以上这些表现，正是传统单纯追求经济目标的资源开发模式的必然后果。另外，在引用外资上，有些贫困地区在引入项目时饥不择食，引进来大量污染型的企业，对环境造成了巨大破坏。

为此，本书认为，从以下两方面进行审视，扶贫集成可以使环境成本内化。

一方面，从外部性视角审视这一问题。由于扶贫对象个体的生产或消费行为对其他扶贫对象个体的生产或效用产生了影响，但是这种影响没有通过市场机制

---

① 沈金生. 中国循环经济支撑体系论 [D]. 四川大学博士学位论文, 2007: 3.
② 龚晓宽. 中国农村扶贫模式创新研究 [D]. 四川大学博士学位论文, 2006: 211.

或货币形式反映出来。此时的边际社会成本大于边际私人成本,社会资源配置还存在向帕累托最优状态改进的空间。为了解决外部性,英国经济学家庇古(Arthur Cecil Pigou)曾给出了将外部性进行内部化的方法,即通过税收或补贴等经济手段来干预私人决策,以达到纠正市场行为非效率的目标。1960 年,英国经济学家科斯(Ronald Harry Coase)在《社会成本问题》一文中提出了著名的"科斯定理",即市场失灵源于市场本身的不完善,解决问题的关键是明晰产权,使私人成本和社会成本保持一致。庇古和科斯都是希望通过将环境成本内部化,来进行环境治理。

另一方面,从组织结构视角审视这一问题,解决办法是在组织设计、架构、革新等过程中忽略了生态环境成本,导致环境资源成本为零。针对这一问题的具体做法是:第一,切实发挥价格杠杆作用,有条件地利用价格杠杆反映资源供求关系,扭转资源产品的价格体系扭曲局面,让价格能够真正反映供求关系和外部性;第二,发挥市场对资源的调节性作用,进一步完善产品价格形成机制,使资源使用、环境污染对生态的影响等都计入生产成本中,按照要素比较优势使用和配置资源,引导全社会的生产行为和消费行为。环境资源成本内化本质上就是在扶贫实践过程中逐渐重视自然资源、生态环境价值,实现单纯的产业、经济发展向全面科学发展的演进。

3. 资源高效利用

与过去人类社会主要采取大规模开发、生产、消费和废弃等简单的资源开发相比较,新时期、新阶段、新要求下,扶贫开发更加注重资源的最优利用。

有学者认为,贫困,说明人与资源环境之间的关系是失败的。① 为什么这样说?因为从某种意义上讲,受扶贫者一方面是环境破坏的受害者,另一方面是环境破坏的实施者。统计表明,全世界的贫困人口中,有 50% 左右居住的环境容易遭受破坏。由于人口对土地的压力不断加大,可持续性方式利用资源的能力缺乏,环境和发展恶性影响叠加:贫困导致资源浪费与滥用。简单来说,贫困人口为了每日的生存必然不顾后果地开垦不适宜耕作的土地,如陡峭的和易受侵蚀的坡地、土壤退化迅速的半干旱土地以及热带森林地区,采用高贴现率的方法,过度使用自然资源,加剧了对生态系统的压力。由于缺乏科学的规划和控制,自然资源被过度开发和利用,超出其再生能力,最终导致环境恶化以至资源枯竭。另外,环境的恶化必然加剧贫困化。生态脆弱与贫困有很大的相关性,② 这是无须多说的。

---

① 曹文道. 转型期中国反贫困机制与对策研究[D]. 中国农业科学院博士学位论文,2000:14.
② 李周,孙若梅. 中国贫困山区开发方式和生态变化关系的研究[M]. 太原:山西经济出版社,1999:117.

实行集成式扶贫,能够实现资源的高效利用,具体表现在:一是减少对资源的绝对使用量;二是加深对资源的利用程度;三是提高对资源的再利用;四是对不能利用废弃物进行无害化处理。

扶贫集成是基于对扶贫资源的集成创新,是对原有资源的整合重构,要求资源生产效率不断提高,并提出了以下三个方面的要求:一是应该能够保障资源在扶贫对象之间进行合理的配置,并使得物质、能量在不同受体间充分流动和使用;二是应该能够促进资源的循环利用和能量的梯级使用,提高资源综合利用率以及实现产品的多次和反复使用,减少资源的浪费;三是能够使资源配置在时间上和空间上达到最优。

4. 经济效益、社会效益与生态效益的"三赢"

在传统政府组织模式中,经济是线性增长的,① 因而,在扶贫开发中,资金和资源的投入是推动扶贫开发的最重要因素。

近年来,国家不断采取多种方式加强对扶贫资金的使用管理,以提高扶贫资金的使用效率。在不断完善和发展相关财政扶贫资金管理制度的基础上,2013年10月8日,国务院总理李克强主持召开国务院常务会议,进一步部署加强财政扶贫等保民生资金管理和公共资金审计监督,会议决定,进一步加强扶贫资金管理。主要包括三方面内容:一是明确和强化各级政府职责,做到权责一致。严格落实扶贫开发规划责任、权力、资金、任务"四到省"制度,项目审批权限原则上下放到县,省、市两级要将主要精力放在资金和项目监管上,县级要切实负起责任。② 对出现的问题要毫不手软、严格问责、严肃处理。二是增强扶贫资金使用的针对性。对扶贫对象建档立卡,与低保衔接。项目资金要到村到户,切实使扶贫资金直接用于扶贫对象。三是创新资金管理使用方式。在贫困地区特别是集中连片特殊困难地区,以扶贫攻坚规划和重大扶贫项目为平台,整合扶贫资金和各类相关涉农资金,集中解决突出贫困问题。积极探索政府购买社会服务、金融机构等参与扶贫开发的有效做法。③

虽然我们一直强调扶贫开发的目标是"两不愁、三保障",但是如果离开了支持扶贫开发的自然生态环境,不仅经济效益实现不了,就连人类的基本生存都成了问题。因此,扶贫集成要求新型政府组织模式能够通过对传统扶贫开发组织模式的优化,减少环境污染,通过不断提高扶贫开发的效果,做到资源、环境和经济效益的协调,最终实现经济、社会和自然环境的可持续发展。

---

① 蒋永穆,李丽."5·12"大地震抗震救灾新模式:政府集成[J]. 天府新论,2011(2).
② 张有义. 国务院动刀扶贫资金"事后监督"模式[N]. 第一财经日报,2013-10-09.
③ 李克强. 强化扶贫资金使用管理方式[EB/OL]. 新华网,www.news.xinhuanet.com/fortune/,2013-10-08.

四、扶贫集成的主要特征

本书认为,扶贫集成的含义是指扶贫主体(主要是指各级政府及其组织)主动对自身内部各个职能部门、行业组织和社会组织进行有目的的组织集成、功能集成和流程集成的行为和过程,呈现出"政府主导、集合重组、整体优化"的三大鲜明特征。①

1. 政府主导

在扶贫开发过程中体现了政府领导的作用,因为我国的扶贫开发是在政府主导下进行的,因而在此过程中,政府主导是必然选择。扶贫集成是政府主导的社会系统工程,政府必须根据不断变化的情况调整其政策和措施。② 第一,政府根据扶贫开发工作的复杂性和动态性,对扶贫开发系统可集成部门进行综合分析;第二,以经济社会、文化发展、生态环境等全面推进为目标对参与部门进行有机集成;第三,以连片特困地区贫困人口为对象,对扶贫开发这一复杂系统进行规划、设计、指导、协调与控制,最大限度地发挥政府领导作用。

2. 集合重组

在扶贫开发过程中着重强调对扶贫主体的组织重新设计和过程的再设计,提高扶贫开发系统的有序性。在扶贫主体内部资源、技术和组织等的重组中,扶贫主体间的联系和配合更加密切了,扶贫开发的有序性得到提高。集合重组遵循扶贫开发的规模和范围实行分级管理原则,注意领导的层次性和结构性,注重科学统筹、整体谋划,将各种要素集合成一个有机整体,并把这种综合解决复杂系统问题的方式和理念贯穿始终。

3. 整体优化

扶贫集成是将扶贫开发过程中的各种扶贫主体集合成为一个有机整体,从而形成一个有机的集合体。这种集合不是扶贫主体之间的算术加法,而是扶贫主体之间内部的有机相融。以扶贫开发系统整体优化为目标,将各扶贫主体集合成一个有机整体,并以连片特困地区贫困人口为对象,综合解决扶贫开发过程中的各种复杂问题,这就是整体优化的目的。实现新集成体的整体功能远远大于各单一扶贫主体独立运行所产生的功能之和,是整体优化最直观的表达。更重要的是,整体优化有利于促进扶贫主体的自组织和适应进化。

---

①② 蒋永穆,李丽. "5·12"大地震抗震救灾新模式:政府集成[J]. 天府新论,2011(2).

第三节 连片特困地区扶贫开发组织机制的实现路径

在新阶段探索我国连片特困地区扶贫开发组织机制问题，实现扶贫集成显得尤为重要。

一、加强"自上而下"的组织领导

扶贫开发战略实施能否成功，关键在于执行。① "自上而下"的方式是在政府机构、行业组织和社会组织的参与下，依靠行政命令、政策和技术手段规划和设计而成的组织形式。中国政府主导的扶贫模式的一个鲜明特点就是从上至下的管制型扶贫开发组织体系。

在连片特困地区的扶贫开发中，加强"自上而下"的组织领导，按照《中国农村扶贫开发纲要（2011～2020年）》"中央统筹、省负总责、县抓落实"的要求，② 探索片区统筹协调组织机制，建立相应的片区协调领导小组，由国务院相关部门牵头，作为非常设性议事机构，加强对片区内扶贫开发的统筹协调。③ 与此同时，片区内各级政府应把建立工作责任制、加强机构和干部队伍建设作为保障扶贫政策执行力的关键。坚持中央统筹、省负总责、县抓落实的管理体制，建立"片为重点、工作到村、扶贫到户"的工作机制，实行党政"一把手"负总责的扶贫开发工作责任制，把扶贫开发的质量和效果作为考核这些地方政府主要负责人政绩的重要依据之一。④

二、构筑"自下而上"的参与式扶贫开发治理结构

扶贫开发治理结构也称反贫困治理结构，是近些年国际社会在研究扶贫开发中提出的新概念。它主要是指扶贫开发主体运用一系列权力和手段，对社会经济资源实行支配、协调、控制和管辖，同时充分发挥贫困人口的主体作用和调动社会各界的参与积极性，引导、规范、激励和协调贫困人口、社会各界扶贫开发行

---

①④ 论学习中国农村扶贫开发纲要（2011～2020年）[EB/OL]．中央政府门户网站，http：//www.gov.cn/，2011-12-02．

② 中国农村扶贫开发纲要（2011～2020年）[N]．人民日报，2011-12-02．

③ 因片区跨越了传统的行政区划，为了便于统筹协调，国务院确定每个片区由1～2个中央部委负责具体联系。至2012年底，11个片区的具体联系单位是：国家民委联系武陵山片区，国土资源部联系乌蒙山片区，铁道部、科技部联系秦巴山片区，水利部、国家林业局联系滇桂黔石漠化片区，交通运输部联系六盘山片区，教育部联系滇西边境片区，农业部联系大兴安岭南麓片区，工业和信息化部联系燕山—太行山片区，卫生部联系吕梁山区，住房城乡建设部联系大别山片区，民政部联系罗霄山片区。

为模式的有机整体。①

"自上而下"传统组织模式由于忽视贫困人口的主体地位,导致贫困人口在扶贫过程中参与积极性不强,政府主导过多。学习国外的好做法,将"自下而上"的参与式模式融合进我国从上至下对组织方式的管制之中,使之有机结合,构筑有效的参与式扶贫治理结构。因而,"自下而上"的方式是发挥贫困人口的积极主动作用,尊重其自我发展的主体地位,实行参与式扶贫的一种有效方式。

"自下而上"的参与式扶贫方式既能有效夯实扶贫的群众基础,更可以在短期内提高开发效率。参与方式的转变促进反贫困治理中一系列组织、技术和制度的创新,营造参与式扶贫开发的政治社会环境。在决策的过程中既要继续强化决策系统的权威,又要充分分权。

三、形成"三位一体"的扶贫开发合力

我国的众多扶贫主体可以概括为专项扶贫、行业扶贫、社会扶贫这三种力量。在21世纪前十年的后期,我国逐步形成了专项扶贫、行业扶贫和社会扶贫相结合的大扶贫格局。因而,在立体性的大扶贫格局中,这"三驾马车"应并驾齐驱。

遵照《中国农村扶贫开发纲要(2011~2020年)》,专项扶贫重点是实施异地扶贫搬迁、整村推进、以工代赈、产业扶贫、就业促进、扶贫试点和革命老区建设。行业扶贫首先要明确部门职责,把改善贫困地区的发展环境和条件作为本行业发展规划的重要内容,帮助贫困地区发展特色产业,开展科技扶贫,完善基础设施,发展教育文化事业,改善公共卫生和人口服务管理,完善社会保障制度,重视能源和生态环境建设,为扶贫对象创造更好的发展条件。社会扶贫要动员和组织社会各界,通过多种方式支持贫困地区的开发建设。党政机关、企事业单位等加强定点扶贫,推进东西部扶贫协作,发挥军队和武警部队的作用,动员企业和社会各界参与扶贫,形成有中国特色的政府主导、群众主体、部门帮扶、社会参与的扶贫方式。②

四、完善相应政策保障

在前几个阶段中,我国扶贫开发能取得令人瞩目的成就,很重要的一点就是国家在扶贫开发过程中,坚持和完善了有利于贫困地区、扶贫对象的扶贫战略和政策体系,主要包括推行了农村政策、区域政策和农村社会保障政策。

---

① 赵俊超. 扶贫开发理论与实践[M]. 北京:中国财政经济出版社,2005:31.
② 论学习中国农村扶贫开发纲要(2011~2020年)[EB/OL]. 中央政府门户网站,http://www.gov.cn/,2011-12-02.

在新时期、新阶段、新要求下,进一步完善和发展相应的政策体系,提供切实可靠的政策保障十分重要。因而,在对连片特困地区的扶贫开发中,应把扶贫开发纳入当地国民经济和社会发展总体规划,进一步完善和发展有利于农村贫困地区发展的政策措施,加强财税支持,加大投资倾斜,把扶贫投入作为公共财政预算安排的优先领域,把贫困地区作为公共财政支持的重点区域,加大对贫困地区的扶持力度。同时,搞好金融服务、产业扶持、土地使用、生态建设、人才保障以及重点群体等方面的政策保障,使扶贫开发相关政策保障更加完善。在实际工作中,应结合具体情况进一步完善和发展相关政策保障措施。

第四节 组织机制创新实践:四川援助藏区行动个案分析

2011年,四川藏区作为我国"四省藏区"之一,① 直接列入连片特困地区。此前,包括四川藏区在内的"四省藏区"已明确实施特殊政策。为深入贯彻落实中央第五次西藏工作座谈会和四川藏区工作座谈会精神,推进藏区跨越式发展和长治久安,强化组织保障和干部人才支撑,2010年4月,四川省委、省政府决定实施"千名干部人才援助藏区行动"。这是继四川"5·12"大地震抗震救灾建立政府集成新模式后的又一次实践活动。②

这次援助计划由四川省统一组织实施,首批从省级机关和13个内地市(绵阳、德阳、广元、雅安四个重灾市和巴中市从第二批开始)集中选派940名政治素质好、熟悉经济工作、会抓项目、善抓管理的后备干部到藏区挂职,挂职时间两年。目前已全面完成首批工作任务,现在进行的是第二批次,预计2014年5月结束。为了进一步强化此项行动,2012年4月,四川省进一步启动了"7+20"援助四川藏区行动计划,即从内地明确七个市对口支援20个藏区县,此项工作正在有条不紊地推进。

作为一项庞大的社会系统工程,四川援助藏区行动需要多部门协作共同推进,是一项复杂的群体性活动。在扶贫开发的全过程中,政府、企业、事业单位、科研单位以及村社、农户和周围的环境,发生物质、能量、信息等的交换。扶贫组织机构不能过于僵化,必须根据这些变化不断调整自身的组织结构、工作方式和工作内容,以适应新的情况。因此,采取集成的方法将任何单一部门都无

---

① "四省藏区"是指除西藏自治区外青海、四川、云南、甘肃等四省藏族与其他民族共同聚居的民族自治地方。

② 有学者将四川"5·12"大地震抗震救灾组织模式诠释为"政府集成模式"。

法独立进行的援助行动作为开放复杂巨系统，厘清参与主体各部门横向间的关系和纵向间的层次，把扶贫主体及其所处环境看成一个整体，把各相关要素按照扶贫攻坚全面胜利的目标集成起来，优化集成体的功能，最终圆满完成扶贫开发工作的各项要求，不失为一种有效的路径。本书认为，这次援助行动实际上也是四川"5·12"大地震抗震救灾政府集成模式先进经验的借鉴推广。①

在四川省正在开展工作的援助藏区行动中，援助藏区行动的集成含义是援藏主体（四川省各级政府和部门）主动对自身内部各个职能部门、行业组织和社会组织进行有目的的组织集成、功能集成和流程集成的行为和过程，呈现出"政府主导、集合重组、整体优化"三大鲜明特征。②

（1）政府主导。四川援助藏区行动中突出体现了省委、省政府的领导主导作用，首先，四川省委、省政府主动根据援助藏区过程中的新变化调整其政策和措施，带有明确的目的性。四川省委、省政府根据援助行动的复杂性和动态性，对可集成部门进行比较选择。其次，以增强藏区跨越式发展和长治久安为目标对党委、政府各部门进行有机集成。最后，以四川藏区为对象，对援助行动这一复杂巨系统进行规划、设计、指导、协调与控制，并根据涌现的新变化不断调整其政策、结构、工作方式等，最大限度地发挥四川省委、省政府的主导全局作用。

（2）集合重组。四川援助藏区行动同时体现了省委、省政府着重强调对扶贫主体的组织重新设计和过程的再设计，从而提高扶贫开发组织系统的有序性。在扶贫主体内部资源、技术和组织等的重组中，扶贫主体间的联系和配合更加密切，扶贫开发的有序性得到提高。集合重组注意领导的层次性和结构性，遵循扶贫开发的规模和范围，实行分级管理原则，注重科学统筹、整体谋划，将各种要素集合成一个有机整体，并把这种综合解决复杂巨系统问题的方式和理念贯穿始终。③

（3）整体优化。在四川援助藏区行动中，在省委、省政府的领导下，参与援助的主体集成融合成为一个有机整体，这种融合不是集成主体之间的算术加法，而是集成主体之间内部的有机相融。以解决当地经济社会发展、各种紧急事件和复杂问题为目标，以藏区全面科学发展为对象，综合解决援助过程中各种复杂问题，这就是整体优化的目的。实现新集成体的整体功能远远大于各单一援助单位独立运行所产生的功能之和，是整体优化最直观的表达。更重要的是，整体优化有利于促进参与援助主体的自组织和适应进化，因而有效提高、完善了扶贫集成体的整体功能。

---

①②③ 蒋永穆，李丽．"5·12"大地震抗震救灾新模式：政府集成［J］．天府新论，2011（2）．

由上分析不难得出,四川正在开展的援助藏区行动的扶贫集成模式再次实践了扶贫集成思想。随着此项行动计划的顺利实施,必将增强四川藏区跨越式发展的动力,帮助四川藏区尽快脱贫致富,实现跨越式发展和长治久安,也必将促使四川藏区与全国、四川省同步建成小康社会的目标胜利实现。

第九章

中国连片特困地区扶贫开发的环境支撑

在当代中国，对连片特困地区的扶贫开发，不仅需要极大的扶贫资金和资源投入，更需要不断完善和创新我国扶贫开发机制，优化相关外部环境，切实提供保障支撑。本书认为，今后一段时期，进一步完善和发展我国扶贫开发机制，应当按照2013年11月党的十八届三中全会作出的《中共中央关于全面深化改革若干重大问题的决定》，在新的历史起点上全面深化改革，通过一系列行之有效的改革措施，进一步优化我国连片特困地区扶贫开发的外部环境。

第一节 进一步转变农业经济发展方式

随着我国经济社会不断发展，目前我国已进入一个新的发展阶段，面对新形势新任务新要求，以前的粗放式经济增长方式亟待改变，我国的经济发展方式已经到了不得不转变的关键时刻。经济增长与经济发展既相互关联又有很大的区别，经济增长并不代表经济真正的发展，前者重在考虑社会总财富和社会总产值如GDP的增长，而经济发展除考虑经济增长的相关因素外，还包括质量和效益等。如果我们以社会经济的产值和增速为考察经济的指标，就需要实现不同比例的促进经济增长和增速加快的生成要素的投入。而实际上真正的经济增长并不仅仅只包含经济总量的增加，更重要的应当是经济发展的质量和经济发展的结构。如果是结构单一、老化、不具有创新的经济增长，那么，即使经济总量增加也很难说实现了经济的真正发展。因此经济的真正发展需要以正确的和先进的发展模式、方式为基本，改善发展结构和经济投资结构，促进资源更有效合理地利用，经济增长应当以经济发展为终极目标。对于我国农村的发展而言，这一点显得尤为重要。从宏观上讲，我国目前应当进一步转变农村的经济发展方式，创新发展模式，调整农村的需求结构，促进农业产业化发展。与此同时，完善农村市场的相应体制机制等方面应重点探究，这样才能够真正实现农村经济的可持续发展、科学发展。在连片特困地区，还应进一步提高农民的自我发展能力，实现真正的"造血式"扶贫。本书认为，进一步转变农业经济发展方式重点是从调整农村需求结构、优化农业产业结构和完善农村市场体制等着手。

一、调整农村需求结构

过去，我国农村的需求结构一直都是投资驱动型，这样的状态急需变革。从拉动我国经济发展的"三驾马车"来看，即投资、消费和出口，投资是关键，消费是基础，出口是支撑。因而，我国在调整农村需求结构的过程中，应充分发挥消费的基础性作用。农村的经济增长应当以消费拉动为主，积极推动消费、投资和出口相协调的发展模式，促使最终消费成为农村经济发展的主导力量。实现这一目标，最关键的是要建立长效的扩大消费促增长的长效机制。要实现扩大农村消费，就要打破常规格局和束缚，实现乡乡互动、城乡统筹发展，积极推进扶贫开发，不断实现合理的城镇化。① 促进农村劳动力人员的就业，提高就业机会和稳定性，真正实现农民的稳定增收。

要实现农民的增收，需要多方面的努力，构建合理的增收渠道是关键的关键。在扶贫开发过程中，财政对农民收入的补助是对收入的初次分配，调整财政在初次分配过程中的公平性；而调整企业、组织和农民的收入分配需要以税收、转移支付以及补贴等方式为依托，从而在再分配的过程中实现农民的收入增加。

在增加农民收入的同时也应当加大对农村医疗服务的投入，大力建设好农村的社会保障制度，包括医疗保障、教育保障和住房保障，同时扩大农村社会保障制度的覆盖群体，使农民"不愁吃、不愁穿"，保障其义务教育、基本医疗和住房。② 在农村，只有建设好充分的社会保障制度，才能够减少农民的传统储蓄，扩大农村消费。根据我国的国情，大部分农民不愿意主动消费，更多是因为保障制度的缺乏，他们缺乏内心的安全感。要改变农村的需求结构，重在扩大消费，要扩大农民的消费，就要让他们愿意主动消费，减少后顾之忧，不断完善和发展社会保障制度，这样才能够使得农民"不愁吃、穿、学、医、住"的目标落到实处。从而能够提高消费积极性，扩大国内市场，促进消费性经济的增长模式健康发展。

---

① 有学者认为，城镇化可以分为三类，即产业城镇化、土地城镇化和人口城镇化。针对土地城镇化快于人口城镇化现象，本书提出合理城镇化，针对连片特困地区来说，今后应注重以人为本的城镇化，主要是应让人口城镇化成为努力方向。

② 中国农村扶贫开发纲要（2011~2020年）[N]. 人民日报，2011-12-02.

二、优化农业产业结构

2001年,我国加入WTO后,面临的机会与挑战并存。2008年,在国际金融危机的冲击下,我国农业发展面临着巨大的挑战,在激烈的矛盾冲突下,我国农业产业结构中的矛盾不断暴露出来。我国的三大产业结构性失衡很严重,第一产业发展不足,缺乏核心竞争力,第二产业所占产业比重高,但是附加值低下,第三产业所占比重较小,没有充分发挥出来。① 现在全球都面临产能过剩的巨大压力,对于连片特困地区而言,大力发展特色农业、特色农产品加工业,积极促进传统的农产品加工技术升级,保持特色农产品加工业特有的竞争优势。与此同时,调整农业产业结构,大力发展特色农产品加工业,拓展农产品加工业的范围和空间,冲破体制机制约束,拓展农产品加工业的发展空间,从而能够提高农产品加工业在农业发展整个价值链中的地位。充分发挥农业相关产业的劳动密集型特点,充分吸收所在地区以及周边地区农村剩余劳动力,促进就业,提高农民收入,依托当地的特殊文化、地理位置、自然环境以及其他的优势,逐渐促进农民向市民转化,促进城市化发展,同时以中小城镇为基本和依托,分步骤有节奏逐步推进区域的城镇化。②

三、完善农村市场经济体制

发展农村的市场经济,需要进一步完善农村的市场经济体制,按照统筹城乡发展和深化改革的要求,对农村市场经济体制进行彻底的改革,让市场在资源配置中真正起决定性作用。首先是要打破垄断,分割垄断行业的市场,铲除市场垄断,加快垄断行业的市场化改革。③在对连片特困地区的扶贫开发中,要减少市场准入壁垒,充分配置好扶贫资源,促进公平竞争,促使农村公共资源领域逐渐市场化,变革农村固有的封闭式小农经济发展和备受诟病的地方保护主义,形成统一、开放、竞争、有序的全国市场,从而减少产能过剩,提高农村资源利用效率等。要打破固有的户籍制度的束缚,加快户籍制度改革,建立城乡统一的户籍制度,积极引导资源不断流入农村市场,实现城乡要素的合理流动。按"四化同步"和统筹城乡发展战略要求,将新型工业化、信息化、城镇化和农业现代化统一于扶贫开发全过程,加快城乡二元经济结构向现代一元经济的转换。④

---

①③④ 孙永强,巫和懋. 当前转变经济发展方式的形势与对策 [J]. 高校理论战线,2012 (9).

② 李余,吴博文. 新一轮西部大开发背景下特色农产品加工业的典型模式分析及对策研究 [J]. 经济问题探索,2013 (8).

第二节 进一步深化农村经济体制改革

农村的经济体制改革并不是近些年才提出来的新理念，改革开放以来，农村的经济体制不断进行改革。经过 30 多年的努力，我国农村经济体制改革的成效是相当大的，农村的经济发展对我国高速的经济增长模式贡献了巨大力量，因此这几十年的改革成果也得到了大众的认同。我国的农村和农业的发展面临前所未有的困难和压力，进一步对农村市场经济体制进行改革势在必行，而这对于促进农村和农业的可持续有效发展具有重大的意义。然而对经济体制的改革面临的挑战也是巨大的，深化经济体制改革就需要从稳定和完善农村的相关经营制度以及理顺扶贫开发中政府和市场的关系等方面努力。

一、稳定和完善农村基本经营制度

至于农村的基本经营制度，早在 30 多年前，我国就已经制定实行了家庭联产承包责任制，这是我国农村的基本经营制度，这也是我国实施扶贫开发以及培育农业产业链的基本制度保障。①

1. 我国农村基本经营制度

"以家庭承包经营为基础、统分结合的双层经营体制"是我国农村的基本经营制度。其包括以下几个方面：一是农村土地等主要生产资料为集体所有；二是基础的制度为家庭承包经营；三是土地承包经营权是可以流转的。进一步增强和突出集体组织的服务功能，促进并支持农民展开多种形式的联合，以及合作。

为保障农民的权益，国家以法律的形式将农民的土地使用权规定下来，从宪法的角度保护农民的土地权益，从而赋予农民长期而有保障的土地使用权，其中宪法规定："农村集体经济组织实行家庭承包经营为基础、统分结合的双层经营体制"。《中华人民共和国农业法》也规定，"国家长期稳定农村以家庭承包经营为基础、统分结合的双层经营体制"，"国家实行农村土地承包经营制度，依法保障农村土地承包关系的长期稳定，保护农民对承包土地的使用权"。《中华人民共和国农村土地承包法》进一步明确了农村土地承包经营制度。《中华人民共和国物权法》规定，"土地承包经营权人依法对其承包经营的耕地、林地、草地等享有占有、使用和收益的权利，有权从事种植业、林业、畜牧业等农业生产"，这些法律都赋予了土地承包经营权用益物权属性，进一步强化了对农民土地承包

---

① 肖小虹. 中国农业产业链培育的相关环境分析 [J]. 学理论, 2012 (12).

经营权的法律保护。

我国在扶贫开发过程中产生了一系列伟大而具有实践意义的经营制度，例如，已在我国农村实行的家庭承包经营制度以及统分结合的双层经营体制，都具有十分重大的意义。这不仅使得农村的经济可以持续而又快速地发展，从而使农业产值增加，增加农民的收入，并且这一制度的创设，解决了之前长期存在的农民积极性难以激发的瓶颈，能够从真正意义上保障农业生产的可持续发展。从战略上看，其能够促进农村的健康持续发展，保护我国的粮食供应安全。能够满足人们的生活需要，符合时代变化需求。回顾过往，我们可以清晰地发现，从改革开放以来到 2009 年，我国农林牧渔业总产值由 1397.0 亿元增加到了 60361.0 亿元，粮食产量由 30476.5 万吨增加到了 53082.1 万吨。① 过去农民没有独立的自主经营权，在实行统分结合的双层经营体制后，农民拥有了生产经营自主权，这就使农民获得了自由支配劳动的权利，正是因为如此，农民的就业形式得以不断发展变化。据统计，2008 年，我国约有 2.25 亿农村劳动力实现了向城镇和非农产业的转移。② 在经营体制的改变下，农民具有自己独立的地位，农民的收入也在不断增加，生活水平得到极大的提升。从 1978 年到 2009 年，农民人均纯收入从 134 元增加到 5153 元，年平均增长速度 7.2%，③我国农村已经由温饱不足进入到总体小康向全面小康迈进的阶段。30 多年的实践经验充分证明了我国农村基本经营制度适应社会主义市场经济体制的要求，符合农业生产的特点，能够容纳不断发展的社会生产力，符合世界农业现代化的发展趋势，具有普遍的适应性和旺盛的生命力。

2. 稳定和完善我国农村基本经营制度的主要措施

现阶段，我国的农村基本经营制度还存在保护农民土地承包经营权的机制不完善、农户进入市场的组织化程度较低、土地承包经营权流转市场发育缓慢、统一经营层次的经济实力和服务能力较弱等问题。农村基本经营制度是党的农村政策的基石，也是农村改革发展最重要的制度基础。深化农村经济体制改革，必须进一步稳定和完善农村基本经营制度。土地是稀缺的生产要素，是我国农业发展的重要基础，所以建立一个完整、完善的农村基本经营制度，是农村改革的一个重要进步。农村基本经营制度在整个社会经济发展中具有重要作用，深化农村经济体制改革，进一步稳定和完善农村基本经营制度，必须重点做好以下工作：

（1）稳定现有土地承包关系并长久不变，赋予农民更加充分而有保障的土地承包经营权。以家庭承包经营为基础、统分结合的双层经营体制，是适应社会主义市场经济体制、符合农业生产特点的农村基本经营制度，是党的农村政策的

---

①③ 中国统计年鉴 [Z]．中国统计出版社，2010：200．
② 张红宇，赵长保．中国农业政策的基本框架 [M]．北京：中国财政经济出版社，2009：25．

基石，必须毫不动摇地坚持。有利于符合农民的根本利益，有利于发展农业生产力，有利于保持农村的社会稳定。① 以土地承包经营权为核心，全国已有近2.3亿农户成为最基本的经营主体。② 在此基础上，衍生出来的一系列关于农村土地承包经营的问题要加快解决，保证土地承包管理工作全面落实，做到承包地块、面积、合同、证书等"四到户"的程度。

（2）建立良好的市场——健全的土地承包经营权流转市场。农民的土地经营权对于他们而言至关重要，如果没有健全的良好的农村土地流转市场，在多元化利益的冲击下，很难保障农民的相关土地权益。同时，要建立健康完善的农村土地承包经营权流转市场监管机制，必须增强相关政府职能部门的管理能力和服务意识，在管理和服务方面应当坚持几大基本准则：一是要有统一的基本原则；二是要有统一的根本目标；三是要将相关的实现机制和相关配套措施相结合。理顺各参与主体之间的利益关系，促进流转的顺畅进行。③

（3）着力提高家庭经营的集约化水平。现在我国农村的发展和经营模式主要是以家庭为单位，采取家庭承包经营为基础、统分结合的双层经营体制。④ 然而由于家庭在人才和技术上的有限性，农业向更高阶段的发展受到一定的限制。因此，要发展贫困农村的经济，提高农民的收入，提高家庭经营的科技化、先进化水平显得尤为重要，这就要求普通家庭能够熟练、普遍地采用先进科技手段和生产方式进行经营。由单一的落后个体发展，向新型的科技化生产手段变革。这就需要在家庭经营中不断增加技术、资金等相关生产要素的投入，实现生产要素的更新和规模的扩大。农业家庭经营科技化水平提高才能够真正实现农村家庭经营的集约化，提高集约化生产水平，减少浪费，提高利用率。土地经营权的流转仍然需要控制在合理的范围内，要坚持在农民自愿的基础上，实现有偿流转，并且以法律的形式把农民的权利落实和保障好，以免囿于现实中的复杂因素，导致农民利益受损。在国家层面制定农村土地流转政策的基础上，鼓励各地发展有特色的多种形式的经营方式，经营规模保持适度。

（4）大力提高集体经营的组织化程度。在提倡改革农村经济体制，提高农村集约经营化水平的同时，势必需要提高集体经营的组织化程度。在集约化、统一经营的思想指导下，不是抛开农民，不是变相让农民失去土地，而是更好地实现农民的利益，促进农村经济的发展。因此，真正统一经营的主体仍然应当是农民。这就需要开展农户与农户的合作与协调，形成农户与集体、农户与企业的多

---

①② 中共中央关于推进农村改革若干重大问题的决定 [EB/OL]. 中国要闻，http：//www.gov.cn/jrzg, 2008 – 10 – 19.
③ 蒋永穆，杨少垒. 利益协调扶贫开发型：土地承包经营权流转的新模式 [J]. 教学与研究, 2010 (1).
④ 肖小虹. 中国农业产业链培育的相关环境分析 [J]. 学理论, 2012 (12).

元化、多层次、多角度、多种类的经营服务体系。① 要保障好联合统一经营的效果，就需要积极发展集体经济组织。这些组织就应当充分发挥各自的作用，充分借鉴和吸收国外以及其他地方的集体经济组织成功的服务模式和理念，结合当地实际情况提供个性化、具有实际效果的服务产品，增强服务能力，在发展中不断摸索、完善、培育出更加良好的符合农村社会的农业社会化服务组织。积极引进合适的企业，鼓励和扶持当地的龙头企业参与到与农民联合开发经营发展、分享利益的建设中来。建立农民与企业密切联系的利益联合体制，不断提高组织化程度。在发展经济、建立企业与农民利益协调机制的同时，应当始终坚持为农民服务、自由进退、权利与责任平等、自主对立、平等民主管理的核心思想和指导原则。积极加快建设专业化的农村合作社，提高组织化程度，提高服务化水平，增多服务产品类型，使农村合作化组织更成熟。依靠成熟、健康的组织引导农民参与到国内市场，甚至在国际市场中，与其他现代农业型企业一起竞争发展。②

二、理顺扶贫开发中政府与市场的关系

党的十八大提出，行政体制改革是推动上层建筑适应经济基础的必然要求。要按照建立具有中国特色社会主义行政体制的目标，深入推进政企分开、政资分开、政事分开、政社分开，建设职能科学、结构优化、廉洁高效、人民满意的服务型政府。③ 我国30多年来改革开放的实践表明，政府与市场的关系问题是经济体制改革的核心问题。④ 对连片特困地区的扶贫开发关系到国计民生，是建设有中国特色社会主义的重要历史任务，也是党中央在长期实践中探索出来的、行之有效的反贫困道路，是实现我国农业现代化、发展农村经济的必要步骤。扶贫开发不仅仅是一个经济问题、社会问题，是一个重大的政治任务，更关系到我国经济体制改革的方方面面。在改善人民生活方面，尽管我国已基本解决了温饱问题，然而这始终只是我国经济社会发展获得的局部性、阶段性的成果。要真正改善人民的生活，仅仅依靠扩大内需和提高人们的消费水平是远远不够的，要坚持把发展作为第一要务。对连片贫困地区的扶贫开发工作任务艰巨，消除贫困、缩小城乡差距、缩小地区和区域差距、实现社会公平是整个社会主义初级阶段都要面临的难题，也是整个初级阶段必须解决的问题。党中央已经把消除贫困、扭转贫富差距拉大的趋势放到了重要位置。

---

①② 中共中央关于推进农村改革若干重大问题的决定［EB/OL］. 中国要闻，http://www.gov.cn/jrzg, 2008-10-19.

③ 胡锦涛. 坚定不移沿着中国特色社会主义道路前进 为全面建成小康社会而奋斗——在中国共产党第十八次全国代表大会上的报告［N］. 人民日报，2012-11-08.

④ 党的十八届三中全会指出，经济体制改革是全面深化改革的重点，核心问题是处理好政府和市场的关系，使市场在资源配置中起决定性作用和更好发挥政府作用。

根据党的十八届三中全会作出的《中共中央关于全面深化改革若干重大问题的决定》，全面深化改革，要正确处理好政府与市场的关系。就我国的扶贫开发事业而言，以反贫困、消除贫困为目标展开的各项工作并不意味着政府要事事亲为，政府把扶贫工作都包揽完毕，决定一切，而是政府要在扶贫工作中确立好自己的角色和地位，解决好"越位"、"缺位"和"错位"问题。在市场、社会能做好的事情上，不"越位"；在保障民生等基本公共服务、监管违法行为、维护国家安全等方面，不"缺位"；在政府部门之间做好职责范围内的事情上，不"错位"。真正地转变执政思想，建设服务型政府，应当创新管理模式，应当以市场为主题和导向，完善市场机制，使市场鲜活有力，能够具有充分的吸引力，吸引和鼓励社会人员参与到扶贫工作中来。严瑞珍曾明确指出：引入市场经济机制是反贫困决策的核心内容。① 市场的重要性是由市场的本质特征决定的，市场从产生依赖本身就具有特有的激励，约束机制，这样就能够充分吸引社会要素的加入，调动参与主体的积极性，市场是充分调节资源合理利用的天然调节器。这是因为：首先，在市场经济的环境中，自由、平等是核心思想和原则，参与到市场经济中的主体，例如生产者，他们之所以生产，并不是为了或者说不是直接为了自己的消费，而是为市场的其他多种主体所生产的。按照马克思的经济学原理，一件产品由生产者生产出来后，它是一个复杂的物体，作为劳动产品有必要的成本，耗费了生产者付出的各种生产要素，例如资源、资金、劳动力，这件商品应当首先包含生产者的付出。作为商品生产者生产的目的不是为自己而是为别人所用，最终目的是商品所能带来的多余的利润。一般而言，商品数量越多，那么利润的总值就越多。充分认识农村扶贫开发中市场机制的重要性，就是由市场本身的优点所决定的。在市场经济条件下，每个生产者为了追求更多的利润，都积极地生产产品。把农民吸引到市场经济体制中，就能够把更多的自然资源、资金、技术以及相关的劳动力等生产要素卷入到市场中来，实现资源的合理配置，增加利润收入。其次，在市场中，它有自己特殊的调节机制——商品和市场上的供求关系，引起价格为之上下变动，从而我们能够看到哪些地方资源过剩，哪些地方资源稀缺，从而促使资源在不同的行业和部门之间合理地流转，使资源能够被合理地配置和利用。这就能够在市场规律下指导各市场主体调节自身的生产，在这样自身约束和刺激下，参与到市场中的各个主体就会最大程度地合理利用自己的和市场的资源，从而能够减少资源的浪费。最后，按照市场规律，商品的价格是依照生产该类商品所用的社会平均消费和社会的平均利润来定的，它们共同决定价格的高低。各个市场主体为了实现自己的利润最大化就会不断地改善技

---

① 反贫困研究课题组.反贫困中的市场与政府行为[M].中国人民大学农村发展研究所，1997：10.

术,获得新的资源和信息,不断引进先进的设备,提高资源的利用率,改善经营等获得更大的受益,获得更多的利润。市场机制可以促使市场主体不断改善自己,不断得到发展,使得社会资源能够永远被合理地利用,能够在有序的环境下得到最好的、最合理的配置。

我国的大多数贫困地区处于一些交通不便的偏远山区,自然资源相对缺乏,加之历史、民族和思想等原因,商品经济发展缓慢,基本很少。整体而言,我国贫困地区的经济基本上还是自给自足的原始传统发展状态,农民生产的目的大多只是为了满足自家的需求,因此在收益后再投入生产的很少,大多数再生产的投入也都是为了自己的需要,满足基本的生活需求。从20世纪80年代中期农产品价格和流通体制的改革到20世纪90年代实行社会主义市场经济体制改革,在我国农村的经济基本上确立了市场的主体地位,逐步实现了市场机制对资源的基础性配置,即便是在连片贫困地区,很多农民的一系列生产行为也在逐渐地受到市场经济的影响并且影响也越发明显。无论是农户自己的开发性生产行为还是企业的大规模生产行为,都一定程度上受到市场的影响。市场决定或引导农户生产要素投入的方向、多少,市场的发育为他们解决资源配置等问题。然而,很多贫困地区尤其是一些集中连片特困地区之所以贫困,主要是由于地理位置偏僻、交通不发达、基础设施建设落后等导致的生产产品输出代价高。与此同时,当地农民的生产更多的是自给自足,很少进行再投资,即便是再投资也是仅仅满足自己和家人的基本生活需求。总之,在贫困农村,不论是产品的市场还是生产商品的要素投入市场,发育程度都远低于平均水平。生产商品和要素投入市场的狭小以及农村经济发展的痼疾——封闭式小农经济严重地制约着农村商品市场的发展,也制约着当地的农户放长眼光发展当地特色优势产业。

因此,对于转型期贫困地区的政府而言,其主要职责之一就是积极扶持贫困地区市场的发育,进一步完善该地区的市场体系。① 具体来说有以下几项:首先,作为服务型的政府,应当为发展当地经济做好服务工作,努力建设好硬件设施及软件设施,管理好当地市场,不断优化市场环境。发展当地的市场经济,需要市场参与者的加入,需要吸引更多的人力、物力资源等生产要素的投入,而市场环境是吸引资源的重要因素,只有搞好各种软件设施、硬件设施建设,市场环境优化、有序、有活力才能为吸引投资增加砝码。很多自愿投资者决定投资时,市场环境是他们很重要的考虑要素。要实现投资的效果,环境投资将是一个很重要的方面。在这样的情况下,当地政府要开发扶贫市场,最关键的一环就是培育和维护好良好的市场环境。在干净、有序、良好的市场环境中,多种多样的市场

---

① 曹文道. 转型期中国反贫困机制与对策研究 [D]. 中国农业科学院博士学位论文, 2000: 105.

生产要素能够得到有效调节、畅通流动渠道并能够进一步实现资源的优化重组。正如前文提到的，市场的环境建设包括两个方面，一是硬件设施建设，二是软件设施建设。其中前者的范围广阔，无论是交通设施建设，还是基本通信设施建设都属于硬件建设。后者相对于前者而言比较灵活多样，其中包括最常用到也是最有用的办事机构建设，这些机构应当是办事效率高，反应十分灵活的一类。同时还要包括有合理的投资政策。其次，农村经济发展的封闭性的弊端日益显现，很多地方的地方封闭式发展都严重制约了扶贫工作的展开，因此扶贫式开发很重要的一环就是要打破各个地方互相封闭发展、封锁式扶贫的状态，打造流通性更强、范围更广的专业市场。并且市场的形式应当是多元化的，政府应当积极鼓励市场向多层次、多样化方向发展。也就是说，整个市场的状态应当是丰富的，有规模上比较大的综合市场，也有满足较为专业化需求的专业市场，既有宏观的统一的市场，还有符合区域特性的区域市场。贫困地区政府应当转变市场发展观念，在统筹规划的过程中注意决策的可行性和合理性，从实际出发，灵活制定决策，不要画地为牢、故步自封，应当积极促进各个区域的相互协作、流通，形成不断开放的大市场体系。与此同时，要集中精力发展当地有优势的、符合当地实际的特色市场、专业市场。在管理的过程中，充分运用多方面力量，共同为促进市场健康发展而努力。比如可以充分发挥产销大户、输运大户以及各种市场的中介机构的作用，带动市场良性发展。最后，政府以建设服务型政府为基础，完善好自己的服务功能，建立良性循环的市场环境。同样，在市场发育初期，政府必要的规划、引导和调节必不可少。① 只有这样，才能保障市场主体合法、合理参与发展，才能够引导市场健康、有序理性发展。

总而言之，在扶贫开发过程中，要充分区分好政府的服务与管理职能，在发展农村市场经济的过程中，理顺政府与农民、政府与企业、企业与农民的相互关系和角色定位。政府应该从宏观上加以调控。这需要政府解放思想，积极向服务性政府转变，更多是为培育和维护农村市场经济做好后勤和平台搭建工作，积极引导农民、企业等市场主体参与到市场经济体系中来，运用市场经济规律，充分调动市场主体的积极性，生产更多的社会需要的商品。引导他们不断参与到商品的生产、运输、销售等服务领域中来，促进贫困农村地区的自然资源以及人力资源的开发与当地的特色产业优势产业相结合，从根本上拓宽农村劳动力就业渠道。促进资源开发更加合理、产业结构不断升级，从而推动农村市场经济体制中的各个生产要素合理配置，促使生产技术不断改进、新技术不断被用于生产活动中。同时，促使商品生产者不断改善经营模式和方式，提高管理能力，提高整体

---

① 曹文道. 转型期中国反贫困机制与对策研究 [D]. 中国农业科学院博士学位论文，2000：106.

生产能力，让社会分工不断得到深化。只有从根本上找到发展贫困农村的内生发展动力，才能使得贫困地区农民有可持续脱贫的能力，这才是消除贫穷落后的最根本途径。①

第三节　进一步强化非正式制度安排

一直以来，中央都把对贫困地区的扶贫工作作为改善民生的重点工程来抓。对扶贫工作而言，从过去的在道义上给予帮助式扶贫到现在的向构建制度性扶贫开发，从主要以财政给予帮助的救济式扶贫到对贫困地区的开发性扶贫，我国扶贫的理念和方式都发生了革命性变化。现在重点不是过去的单一的行政救济性扶贫，而是把眼光放得更长远，落实在对贫困人口身份的转变上，促进农村剩余劳动力的转移等方面。之前对连片贫困地区的扶贫工作主要依靠财政拨款等救济方式来展开，但是这样的方式只能解决部分问题，不能从根源上改变农村落后贫困的根本问题，反而增加了政府的压力。过去单纯地向贫困地区提供食物、衣物以及资金是粗放和不可持续的扶贫模式，这样不仅不能充分改变人们的思想、内在激发他们脱贫的主观能动性，相反可能会使他们更依赖政府而丧失自我生存能力。因此，目前的扶贫工作更加看重的是开发式、参与式扶贫，也就是当下比较流行的说法——"造血式"扶贫。"输血式"扶贫时代应当成为过去式，"造血式"扶贫是一种充满创新和挑战性的扶贫开发模式。"造血"并不意味着政府就能置身其外，也并不是政府不再给予财政性资金支持，而是政府在扶贫过程中的思想和角色要发生巨大改变，资金不仅仅是用于对贫困农户的直接支援，而是把资金用在刀刃上，也就是把资金重点用在项目、企业等的创办上，培育连片特困地区和贫困农民的自我发展能力，真正实现"造血式"的扶贫目标。要让"造血式"扶贫模式顺利推进，就需要当地的政府和群众积极参与其中。前面已经谈到，贫困地区之所以贫困，一方面是由于自然资源、民族历史、生态环境等客观条件限制；另一方面与贫困地区基层干部、农村群众等主观原因分不开，如我国连片特困地区贫困人口由于普遍受教育程度较低，思想文化水平相对落后，加之信息闭塞，缺乏市场意识等多种因素，影响了"造血"机制的形成，制约了当地经济社会的发展。这就需要我们进行非制度安排，从而不断提高贫困地区干部群众的自我发展意识。非制度安排重点是从转变贫困农民思想意识、提高贫困农民素质等方面着手。

---

① 曹文道. 转型期中国反贫困机制与对策研究 [D]. 中国农业科学院博士学位论文, 2000: 112.

一、转变贫困农民思想意识

对贫困地区最初的扶贫通常采取的是"救济式"扶贫,这实际上是"输血式"扶贫方式。这种方式相对单一,尽管在一定程度上有利于提高农民的生活水平,起到短暂的救济作用,但是要让广大贫困地区彻底脱贫致富,实现生产的发展与升级,单是依靠政府财政资金支持是远远不够的。"输血式"扶贫不仅起不到长期的作用,还会影响贫困地区的发展。一方面不利于刺激农民的内在动力,反而容易让他们产生依赖思想,安于政府的直接救济,不积极发挥主观能动性。另一方面,由于中央的大量财政直接拨款,使得贫困地区基层政府组织也更容易丧失创新意识,在扶贫开发中依赖上级政府,依赖国家财政,导致很多干部在当地对扶贫工作无所作为。农民和当地政府领导的依赖思想会使当地扶贫开发进入"输血式"扶贫怪圈,这种情况下,容易导致返贫现象的发生,不能够让农民真正走出贫困,实现农村经济的真正的发展。很多贫困地区的农民更多的是认为贫困就是一种命运的安排,因此进一步做好农民的思想工作,从思想上脱贫是开发式扶贫工作的当务之急。

1. 坚决破除封建小农思想对农民的束缚

由于几千年的封建小农思想影响深远,在很多地方的农民心里已经根深蒂固。开展好扶贫工作就必须剔除农民心中深厚的封建落后思想和观念。

(1) 要发挥党组织的先锋带头作用。依靠基层的先进的党组织和个人开展深入的对农民的思想教育活动,以广大的基层党组织成员的模范和先锋行动为带头,积极引导农民解放思想。在贫困的农村,各基层党员是扶贫工作展开的中坚力量,基层党员与农民接触最多,也是最了解民情民意的工作人员,他们与当地群众有着深厚的感情,对所在地区的广大群众的影响是最直接,影响力是最大的。因此应当充分提高当地基层党组织成员的思想素质,进而直接影响和改变当地群众。如果贫困农村的基层党组织、组织成员本身就没有冲破封建思想对自己的束缚、没有转变思想观念,固守封建陋习和恶习,不积极抵制不良思想的入侵,那么当地农民他们自己根本没有办法主动逃离这种不良思想意识的制约,这样就会导致封建落后思想、封建陋习、恶习顺势蔓延,造成巨大隐患,严重阻碍扶贫工作的顺利进行。相反,如果每一个基层干部、工作人员、党组织成员都积极响应中央号召,积极同封建落后思想做斗争,挣破小农经济的束缚,在当地就直接起到了带头和示范作用,引导农民坚持相信科学、摆脱愚昧,能推动乡村文化健康、科学发展。

(2) 要反对农村宗族活动。从历史的经验来看,我国农村宗族活动的核心是部分群众把宗族利益放在高于国家和集体利益之上。这与我国贫困地区农村经济发展较为落后、社会发育不够完备、文化建设停滞不前等因素不无相关,在很多地方表现为部分群众在日常生产生活中,按照古代的宗族活动行事,把家族、个人利益看得较重,把国家利益、集体利益看得较轻,本末倒置,这不利于打破封建的封闭性的小农经济思想,建立统一的大范围内的农村市场经济。更严重的是,在这样思想指导下的农民逃离基层党组织和基层政府的正确指导,使得党组织和政府的威信力受到严重威胁,不利于当地社会的稳定,也无法保障为当地经济建设稳定的市场经济发展环境,阻碍脱贫致富。因此,在目前的扶贫工作中尤其要重视对农民进行思想教育,引导他们逐渐消除封建的宗族观念,提高贫困农民的自我认知能力,在生产生活中,从国家利益、集体利益和大多数人的利益出发,提高其思想觉悟。只有这样,他们才能更容易、更深刻地体会到政府扶贫开发政策,积极投身到扶贫开发事业中来。

(3) 要敢于同"黄、赌、毒"等不良习俗作斗争。在我国广大农村,尤其是偏远贫困地区,一些与社会新风格格不入的不良习俗如"黄、赌、毒"现象较为突出,有的地方甚至泛滥成灾,因而,与其作斗争十分紧迫。从另一个角度来看,"黄、赌、毒"等不良习俗有其存在的社会土壤,因而与其作斗争是一项十分艰巨的社会系统工程,要持之以恒地抓好这项社会系统工程。要坚决破除迷信和陈规陋习,树立社会主义新风尚,使其无立足之地。

(4) 要坚决同"法轮功"、"门徒会"、"实际神"等邪教组织作斗争。坚决取缔这些邪教组织,加大对邪教组织骨干成员的打击力度,加大宣传教育力度,揭穿"法轮功"、"门徒会"、"实际神"等邪教组织编造、宣扬的"末世论"、"宿命论"、"孽报说"之类的谎言,让邪教在广大农村没有滋生的土壤。

2. 牢固树立社会主义农村新风尚

首先是积极组织和开展能够让广大人民群众参与其中的文化活动,让农民能够更深入地体会到破除封建陋习的重要意义,让他们能够自发地剔除封建陋习,树立科学的、现代的、先进的生活生产意识。具体来讲,比如可以在当地的人群聚集的地方建立文化馆,在一个区域分点建设多个文化站、文化室等固定的站点,能够为农民自我提升提供良好的场所和资源。基层党组织,村委会可以定期、不定期地在群众中开展健康有益的文化活动,丰富农村业余文化生活,满足当代农民的精神文化需求。鼓励广大的文化组织、文化工作者创造更多的直接反映农村文化、具有农村特色和亲民思想的优秀文化作品,创造更多的符合大众需求、让广大农民喜闻乐见的文艺作品。同时,直接让更多农民参与到文化创作中来,让农民成为文化活动的主体。这样不仅能够刺激农民的创造力,也能使创作出的作品更接地气,更吸引农民群体,同时还能够拉近和农民的距离,增进感情,从而推进扶贫攻坚各项工作在基层顺利开展。

3. 切实提高农民的法制道德观念

党的十八届三中全会提出,要加强社会主义法制建设,建设法治国家。对我国连片特困地区而言,就要在扶贫开发过程中,加强法制宣传教育,将依法治国与以德治国紧密结合起来,增强农民的守法意识、底线意识,让他们知道什么事能做,什么事不能做,切实转变思想意识。

二、提高贫困农民整体素质

通过前面的分析可以发现,同一贫困地区的贫困农民的发展是不平衡的。一些贫困地区的农民在国家政策的扶持下,不断发掘自己的主观能动性,逐渐走出贫困,走上快速致富的道路。然而,一些地方仍然绵延贫困,难以走出困境。通过实际走访和调查发现,那些快速摆脱贫困、走上致富道路的农村,农民都是自身素质高、善于学习、善于运用现代科技知识、有文化的、积极劳动的新型农民。大多数难逃贫困厄运的农民,大多没有文化,劳动积极性差,他们生活困苦、衣食简单,勉强能够维持生活,挣扎在贫困的边缘。前后两种情况差别甚远,究其原因,农民自身素质对于生活的改善起着很重要的作用,因此在扶贫开发过程中,应当注重对贫困地区农民整体素质的提高,具体来说,需要从以下多方面努力:

1. 提高农民的教育水平

加强对连片特困地区农民的教育应从基础抓起、从小抓起,进一步加大对基础教育投资,确保农村九年义务教育制度得到落实,不断提高农村人力资本存量。儿童是祖国的未来,正如邓小平同志所说:"教育要从娃娃抓起。"① 农村的老龄人口,由于历史和经济的原因,他们大都没有机会读书,成了文盲。因而,要提高我国贫困农村的发展潜力,只有放眼在后代上,在偏远农村应当尽可能保障适龄儿童能够有学可上。政府一方面应大力出资建设校舍,合理安排校舍的地理位置。另一方面应提高贫困地区师资待遇,吸引更多的优秀人才参与到农村地区的教育事业中来。与此同时,鼓励更多的志愿者参与到其中来。减少贫困农村儿童的辍学率,提高未来农村人口的文化程度。同时积极开展文化、科技普及活动,帮助对成年人扫盲。农民教育水平的提高,需要大量的人力物力作为支撑。既要对广大农村农民以及社会相关人员进行思想动员,又需要用大量的物资作为支持,整个项目需要有组织、长效的开展,需要有计划地、一步一步有目标地做。

2. 用科学技术武装农民

在继续对农民进行基础教育的同时,依靠科学兴农、科技致富,用科学技术帮助贫困地区农民掌握更多的现代科学技术,② 加大对贫困农民的业务技术培训

---

① 中共中央文献研究室. 十四大以来重要文献选编 [A]. 北京:人民出版社,1996:176.
② 农民致富要掌握现代科学技术 [EB/OL]. 搜狐新闻,http://news.sohu.com.cn,2006-06-27.

力度，例如帮助农民掌握林业、养殖业、畜牧业的各种新技术，使其不断掌握农林牧副渔方面的现代科学技术和管理技术，只有这样才能够实现自我的脱贫致富。当地基层政府和组织要把科技兴农作为长效工作来抓，不能仅在形式上示范几次、讲解几次，由于农民本身素质相对较低，受教育水平不高，政府需要长期地采取有利于农民接受的方式对其进行科学武装。只要有新的技术出现，就应当第一时间组织人员进行培训，不断更新农村农业方面的技术。具体来说，可以邀请相关农业专家、一线研究者等现代农业技术的掌握者对农民定期进行培训，更多采取实地教授的形式。同时也开展夜校、培训班等，广泛普及农民的科学知识，增强农民对信息的掌握。注重学用结合，重点培养农民能够既学习了科学知识，又能够自如地运用到生产生活中。让他们相信科学，尊重科学，用科学指导农业生产生活。在农村形成良好的科学发展风貌，发展技术含量高、质量高的农村经济。

3. 发展农村文化产业

文化产业是朝阳产业，① 不仅环保而且具有可持续性，发展文化产业对于发展整个经济具有重要作用，大多数时候我们强调发展文化产业主要是侧重于城市，而忽视了广大农村市场。发展农村的文化产业，离不开文化产业企业，要让文化产业真正走上腾飞的道路，缺少农村市场的发展终究是畸形而有缺陷的。因此，积极发展农村的文化产业至关重要，要发展农村文化经济就要合理利用好市场机制的调节作用，政府从宏观上给予政策指导和调节，探究适合农村文化工作发展的有效机制，从而使得农村的文化资源得到合理配置、利用和组合。政府应积极引导、调动全社会的各种有效力量共同参与到农村文化的建设工作中来，为农民群众提供更好的文化作品、文化产品。地方政府要认真落实党中央关于文化体制改革的精神，拓展农村文化市场，从关爱农民本身出发，以服务好农民为基本出发点，提高农村公共文化服务的能力。文化的重点在于交流，只有相互流通，交流才能够擦出更多创新的火花，文化的发展才会有更多的活力，因此应当将数字文化的试点工作推广到全国的贫困农村，让数字文化服务进入农村，丰富一个区域一个地方的文化生活。要注意发掘地区特色文化，挖掘优秀的农村文化资源，并加以整理、建设、保护，发展可持续文化产业。鼓励大量农民参与到农村文化建设中来，政府在服务的同时，更应该担任管理者的角色，加强对农村文化市场的管控，注意对特色农村文化市场的培育。

---

① 韩永进. 文化产业是新兴的朝阳产业 [J]. 政策，2004 (3).

第四节 进一步完善和发展相关法律制度

很长一段时期以来，我国相关法律制度存在部分失灵的情况，体现在财政制度上，有倾向城市的偏向，① 而农民依据《中华人民共和国土地承包法》养地、用地与政府随时随地无偿征用农民土地形成强烈对比，使得农民对农村土地产权几乎没有任何保障。

同时，我国没有把劳动力转移就业纳入城市就业规划当中，而《中华人民共和国劳动法》中规定的"失业保障"条款，在法律上对农民就业权利的保护极少，农民的就业问题并没有像城镇居民那样被视为人民基本权利加以保护，没有真正当成"国民的基本权利"。② 也可以看出，没有把为农民创造更多的就业岗位在法律上定为政府的基本责任。因此要实现扶贫开发的目标，提高农民的就业率，实现农民收入的增加，扩大农村消费市场，培育新型有活力的农村市场经济，就必须从建设社会主义法治国家的高度，把农民的就业问题以法律的形式规定下来，予以保护。因此，完善和发展相关法律制度，应从加快推进农村土地制度改革、保障农村劳动力充分就业和加强对农民合法权利保护等方面着手。

另外，完善和发展相关法律制度，不仅仅是将相应的权利写入法律，更重要的是要落到实处。相关法律制度不仅规定政府的职责，更应该明确政府没有履行好职责的惩罚机制，只有这样，才能让相关法律制度不成一纸空文、流于形式。

一、加快推进农村土地制度改革

市场经济建设离不开产权制度的保障，因为建立现代产权制度是坚持和完善基本经济制度的内在要求，是促进我国经济、社会和人的全面发展的基本条件。而我国农民贫困问题的解决和我国农村扶贫开发机制创新同样离不开产权制度的保障。依附土地为生的农民，他们的贫富直接取决于其可支配资源的多寡，③ 其中，就包括农村土地使用权。

在我国，农民只是"土地"的使用者，拥有的仅仅是使用权，而非所有权和处置权，残缺的"土地产权"必将导致农民的土地使用权没有保障。随着城镇化进程的加快，征地纠纷频发，有些地方还发生了因"强拆"引发的轰动性群体事件，给当地经济发展和社会稳定造成了不利影响，存在很大隐患。产权制度不但损害了农民的利益，而且使我国农村的扶贫开发不能发挥应有的作用。因

---

①②③ 张伟，朱萌. 制度失衡：农民贫困问题的一种制度性解释[J]. 内蒙古农业大学学报，2006（1）.

此，要尝试进行有效的农村土地制度改革，切实保障农民土地产权的流动性，减轻农民在产权上的束缚，使我国农村的扶贫开发得到长足发展。

为保障农民的土地使用权，加快农村剩余劳动力转移，要尽快制定《中华人民共和国农村发展法》，切实保障农民的农地权。① 在确保农村非经营性土地"确权"的基础上，应加快推进农村经营性土地的"确权"工作，加快推进经营性土地流转的立法进程，引入市场竞争机制，力争早日实现农村经营性土地流转。

二、保障农村劳动力转移充分就业

就业是民生之本，是广大劳动者个人及其家庭获得收入、维持和提高生活水平的基本途径。② 目前，为了加快脱贫致富的步伐，我国许多地方加快了农村劳动力转移的步伐，保障农村劳动力转移充分就业，意义十分重大。③ 采取措施帮助贫困地区的贫困者向高收入的城市和发达地区流动，这实际上是指劳务输出，即贫困地区的贫困劳动力自发地或有组织地流入城市或发达地区务工或经商。实践证明，推进劳动力转移是帮助贫困者增加现金收入从而减少贫困的重要途径，有利于缓解贫困地区的人地之争。

在前几个阶段的扶贫开发过程中，虽然我国劳动力转移取得了不错的成果，但仍然有一些阻碍因素，在众多因素中，就业问题显得十分突出。④ 如何保障农村劳动力转移并充分就业已成为扶贫开发必须要解决好的问题。本书认为，应着重抓好以下几方面的工作。

1. 将农村劳动力转移就业纳入国家就业体系

尽管我国农村劳动力转移就业问题由来已久，但截至目前，我国尚未建立统一的城乡就业体系，有学者认为，农民就业问题没有得到足够的重视，国家的扶持力度也较欠缺，这或许是由于农民有依附的土地的缘故。⑤ 由于各种因素，自新中国成立以来，国家一直把就业工作重心放到城市，建立了完善的就业培训体系和市场服务体系，对城市居民就业实行就业登记制度，⑥各种社会保障制度和各种权益保障制度基本完善。而农民就业长期受到忽视，农村劳动力就业一直游离于国家就业体制之外，没有得到国家的有效扶持，不能充分享受国家的就业资源和政策，贫困劳动力的转移受到制约。

从某种程度上讲，农村劳动力转移就业关系到我国的城镇化进程。因此，在

---

① 张伟，朱萌. 制度失衡：农民贫困问题的一种制度性解释 [J]. 内蒙古农业大学学报，2006（1）.
② 全面深化改革学习读本 [M]. 北京：当代中国出版社，2013：172.
③ 肖鼎光. 中国农村劳动力转移问题分析 [D]. 武汉大学硕士学位论文，2005：8.
④⑤⑥ 农村劳动力转移就业现状、问题及对策[EB/OL]. 文秘站，http://www.cnwmz.com，2008 - 10 - 10.

开发式扶贫中,无论是帮助贫困人口脱贫还是进行社会主义新农村建设,都应当将农村的就业问题与城市的就业一起纳入国家长期的经济发展规划中。① 过去,更多地强调城市的就业问题研究,很少直接关注农村的就业问题,这是政策的失衡,也不利于国内市场的全面发展,要扩大内需,实现消费拉动经济型增长模式,就必须解决农村就业难题,将农村剩余劳动力的就业纳入我国每年经济发展的规划中。目前我国的农村劳动力大部分是通过跨区域转移的方式实现就业和转移的。农民工的转移,必然涉及劳动力的输出地与输入地,需要两个地区的政府共同努力,共同做好农民就业工作。一方面劳动力输出政府应该对本地的劳动力输出情况了解清楚,比如每年向外输出的人数、劳动力在输入地区从事的职业、收入及其子女的学习、生活等情况,从而为进一步提供服务打下基础,例如,可以利用数字信息技术建立剩余劳动力转移的信息统计,对于那些有能力、有信心、有意愿自主创业的贫困农民,可以提供小额贷款,用资金支持特别困难的农户外出就业。同时,要把劳务输出作为增加贫困农户现金收入的重要措施,提高中等收入者比重,逐步形成一个庞大的中等收入阶层。② 另一方面,对于输入地政府而言,需要了解每年来本地区就业的农民工人数、从事的职业等,积极做好吸纳工作,将加入本地区建设的农民工纳入城市人口的综合管理中来。对现有体制进行改革和完善,取消对外地农民工来本地务工的限制,取消分级制度。实现就业市场的统一化管理,同时创造更多的条件使外地农民工享受市民待遇,为农村的剩余劳动力向城市流动畅通渠道、减少阻碍。

2. 深化户籍制度改革

党的十八届三中全会提出,创新人口管理,加快户籍制度改革,全面放开建制镇和小城市落户限制,有序放开中等城市落户限制,合理确定大城市落户条件,严格控制特大城市人口规模。③ 因而,政府必须由过去主要面向、管理户籍人口,转变到同时面向、管理常住人口和流动人口,成为包括进城农民工在内的所有居民的政府;由排斥、防范、管制农民工及其家属,转变到公平地为其提供各种服务,寓管理于服务之中,建立起面向所有劳动者和居民的服务型政府。④ 从发达国家的经验来看,随着工业化、城市化进程的加快,农民工进城是必然的,有利于推动城市化进程、缓解城乡差距、减少贫困。各级政府不应加以阻碍,应该转变政府管理理念,为农民工提供和城市居民同样的服务。同时制订新的户籍管理制度,注重城市对农村转移人口的包容和融合,加快贫困劳动力的顺

---

① 龚晓宽. 中国农村扶贫模式创新研究 [D]. 四川大学博士学位论文, 2006: 218.
② 李余, 詹懿. 我国新型工业化与新型城镇化互动发展研究 [J]. 求索, 2013 (10).
③ 中共中央关于全面深化改革若干重大问题的决定 [N]. 光明日报, 2013-11-16.
④ 国务院研究室课题组. 中国农民工问题研究总报告 [R]. 改革, 2006 (5).

利转移，在就业、住房、教育、医疗和社保等方面提供和城市平等的公共服务和权益保障，不得以户口限制农民工的合法权益。从各地情况看，城乡户口壁垒已明显松动，歧视性的地方就业、教育、医疗政策等正被加快清理和规范。① 今后推动城镇化转型发展，应以人口城镇化为核心，进一步推进户籍制度改革，逐步给予外来农民工以市民待遇，在投资、就业、住房、教育、医疗和社会保障等各方面给予同等待遇。

3. 拓展农村剩余劳动力的就业空间

通过大力发展农村第二、三产业，加快农业产业化和农村工业化步伐。从特色资源优势出发，全面推进农业和农村经济结构调整，在稳定粮食生产的前提下，大力进行产品结构调整，发展多样化的高质量农业，② 以农产品为基础的加工业要大力发展粮食加工业、畜牧业和农牧林产品精深加工，提高粮食综合效益，使粮食成为粮食主产区农民增收的主要产业，保障我国粮食的生产，同时拉长产业链，提高产品附加值。

进一步促进健康的城镇化运动，加快农村劳动力外地转移，有利于促进当地农民的直接就业。根据研究发现，越是城镇化，工作就业机会就越多，城镇化的加快直接影响就业率的上升。随着就业率的提高，农民的收入提高，生活消费能力都增强了。有学者研究表明，城市化水平每提高 1%，就业人员就增长 6% 以上。③ 因而，要积极推进城镇化进程，减少政策性限制，不断提高城镇化质量和水平，同时，加快基础设施建设，如水、电、气、道路、通信等设施建设以及其他社会服务保障体系建设，如就业、上学、就医、保险等各方面的保障工程建设。积极加强基础设施和配套设施的建设，提供良好的环境，吸引更多的企业落户。在吸引和选择落户企业方面，要择优选择发展潜力大、资源利用率高、环境污染少的企业，保障城镇化的可持续发展，同时积极扶持发展第三产业。第三产业能够吸纳的劳动力多、环境破坏小、发展潜力大，④ 因此，要积极促使中小城镇成为第三产业发展的基地，大量吸收农村的剩余劳动力，从而不断解决就业问题，提高贫困农民的生活水平。基层政府应当从本地实际出发，因势利导，积极挖掘有特色、有优势的特色产业作为支撑，使大城市、中等城市、小城市互相扶持，形成良性发展圈。在开发式扶贫中，积极对相关体制进行改革，减少区域性政策约束，降低农民工转移成本，畅通劳动力转移的渠道，保障劳动力转移充分

---

① 马元海. 我国农村劳动力转移面临的困难及对策 [EB/OL]. 农业部信息中心，http：//www.aweb.com.cn，2003-10-14.
② 陈玉光，刘文俭. 实现农村剩余劳动力有效转移的九大途径 [J]. 青岛科技大学学报，2003 (3).
③ 龚晓宽. 中国农村扶贫模式创新研究 [D]. 四川大学博士学位论文，2006：137.
④ 李祥兴. 中国特色剩余劳动力转移理论与实践研究 [D]. 南京师范大学硕士学位论文，2006：5.

就业，实现农民增收，从而实现脱贫致富。

4. 强化公益市场中介服务组织建设

一步到位地培育出贫困农村新的市场，实现城镇化是不现实的，要实现脱贫、增加就业机会，只能通过转移劳动力的方式来实现。然而对于一些落后的农村，由于信息的不对称性以及自然条件的限制，劳动力转移面临着诸多难题，有的人无奈地守着土地，过着贫困的生活；有的人盲目外出打工，但难以真正实现就业。在这样的情况下，当地政府要积极建设和培育服务性的劳务中介组织，提供对称的市场就业信息，帮助农民获得更多的信息，成功实现劳动力转移。同时，要提高政府的公益服务，加快完善和发展中介机构体系，在规范现有的各种培训、信息、咨询和职业介绍等服务机构的基础上，提高服务质量，规范服务行为，提高农村劳动力转移的组织化程度。加快劳动力市场信息网络建设，在着力抓好地区性、区域性劳动力市场建设的同时，大力促进全国统一市场的形成，使农村剩余劳动力转移更加规范有序，更加富有成效。①

政府各职能部门应当起到积极的带头作用，引导社会组织和机构参与到为农村劳动力转移的服务活动中来，例如可以免费向农民主动发放相关就业宣传资料，为农民普及外出务工相关权益保护的法律常识等，帮助农民了解情况，实现自我保护。与此同时，根据外界的就业需求信息，政府可以主动积极开展对农民工的培训工作，鼓励服务组织和培训机构与企业建立固定联系，发展订单培训，增强农民的就业能力；规范和发展劳务派遣组织，为农民提供培训、输出、维权一条龙的劳务输出服务等。② 对于劳动力流入地而言，应当积极设立为外来农民工提供服务的机构，免费为农民工提供信息服务，对职业进行详细的介绍，增加就业的透明度，提高服务质量和效率。

三、加强对农民合法权利的法律保护

要实现扶贫开发的目标，保障农民的诉讼权利得以落实，就必须加快农村司法体制改革，进一步加强对农民合法权利的法律保护。③

1. 加强对失地农民权益的法律保护

对于农民来说，土地是最大的财产。党的十八届三中全会作出的《中共中央关于全面深化改革若干重大问题的决定》指出，"赋予农民更多财产权利"，"让广大农民平等参与现代化进程、共同分享现代化成果"，④ 就是要在统筹城乡发

---

① 肖鼎光. 中国农村剩余劳动力转移问题分析 [D]. 武汉大学硕士学位论文，2005：5.
② 凌健. 重庆市沙坪坝区进城务工农民服务与管理研究 [D]. 重庆大学硕士学位论文，2008：4.
③ 龚晓宽. 中国农村扶贫模式创新研究 [D]. 四川大学博士学位论文，2006：218.
④ 中共中央关于全面深化改革若干重大问题的决定 [N]. 光明日报，2013 – 11 – 16.

展中加强对失地农民权益的法律保护。作为一个自然历史过程，城镇化是我国经济社会发展过程中必然会遇到的问题。在推进城镇化过程中，因征地拆迁而失去土地的农民越来越多，失地农民对征地拆迁安置补偿等十分关注。但由于各种原因，如拆迁安置补偿标准不统一、政策执行不到位以及诉求表达机制不畅通等，导致征地拆迁安置中的矛盾仍然十分突出，因征地拆迁而引发的群众性事件时有发生，这既影响当地经济社会发展，又影响社会和谐稳定。

因此，应进一步加强对失地农民的权益保障工作，完善相关法律制度，为城镇化建设和重点工程建设提供良好的法治环境。依法推进征地拆迁安置补偿工作，按《物权法》的相关规定，进一步制定相关法律实施细则，确保农民的土地承包经营权、宅基地使用权等用益物权。各级地方政府应当树立尊重农民财产权利的观念，让农民的土地承包经营权、宅基地使用权等合法财产权利受到法律保护，依法严厉打击和有效预防在征地拆迁中破坏安置补偿、阻碍重点工程建设以及贪污、挪用国家征地补偿款等各种犯罪活动，最大程度地依法保障失地农民合法权益。

2. 加强对农民工权益的法律保护

近年来，党和国务院高度重视农民工问题，先后制定了一系列政策文件，2003年，国务院办公厅印发了《关于做好农民进城务工就业管理和服务工作的通知》，2006年，国务院又专门制定了《关于解决农民工问题的若干意见》，农民工权益保障工作取得了显著成效。

尽管我国农民工权益保障工作取得了长足发展，但是从调查走访获得的数据来看，农民工权益在很多方面仍存在缺失。农民工权益的缺失主要包括劳动报酬权的缺失、社会保险等福利待遇的缺失、农民工及其子女受教育权的缺失、劳动安全卫生保障权利的缺失、就业平等权的缺失等。

因而，应进一步完善农民工工资保障制度，建立工资支付保证金制度，建立施工企业支付农民工工资的约束和保障机制，建立日常工作机制和监督机制。完善社会保险制度，完善和发展城市农民工登记制度，把暂住证登记与社会保障登记结合起来，做实基础工作。完善农民工及其子女受教育权的保障制度，政府要增加教育资金的投入，把农民工子女义务教育纳入城镇和社会事业发展规划中。完善用人单位制度建设，确保依法办事。

3. 农民自身应当多学习法律知识

无论是失地农民还是农民工，都要加强自身法律的素养，提高维权意识。政府应积极采取措施，鼓励、引导、支持农民自主参加各种法律知识教育和培训，鼓励用人单位、各类教育培训机构和社会力量开展法律知识培训。

附录

附录 1

中国农村扶贫开发纲要
（2011~2020 年）[①]

为进一步加快贫困地区发展，促进共同富裕，实现到 2020 年全面建成小康社会奋斗目标，特制定本纲要。

序言

（一）扶贫事业取得巨大成就。消除贫困、实现共同富裕，是社会主义制度的本质要求。改革开放以来，我国大力推进扶贫开发，特别是随着《国家八七扶贫攻坚计划（1994~2000 年）》和《中国农村扶贫开发纲要（2001~2010 年）》的实施，扶贫事业取得了巨大成就。农村贫困人口大幅减少，收入水平稳步提高，贫困地区基础设施明显改善，社会事业不断进步，最低生活保障制度全面建立，农村居民生存和温饱问题基本解决，探索出一条中国特色扶贫开发道路，为促进我国经济发展、政治稳定、民族团结、边疆巩固、社会和谐发挥了重要作用，为推动全球减贫事业发展作出了重大贡献。

（二）扶贫开发是长期历史任务。我国仍处于并将长期处于社会主义初级阶段。经济社会发展总体水平不高，区域发展不平衡问题突出，制约贫困地区发展的深层次矛盾依然存在。扶贫对象规模大，相对贫困问题凸显，返贫现象时有发生，贫困地区特别是集中连片特殊困难地区（以下简称连片特困地区）发展相对滞后，扶贫开发任务仍十分艰巨。同时，我国工业化、信息化、城镇化、市场化、国际化不断深入，经济发展方式加快转变，国民经济保持平稳较快发展，综合国力明显增强，社会保障体系逐步健全，为扶贫开发创造了有利环境和条件。

[①] 中国农村扶贫开发纲要（2011~2020 年）[N]．人民日报，2011-12-02．

我国扶贫开发已经从以解决温饱为主要任务的阶段转入巩固温饱成果、加快脱贫致富、改善生态环境、提高发展能力、缩小发展差距的新阶段。

（三）深入推进扶贫开发意义重大。扶贫开发事关巩固党的执政基础，事关国家长治久安，事关社会主义现代化大局。深入推进扶贫开发，是建设中国特色社会主义的重要任务，是深入贯彻落实科学发展观的必然要求，是坚持以人为本、执政为民的重要体现，是统筹城乡区域发展、保障和改善民生、缩小发展差距、促进全体人民共享改革发展成果的重大举措，是全面建设小康社会、构建社会主义和谐社会的迫切需要。必须以更大的决心、更强的力度、更有效的举措，打好新一轮扶贫开发攻坚战，确保全国人民共同实现全面小康。

一、总体要求

（四）指导思想。高举中国特色社会主义伟大旗帜，以邓小平理论和"三个代表"重要思想为指导，深入贯彻落实科学发展观，提高扶贫标准，加大投入力度，把连片特困地区作为主战场，把稳定解决扶贫对象温饱、尽快实现脱贫致富作为首要任务，坚持政府主导，坚持统筹发展，更加注重转变经济发展方式，更加注重增强扶贫对象自我发展能力，更加注重基本公共服务均等化，更加注重解决制约发展的突出问题，努力推动贫困地区经济社会更好更快发展。

（五）工作方针。坚持开发式扶贫方针，实行扶贫开发和农村最低生活保障制度有效衔接。把扶贫开发作为脱贫致富的主要途径，鼓励和帮助有劳动能力的扶贫对象通过自身努力摆脱贫困；把社会保障作为解决温饱问题的基本手段，逐步完善社会保障体系。

（六）基本原则

——政府主导，分级负责。各级政府对本行政区域内扶贫开发工作负总责，把扶贫开发纳入经济社会发展战略及总体规划。实行扶贫开发目标责任制和考核评价制度。

——突出重点，分类指导。中央重点支持连片特困地区。加大对革命老区、民族地区、边疆地区扶持力度。根据不同地区经济社会发展水平，因地制宜制定扶贫政策，实行有差异的扶持措施。

——部门协作，合力推进。各相关部门要根据国家扶贫开发战略部署，结合各自职能，在制定政策、编制规划、分配资金、安排项目时向贫困地区倾斜，形成扶贫开发合力。

——自力更生，艰苦奋斗。加强引导，更新观念，充分发挥贫困地区、扶贫对象的主动性和创造性，尊重扶贫对象的主体地位，提高其自我管理水平和发展能力，立足自身实现脱贫致富。

——社会帮扶，共同致富。广泛动员社会各界参与扶贫开发，完善机制，拓展领域，注重实效，提高水平。强化政策措施，鼓励先富帮后富，实现共同富裕。

——统筹兼顾，科学发展。坚持扶贫开发与推进城镇化、建设社会主义新农村相结合，与生态建设、环境保护相结合，充分发挥贫困地区资源优势，发展环境友好型产业，增强防灾减灾能力，提倡健康科学生活方式，促进经济社会发展与人口资源环境相协调。

——改革创新，扩大开放。适应社会主义市场经济要求，创新扶贫工作机制。扩大对内对外开放，共享减贫经验和资源。继续办好扶贫改革试验区，积极探索开放式扶贫新途径。

二、目标任务

（七）总体目标。到2020年，稳定实现扶贫对象不愁吃、不愁穿，保障其义务教育、基本医疗和住房。贫困地区农民人均纯收入增长幅度高于全国平均水平，基本公共服务主要领域指标接近全国平均水平，扭转发展差距扩大趋势。

（八）主要任务

基本农田和农田水利。到2015年，贫困地区基本农田和农田水利设施有较大改善，保障人均基本口粮田。到2020年，农田基础设施建设水平明显提高。

特色优势产业。到2015年，力争实现一户一项增收项目。到2020年，初步构建特色支柱产业体系。

饮水安全。到2015年，贫困地区农村饮水安全问题基本得到解决。到2020年，农村饮水安全保障程度和自来水普及率进一步提高。

生产生活用电。到2015年，全面解决贫困地区无电行政村用电问题，大幅度减少西部偏远地区和民族地区无电人口数量。到2020年，全面解决无电人口用电问题。

交通。到2015年，提高贫困地区县城通二级及以上高等级公路比例，除西藏外，西部地区80%的建制村通沥青（水泥）路，稳步提高贫困地区农村客运班车通达率。到2020年，实现具备条件的建制村通沥青（水泥）路，推进村庄内道路硬化，实现村村通班车，全面提高农村公路服务水平和防灾抗灾能力。

农村危房改造。到2015年，完成农村困难家庭危房改造800万户。到2020

年，贫困地区群众的居住条件得到显著改善。

教育。到 2015 年，贫困地区学前三年教育毛入园率有较大提高；巩固提高九年义务教育水平；高中阶段教育毛入学率达到 80%；保持普通高中和中等职业学校招生规模大体相当；提高农村实用技术和劳动力转移培训水平；扫除青壮年文盲。到 2020 年，基本普及学前教育，义务教育水平进一步提高，普及高中阶段教育，加快发展远程继续教育和社区教育。

医疗卫生。到 2015 年，贫困地区县、乡、村三级医疗卫生服务网基本健全，县级医院的能力和水平明显提高，每个乡镇有一所政府举办的卫生院，每个行政村有卫生室；新型农村合作医疗参合率稳定在 90% 以上，门诊统筹全覆盖基本实现；逐步提高儿童重大疾病的保障水平，重大传染病和地方病得到有效控制；每个乡镇卫生院有一名全科医生。到 2020 年，贫困地区群众获得公共卫生和基本医疗服务更加均等。

公共文化。到 2015 年，基本建立广播影视公共服务体系，实现已通电 20 户以下自然村广播电视全覆盖，基本实现广播电视户户通，力争实现每个县拥有一家数字电影院，每个行政村每月放映一场数字电影；行政村基本通宽带，自然村和交通沿线通信信号基本覆盖。到 2020 年，完善和发展广播影视公共服务体系，全面实现广播电视户户通；自然村基本实现通宽带；健全农村公共文化服务体系，基本实现每个国家扶贫开发工作重点县（以下简称重点县）有图书馆、文化馆，乡镇有综合文化站，行政村有文化活动室。以公共文化建设促进农村廉政文化建设。

社会保障。到 2015 年，农村最低生活保障制度、五保供养制度和临时救助制度进一步完善，实现新型农村社会养老保险制度全覆盖。到 2020 年，农村社会保障和服务水平进一步提升。

人口和计划生育。到 2015 年，力争重点县人口自然增长率控制在 8‰ 以内，妇女总和生育率在 1.8 左右。到 2020 年，重点县低生育水平持续稳定，逐步实现人口均衡发展。

林业和生态。到 2015 年，贫困地区森林覆盖率比 2010 年底增加 1.5%。到 2020 年，森林覆盖率比 2010 年底增加 3.5%。

三、对象范围

（九）扶贫对象。在扶贫标准以下具备劳动能力的农村人口为扶贫工作主要对象。完善和发展扶贫对象识别机制，做好建档立卡工作，实行动态管理，确保扶贫对象得到有效扶持。逐步提高国家扶贫标准。各省（自治区、直辖市）可根据当地实际制定高于国家扶贫标准的地区扶贫标准。

（十）连片特困地区。六盘山区、秦巴山区、武陵山区、乌蒙山区、滇桂黔石漠化区、滇西边境山区、大兴安岭南麓山区、燕山—太行山区、吕梁山区、大别山区、罗霄山区等区域的连片特困地区和已明确实施特殊政策的西藏、"四省藏区"、"新疆南疆三地州"是扶贫攻坚主战场。加大投入和支持力度，加强对跨省片区规划的指导和协调，集中力量，分批实施。各省（自治区、直辖市）对所属连片特困地区负总责，在国家指导下，以县为基础制定和实施扶贫攻坚工程规划。国务院各部门、地方各级政府要加大统筹协调力度，集中实施一批教育、卫生、文化、就业、社会保障等民生工程，大力改善生产生活条件，培育壮大一批特色优势产业，加快区域性重要基础设施建设步伐，加强生态建设和环境保护，着力解决制约发展的瓶颈问题，促进基本公共服务均等化，从根本上改变连片特困地区面貌。各省（自治区、直辖市）可自行确定若干连片特困地区，统筹资源给予重点扶持。

（十一）重点县和贫困村。要做好连片特困地区以外重点县和贫困村的扶贫工作。原定重点县支持政策不变。各省（自治区、直辖市）要制定办法，采取措施，根据实际情况进行调整，实现重点县数量逐步减少。重点县减少的省份，国家的支持力度不减。

四、专项扶贫

（十二）易地扶贫搬迁。坚持自愿原则，对生存条件恶劣地区扶贫对象实行易地扶贫搬迁。引导其他移民搬迁项目优先在符合条件的贫困地区实施，加强与易地扶贫搬迁项目的衔接，共同促进改善贫困群众的生产生活环境。充分考虑资源条件，因地制宜，有序搬迁，改善生存与发展条件，着力培育和发展后续产业。有条件的地方引导向中小城镇、工业园区移民，创造就业机会，提高就业能力。加强统筹协调，切实解决搬迁群众在生产生活等方面的困难和问题，确保搬得出、稳得住、能发展、可致富。

（十三）整村推进。结合社会主义新农村建设，自下而上制定整村推进规划，分期分批实施。发展特色支柱产业，改善生产生活条件，增加集体经济收入，提高自我发展能力。以县为平台，统筹各类涉农资金和社会帮扶资源，集中投入，实施水、电、路、气、房和环境改善"六到农家"工程，建设公益设施较为完善的农村社区。加强整村推进后续管理，健全新型社区管理和服务体制，巩固提高扶贫开发成果。贫困村相对集中的地方，可实行整乡推进、连片开发。

（十四）以工代赈。大力实施以工代赈，有效改善贫困地区耕地（草场）质量，稳步增加有效灌溉面积。加强乡村（组）道路和人畜饮水工程建设，开展水土保持、小流域治理和片区综合开发，增强抵御自然灾害的能力，夯实发展基础。

（十五）产业扶贫。充分发挥贫困地区生态环境和自然资源优势，推广先进实用技术，培植壮大特色支柱产业，大力推进旅游扶贫。促进产业结构调整，通过扶贫龙头企业、农民专业合作社和互助资金组织，带动和帮助贫困农户发展生产。引导和支持企业到贫困地区投资兴业，带动贫困农户增收。

（十六）就业促进。完善雨露计划。以促进扶贫对象稳定就业为核心，对农村贫困家庭未继续升学的应届初、高中毕业生参加劳动预备制培训，给予一定的生活费补贴；对农村贫困家庭新成长劳动力接受中等职业教育给予生活费、交通费等特殊补贴。对农村贫困劳动力开展实用技术培训。加大对农村贫困残疾人就业的扶持力度。

（十七）扶贫试点。创新扶贫开发机制，针对特殊情况和问题，积极开展边境地区扶贫、地方病防治与扶贫开发结合、灾后恢复重建以及其他特困区域和群体扶贫试点，扩大互助资金、连片开发、彩票公益金扶贫、科技扶贫等试点。

（十八）革命老区建设。国家对贫困地区的革命老区县给予重点扶持。

五、行业扶贫

（十九）明确部门职责。各行业部门要把改善贫困地区发展环境和条件作为本行业发展规划的重要内容，在资金、项目等方面向贫困地区倾斜，并完成本行业国家确定的扶贫任务。

（二十）发展特色产业。加强农、林、牧、渔产业指导，发展各类专业合作组织，完善农村社会化服务体系。围绕主导产品、名牌产品、优势产品，大力扶持建设各类批发市场和边贸市场。按照全国主体功能区规划，合理开发当地资源，积极发展新兴产业，承接产业转移，调整产业结构，增强贫困地区发展的内生动力。

（二十一）开展科技扶贫。积极推广良种良法。围绕特色产业发展，加大科技攻关和科技成果转化力度，推动产业升级和结构优化。培育一批科技型扶贫龙头企业。建立完善符合贫困地区实际的新型科技服务体系，加快科技扶贫示范村和示范户建设。继续选派科技扶贫团、科技副县（市）长和科技副乡（镇）长、科技特派员到重点县工作。

（二十二）完善基础设施。推进贫困地区土地整治，加快中低产田改造，开展土地平整，提高耕地质量。推进大中型灌区续建配套与节水改造和小型农田水利建设，发展高效节水灌溉，扶持修建小微型水利设施，抓好病险水库（闸）除险加固工程和灌溉排水泵站更新改造，加强中小河流治理、山洪地质灾害防治及水土流失综合治理。积极实施农村饮水安全工程。加大牧区游牧民定居工程实施力度。加快贫困地区通乡、通村道路建设，积极发展农村配送物流。继续推进水电新农村电气化、小水电代燃料工程建设和农村电网改造升级，实现城乡用电同网同价。普及信息服务，优先实施重点县村村通有线电视、电话、互联网工程。加快农村邮政网络建设，推进电信网、广电网、互联网三网融合。

（二十三）发展教育文化事业。推进边远贫困地区适当集中办学，加快寄宿制学校建设，加大对边远贫困地区学前教育的扶持力度，逐步提高农村义务教育家庭经济困难寄宿生生活补助标准。免除中等职业教育学校家庭经济困难学生和涉农专业学生学费，继续落实国家助学金政策。在民族地区全面推广国家通用语言文字。推动农村中小学生营养改善工作。关心特殊教育，加大对各级各类残疾学生扶助力度。继续实施东部地区对口支援中西部地区高等学校计划和招生协作计划。贫困地区劳动力进城务工，输出地和输入地要积极开展就业培训。继续推进广播电视村村通、农村电影放映、文化信息资源共享和农家书屋等重大文化惠民工程建设。加强基层文化队伍建设。

（二十四）改善公共卫生和人口服务管理。提高新型农村合作医疗和医疗救助保障水平。进一步健全贫困地区基层医疗卫生服务体系，改善医疗与康复服务设施条件。加强妇幼保健机构能力建设。加大重大疾病和地方病防控力度。继续实施万名医师支援农村卫生工程，组织城市医务人员在农村开展诊疗服务、临床教学、技术培训等多种形式的帮扶活动，提高县医院和乡镇卫生院的技术水平和服务能力。加强贫困地区人口和计划生育工作，进一步完善农村计划生育家庭奖励扶助制度、"少生快富"工程和计划生育家庭特别扶助制度，加大对计划生育扶贫对象的扶持力度，加强流动人口计划生育服务管理。

（二十五）完善社会保障制度。逐步提高农村最低生活保障和五保供养水平，切实保障没有劳动能力和生活常年困难农村人口的基本生活。健全自然灾害应急救助体系，完善受灾群众生活救助政策。加快新型农村社会养老保险制度覆盖进度，支持贫困地区加强社会保障服务体系建设。加快农村养老机构和服务设施建设，支持贫困地区完善和发展养老服务体系，解决广大老年人养老问题。加快贫困地区社区建设。做好村庄规划，扩大农村危房改造试点，帮助贫困户解决基本住房安全问题。完善农民工就业、社会保障和户籍制度改革等政策。

（二十六）重视能源和生态环境建设。加快贫困地区可再生能源开发利用，因地制宜发展小水电、太阳能、风能、生物质能，推广应用沼气、节能灶、固体成型燃料、秸秆气化集中供气站等生态能源建设项目，带动改水、改厨、改厕、改圈和秸秆综合利用。提高城镇生活污水和垃圾无害化处理率，加大农村环境综合整治力度。加强草原保护和建设，加强自然保护区建设和管理，大力支持退牧还草工程。采取禁牧、休牧、轮牧等措施，恢复天然草原植被和生态功能。加大泥石流、山体滑坡、崩塌等地质灾害防治力度，重点抓好灾害易发区内的监测预警、搬迁避让、工程治理等综合防治措施。

六、社会扶贫

（二十七）加强定点扶贫。中央和国家机关各部门各单位、人民团体、参照公务员法管理的事业单位和国有大型骨干企业、国有控股金融机构、国家重点科研院校、军队和武警部队，要积极参加定点扶贫，承担相应的定点扶贫任务。支持各民主党派中央、全国工商联参与定点扶贫工作。积极鼓励、引导、支持和帮助各类非公有制企业、社会组织承担定点扶贫任务。定点扶贫力争对重点县全覆盖。各定点扶贫单位要制定帮扶规划，积极筹措资金，定期选派优秀中青年干部挂职扶贫。地方各级党政机关和有关单位要切实做好定点扶贫工作，发挥党政领导定点帮扶的示范效应。

（二十八）推进东西部扶贫协作。东西部扶贫协作双方要制定规划，在资金支持、产业发展、干部交流、人员培训以及劳动力转移就业等方面积极配合，发挥贫困地区自然资源和劳动力资源优势，做好对口帮扶工作。国家有关部门组织的行业对口帮扶，应与东西部扶贫协作结对关系相衔接。积极推进东中部地区支援西藏、新疆经济社会发展，继续完善对口帮扶的制度和措施。各省（自治区、直辖市）要根据实际情况，在当地组织开展区域性结对帮扶工作。

（二十九）发挥军队和武警部队的作用。坚持把地方扶贫开发所需与部队所能结合起来。部队应本着就地就近、量力而行、有所作为的原则，充分发挥组织严密、突击力强和人才、科技、装备等优势，积极参与地方扶贫开发，实现军地优势互补。

（三十）动员企业和社会各界参与扶贫。大力倡导企业社会责任，鼓励企业采取多种方式，推进集体经济发展和农民增收。加强规划引导，鼓励社会组织和个人通过多种方式参与扶贫开发。积极倡导扶贫志愿者行动，构建扶贫志愿者服务网络。鼓励工会、共青团、妇联、科协、侨联等群众组织以及海外华人华侨参与扶贫。

七、国际合作

（三十一）开展国际交流合作。通过走出去、引进来等多种方式，创新机制，拓宽渠道，加强国际反贫困领域交流。借鉴国际社会减贫理论和实践，开展减贫项目合作，共享减贫经验，共同促进减贫事业发展。

八、政策保障

（三十二）政策体系。完善有利于贫困地区、扶贫对象的扶贫战略和政策体系。发挥专项扶贫、行业扶贫和社会扶贫的综合效益。实现开发扶贫与社会保障的有机结合。对扶贫工作可能产生较大影响的重大政策和项目，要进行贫困影响评估。

（三十三）财税支持。中央和地方财政逐步增加扶贫开发投入。中央财政扶贫资金的新增部分主要用于连片特困地区。加大中央和省级财政对贫困地区的一般性转移支付力度。加大中央集中彩票公益金支持扶贫开发事业的力度。对贫困地区属于国家鼓励发展的内外资投资项目和中西部地区外商投资优势产业项目，进口国内不能生产的自用设备以及按照合同随设备进口的技术及配件、备件，在规定范围内免征关税。企业用于扶贫事业的捐赠，符合税法规定条件的，可按规定在所得税税前扣除。

（三十四）投资倾斜。加大贫困地区基础设施建设、生态环境和民生工程等投入力度，加大村级公路建设、农业综合开发、土地整治、小流域与水土流失治理、农村水电建设等支持力度。国家在贫困地区安排的病险水库除险加固、生态建设、农村饮水安全、大中型灌区配套改造等公益性建设项目，取消县以下（含县）以及西部地区连片特困地区配套资金。各级政府都要加大对连片特困地区的投资支持力度。

（三十五）金融服务。继续完善国家扶贫贴息贷款政策。积极推动贫困地区金融产品和服务方式创新，鼓励开展小额信用贷款，努力满足扶贫对象发展生产的资金需求。继续实施残疾人康复扶贫贷款项目。尽快实现贫困地区金融机构空白乡镇的金融服务全覆盖。引导民间借贷规范发展，多方面拓宽贫困地区的融资渠道。鼓励和支持贫困地区县域法人金融机构将新增可贷资金70%以上留在当地使用。积极发展农村保险事业,鼓励保险机构在贫困地区建立基层服务网点。完善中央财政农业保险保费补贴政策。针对贫困地区特色主导产业,鼓励地方发展特色农业保险。加强贫困地区农村信用体系建设。

(三十六)产业扶持。落实国家西部大开发各项产业政策。国家大型项目、重点工程和新兴产业要优先向符合条件的贫困地区安排。引导劳动密集型产业向贫困地区转移。加强贫困地区市场建设。支持贫困地区资源合理开发利用,完善特色优势产业支持政策。

(三十七)土地使用。按照国家耕地保护和农村土地利用管理有关制度规定,新增建设用地指标要优先满足贫困地区易地扶贫搬迁建房需求,合理安排小城镇和产业聚集区建设用地。加大土地整治力度,在项目安排上,向有条件的重点县倾斜。在保护生态环境的前提下支持贫困地区合理有序开发利用矿产资源。

(三十八)生态建设。在贫困地区继续实施退耕还林、退牧还草、水土保持、天然林保护、防护林体系建设和石漠化、荒漠化治理等重点生态修复工程。建立生态补偿机制,并重点向贫困地区倾斜。加大重点生态功能区生态补偿力度。重视贫困地区的生物多样性保护。

(三十九)人才保障。组织教育、科技、文化、卫生等行业人员和志愿者到贫困地区服务。制定大专院校、科研院所、医疗机构为贫困地区培养人才的鼓励政策。引导大中专毕业生到贫困地区就业创业。对长期在贫困地区工作的干部要制定鼓励政策,对各类专业技术人员在职务、职称等方面实行倾斜政策,对定点扶贫和东西部扶贫协作挂职干部要关心爱护,妥善安排他们的工作、生活,充分发挥他们的作用。发挥创业人才在扶贫开发中的作用。加大贫困地区干部和农村实用人才的培训力度。

(四十)重点群体。把对少数民族、妇女儿童和残疾人的扶贫开发纳入规划,统一组织,同步实施,同等条件下优先安排,加大支持力度。继续开展兴边富民行动,帮助人口较少民族脱贫致富。推动贫困家庭妇女积极参与全国妇女"双学双比"活动,关注留守妇女和儿童的贫困问题。制定实施农村残疾人扶贫开发纲要(2011~2020年),提高农村残疾人生存和发展能力。

九、组织领导

(四十一)强化扶贫开发责任。坚持中央统筹、省负总责、县抓落实的管理体制,建立片为重点、工作到村、扶贫到户的工作机制,实行党政一把手负总责的扶贫开发工作责任制。各级党委和政府要进一步提高认识,强化扶贫开发领导小组综合协调职能，加强领导，统一部署，加大省县统筹、资源整合力度，扎实推进各项工作。进一步完善对有关党政领导干部、工作部门和重点县的扶贫开发工作考核激励机制，各级组织部门要积极配合。东部地区各省（直辖市）要进一步加大对所属贫困地区和扶贫对象的扶持力度。鼓励和支持有条件的地方探索解决城镇化进程中的贫困问题。

（四十二）加强基层组织建设。充分发挥贫困地区基层党组织的战斗堡垒作用，把扶贫开发与基层组织建设有机结合起来。选好配强村级领导班子，以强村富民为目标，以强基固本为保证，积极探索发展壮大集体经济、增加村级集体积累的有效途径，拓宽群众增收致富渠道。鼓励和选派思想好、作风正、能力强、愿意为群众服务的优秀年轻干部、退伍军人、高校毕业生到贫困村工作，帮助建班子、带队伍、抓发展。带领贫困群众脱贫致富有突出成绩的村干部，可按有关规定和条件优先考录为公务员。

（四十三）加强扶贫机构队伍建设。各级扶贫开发领导小组要加强对扶贫开发工作的指导，研究制定政策措施，协调落实各项工作。各省（自治区、直辖市）扶贫开发领导小组每年要向国务院扶贫开发领导小组报告工作。要进一步强化各级扶贫机构及其职能，加强队伍建设，改善工作条件，提高管理水平。贫困程度深的乡镇要有专门干部负责扶贫开发工作。贫困地区县级领导干部和县以上扶贫部门干部的培训要纳入各级党政干部培训规划。各级扶贫部门要大力加强思想、作风、廉政和效能建设，提高执行能力。

（四十四）加强扶贫资金使用管理。财政扶贫资金主要投向连片特困地区、重点县和贫困村，集中用于培育特色优势产业、提高扶贫对象发展能力和改善扶贫对象基本生产生活条件，逐步增加直接扶持到户资金规模。创新扶贫资金到户扶持机制，采取多种方式，使扶贫对象得到直接有效扶持。使用扶贫资金的基础设施建设项目，要确保扶贫对象优先受益，产业扶贫项目要完善和发展带动贫困户脱贫增收的利益联接机制。完善扶贫资金和项目管理办法，开展绩效考评。完善和发展协调统一的扶贫资金管理机制。全面推行扶贫资金项目公告公示制，强化审计监督，拓宽监管渠道，坚决查处挤占挪用、截留和贪污扶贫资金的行为。

（四十五）加强扶贫研究和宣传工作。切实加强扶贫理论和政策研究，对扶贫实践进行系统总结，逐步完善中国特色扶贫理论和政策体系。深入实际调查研究，不断提高扶贫开发决策水平和实施能力。把扶贫纳入基本国情教育范畴，作为各级领导干部和公务员教育培训的重要内容、学校教育的参考材料。继续加大扶贫宣传力度，广泛宣传扶贫开发政策、成就、经验和典型事迹，营造全社会参与扶贫的良好氛围。同时，向国际社会展示我国政府保障人民生存权、发展权的努力与成效。

（四十六）加强扶贫统计与贫困监测。建立扶贫开发信息系统，开展对连片特困地区的贫困监测。进一步完善扶贫开发统计与贫困监测制度，不断规范相关信息的采集、整理、反馈和发布工作，更加及时客观地反映贫困状况、变化趋势和扶贫开发工作成效，为科学决策提供依据。

（四十七）加强法制化建设。加快扶贫立法，使扶贫工作尽快走上法制化轨道。

（四十八）各省（自治区、直辖市）要根据本纲要，制定具体实施办法。

（四十九）本纲要由国家扶贫开发工作机构负责协调并组织实施。

附录 2

中共中央办公厅、国务院办公厅《关于创新机制扎实推进农村扶贫开发工作的意见》[①]

消除贫困，改善民生，实现共同富裕，是社会主义的本质要求。改革开放以来，我国扶贫开发工作取得了举世瞩目的成就，走出了一条中国特色扶贫开发的道路。但是，贫困地区发展滞后的问题没有根本改变，贫困人口生产生活仍然十分困难。全面建成小康社会，最艰巨、最繁重的任务在农村特别是在贫困地区。实现《中国农村扶贫开发纲要（2011~2020年）》（以下简称《纲要》）提出的奋斗目标，必须深入贯彻党的十八大和十八届二中、三中全会精神，全面落实习近平总书记等中央领导同志关于扶贫开发工作的一系列重要指示，进一步增强责任感和紧迫感，切实将扶贫开发工作摆到更加重要、更为突出的位置，以改革创新为动力，着力消除体制机制障碍，增强内生动力和发展活力，加大扶持力度，集中力量解决突出问题，加快贫困群众脱贫致富、贫困地区全面建成小康社会步伐。

一、深化改革，创新扶贫开发工作机制

当前和今后一个时期，扶贫开发工作要进一步解放思想，开拓思路，深化改革，创新机制，使市场在资源配置中起决定性作用和更好发挥政府作用，更加广泛、更为有效地动员社会力量，构建政府、市场、社会协同推进的大扶贫开发格局，在全国范围内整合配置扶贫开发资源，形成扶贫开发合力。

1. 改进贫困县考核机制

由主要考核地区生产总值向主要考核扶贫开发工作成效转变，对限制开发区域和生态脆弱的国家扶贫开发工作重点县（以下简称重点县）取消地区生产总

[①] 中共中央办公厅，国务院办公厅. 关于创新机制扎实推进农村扶贫开发工作的意见 [EB/OL]. 新华网，2014-01-25.

值考核，把提高贫困人口生活水平和减少贫困人口数量作为主要指标，引导贫困地区党政领导班子和领导干部把工作重点放在扶贫开发上。中央有关部门加强指导，各省（自治区、直辖市）制定具体考核评价办法，并在试点基础上全面推开。同时，研究建立重点县退出机制，建立扶贫开发效果评估体系。（中央组织部、国务院扶贫办、国家统计局等。列在首位的为牵头单位，其他单位按职责分工负责，下同）

2. 建立精准扶贫工作机制

国家制定统一的扶贫对象识别办法。各省（自治区、直辖市）在已有工作基础上，坚持扶贫开发和农村最低生活保障制度有效衔接，按照县为单位、规模控制、分级负责、精准识别、动态管理的原则，对每个贫困村、贫困户建档立卡，建设全国扶贫信息网络系统。专项扶贫措施要与贫困识别结果相衔接，深入分析致贫原因，逐村逐户制定帮扶措施，集中力量予以扶持，切实做到扶真贫、真扶贫，确保在规定时间内达到稳定脱贫目标。（国务院扶贫办、民政部、中央农办、人力资源社会保障部、国家统计局、共青团中央、中国残联等）

3. 健全干部驻村帮扶机制

在各省（自治区、直辖市）现有工作基础上，普遍建立驻村工作队（组）制度。可分期分批安排，确保每个贫困村都有驻村工作队（组），每个贫困户都有帮扶责任人。把驻村入户扶贫作为培养锻炼干部特别是青年干部的重要渠道。驻村工作队（组）要协助基层组织贯彻落实党和政府各项强农、惠农、富农政策，积极参与扶贫开发各项工作，帮助贫困村、贫困户脱贫致富。落实保障措施，建立激励机制，实现驻村帮扶长期化、制度化。（各省、自治区、直辖市）

4. 改革财政专项扶贫资金管理机制

各级政府要逐步增加财政专项扶贫资金投入，加大资金管理改革力度，增强资金使用的针对性和实效性，项目资金要到村到户，切实使资金直接用于扶贫对象。把资金分配与工作考核、资金使用绩效评价结果相结合，探索以奖代补等竞争性分配办法。简化资金拨付流程，项目审批权限原则上下放到县。以扶贫攻坚规划和重大扶贫项目为平台，整合扶贫和相关涉农资金，集中解决突出贫困问题。积极探索政府购买公共服务等有效做法。加强资金监管，强化地方责任，省、市两级政府主要负责资金和项目监管，县级政府负责组织实施好扶贫项目，各级人大常委会要加强对资金审计结果的监督，管好用好资金。坚持和完善资金项目公告公示制度，积极发挥审计、纪检、监察等部门的作用，加大违纪违法行为惩处力度。逐步引入社会力量，发挥社会监督作用。（财政部、国务院扶贫办、国家发展改革委、中央纪委、监察部、审计署等）

5. 完善金融服务机制

充分发挥政策性金融的导向作用，支持贫困地区基础设施建设和主导产业发展。引导和鼓励商业性金融机构创新金融产品和服务，增加贫困地区信贷投放。在防范风险前提下，加快推动农村合作金融发展，增强农村信用社支农服务功能，规范发展村镇银行、小额贷款公司和贫困村资金互助组织。完善扶贫贴息贷款政策，增加财政贴息资金，扩大扶贫贴息贷款规模。进一步推广小额信用贷款，推进农村青年创业小额贷款和妇女小额担保贷款工作。推动金融机构网点向贫困乡镇和社区延伸，改善农村支付环境，加快信用户、信用村、信用乡（镇）建设，发展农业担保机构，扩大农业保险覆盖面。改善对农业产业化龙头企业、家庭农场、农民合作社、农村残疾人扶贫基地等经营组织的金融服务。（中国人民银行、财政部、民政部、中国银监会、中国保监会、国务院扶贫办、人力资源社会保障部、共青团中央、全国妇联、中国残联等）

6. 创新社会参与机制

建立和完善广泛动员社会各方面力量参与扶贫开发制度。充分发挥定点扶贫、东西部扶贫协作在社会扶贫中的引领作用。支持各民主党派中央、全国工商联和无党派人士参与扶贫开发工作，鼓励引导各类企业、社会组织和个人以多种形式参与扶贫开发。建立信息交流共享平台，形成有效协调协作和监管机制。全面落实企业扶贫捐赠税前扣除、各类市场主体到贫困地区投资兴业等相关支持政策。支持军队和武警部队积极参与地方扶贫开发，实现军地优势互补。每五年以国务院扶贫开发领导小组名义进行一次社会扶贫表彰。加强扶贫领域国际交流合作。（国务院扶贫办、定点扶贫牵头组织部门、民政部、财政部、人力资源社会保障部、税务总局、中国残联、全国工商联等）

二、注重实效，扎实解决突出问题

针对制约贫困地区发展的瓶颈，以集中连片特殊困难地区（以下简称连片特困地区）为主战场，因地制宜，分类指导，突出重点，注重实效，继续做好整村推进、易地扶贫搬迁、以工代赈、就业促进、生态建设等工作，进一步整合力量、明确责任、明确目标，组织实施扶贫开发10项重点工作，全面带动和推进各项扶贫开发工作。

1. 村级道路畅通工作

按照《全国农村公路建设规划》确定的目标任务，结合村镇行政区划调整、易地扶贫搬迁、特色产业发展和农村物流等工作，加大对贫困地区农村公路建设支持力度。加强安全防护设施建设和中小危桥改造，提高农村公路服务水平和防灾抗灾能力。到2015年，提高贫困地区县城通二级及以上高等级公路比例，除西藏外，西部地区80%的建制村通沥青（水泥）路，稳步提高贫困地区农村客运班车通达率，解决溜索等特殊问题。到2020年，实现具备条件的建制村通沥

青、水泥路和通班车。（交通运输部、国家发展改革委、财政部等）

2. 饮水安全工作

继续全力推进《全国农村饮水安全工程"十二五"规划》实施，优先安排贫困地区农村饮水安全工程建设，确保到2015年解决规划内贫困地区剩余的农村居民和学校师生饮水安全问题。到2020年，农村饮水安全保障程度和自来水普及率进一步提高。（国家发展改革委、水利部、国家卫生计生委、环境保护部等）

3. 农村电力保障工作

与易地扶贫搬迁规划相衔接，加大农村电网升级改造工作力度。落实《全面解决无电人口用电问题三年行动计划（2013~2015年）》，因地制宜采取大电网延伸以及光伏、风电光电互补、小水电等可再生能源分散供电方式。到2015年，全面解决无电人口用电问题。（国家能源局、国家发展改革委、财政部、水利部等）

4. 危房改造工作

制定贫困地区危房改造计划，继续加大对贫困地区和贫困人口倾斜力度。明确建设标准，确保改造户住房达到最低建设要求。完善现有危房改造信息系统，有步骤地向社会公开。加强对农村危房改造的管理和监督检查。到2020年，完成贫困地区存量农村危房改造任务，解决贫困农户住房安全问题。（住房城乡建设部、国家发展改革委、财政部等）

5. 特色产业增收工作

指导连片特困地区编制县级特色产业发展规划。加强规划项目进村到户机制建设，切实提高贫困户的参与度、受益度。积极培育贫困地区农民合作组织，提高贫困户在产业发展中的组织程度。鼓励企业从事农业产业化经营，发挥龙头企业带动作用，探索企业与贫困农户建立利益联结机制，促进贫困农户稳步增收。深入推进科技特派员农村科技创业行动，加快现代农业科技在贫困地区的推广应用。到2015年，力争每个有条件的贫困农户掌握一至两项实用技术，至少参与一项养殖、种植、林下经济、花卉苗木培育、沙产业、设施农业等增收项目，到2020年，初步构建特色支柱产业体系。不断提高贫困地区的防灾避灾能力和农业现代化水平。畅通农产品流通渠道，完善流通网络。推动县域经济发展。（农业部、国家林业局、国务院扶贫办、商务部、国家发展改革委、科技部、全国供销合作总社等）

6. 乡村旅游扶贫工作

加强贫困地区旅游资源调查，围绕美丽乡村建设，依托贫困地区优势旅游资源，发挥精品景区的辐射作用，带动农户脱贫致富。统筹考虑贫困地区旅游资源情况，在研究编制全国重点旅游区生态旅游发展规划时，对贫困乡村旅游发展给予重点支持。结合交通基础设施建设、农村危房改造、农村环境综合整治、生态搬迁、游牧民定居、特色景观旅游村镇、历史文化名村名镇和传统村落及民居保护等项目建设，加大政策、资金扶持力度，促进休闲农业和乡村旅游业发展。到2015年，扶持约2000个贫困村开展乡村旅游。到2020年，扶持约6000个贫困村开展乡村旅游，带动农村劳动力就业。（国家发展改革委、国家旅游局、环境保护部、住房城乡建设部、农业部、国家林业局等）

7. 教育扶贫工作

全面实施教育扶贫工程。科学布局农村义务教育学校，保障学生就近上学。大力发展现代职业教育，办好一批中、高等职业学校，支持一批特色优势专业，培育当地产业发展需要的技术技能人才。完善职业教育对口支援机制，鼓励东部地区职业院校（集团）对口支援贫困地区职业院校。国家制定奖补政策，实施中等职业教育协作计划，支持贫困地区初中毕业生到省内外经济较发达地区中等职业学校接受教育。广泛开展职业技能培训，使未继续升学的初高中毕业生等新成长劳动力都能接受适应就业需求的职业培训。继续推进面向贫困地区定向招生专项计划和支援中西部地区招生协作计划的实施，不断增加贫困地区学生接受优质高等教育机会。到2015年，贫困地区义务教育巩固率达到90%以上，学前三年教育毛入园率达到55%以上，高中阶段毛入学率达到80%以上。到2020年，贫困地区基本普及学前教育，义务教育水平进一步提高，普及高中阶段教育，基础教育办学质量有较大提升，职业教育体系更加完善，教育培训就业衔接更加紧密，高等教育服务区域经济社会发展能力和继续教育服务劳动者就业创业能力持续提高。（教育部、国家发展改革委、财政部、国务院扶贫办、人力资源社会保障部、公安部、农业部等）

8. 卫生和计划生育工作

进一步健全贫困地区基层卫生计生服务体系，加强妇幼保健机构能力建设，加大重大疾病和地方病防控力度，采取有效措施逐步解决因病致贫、因病返贫问题。加强贫困地区计划生育工作，加大对计划生育扶贫对象的扶持力度。到2015年，贫困地区县、乡、村三级卫生计生服务网基本健全，县级医院的能力和水平明显提高，每个乡镇有一所政府举办的卫生院，每个行政村有卫生室；新型农村合作医疗参合率稳定在90%以上；逐步提高儿童医疗卫生保障水平，重大传染病和地方病得到有效控制。到2020年，贫困地区群众获得的公共卫生和基本医疗服务更加均等，服务水平进一步提高，低生育水平持续稳定，逐步实现人口均衡发展。（国家卫生计生委、国家发展改革委、财政部等）

9. 文化建设工作

加强贫困地区公共文化服务体系建设，提高服务效能，积极推进公共数字文化建设。统筹有线电视、直播卫星、地面数字电视等多种方式，提高电视覆盖率。充分利用村级组织活动场所等现有设施，积极开展群众性文化活动。到2015年，基本建成以县级公共图书馆、文化馆和乡镇综合文化站为主干的公共文化设施网络。到2020年，全面实现广播电视户户通。（文化部、新闻出版广电总局、国家发展改革委、财政部等）

10. 贫困村信息化工作

推进贫困地区建制村接通符合国家标准的互联网，努力消除"数字鸿沟"带来的差距。整合开放各类信息资源，为农民提供信息服务。每个村至少确定一名有文化、懂信息、能服务的信息员，加大培训力度，充分利用有关部门现有培训项目，着力提高其信息获取和服务能力。到2015年，连片特困地区已通电的建制村，互联网覆盖率达到100%，基本解决连片特困地区内义务教育学校和普通高中、职业院校的宽带接入问题。到2020年，自然村基本实现通宽带。（工业和信息化部、农业部、科技部、教育部、国务院扶贫办等）

三、加强领导，确保各项措施落到实处

各级党委和政府、各有关部门要深刻认识扶贫开发的重大意义，更加重视扶贫开发工作，践行党的群众路线，转变作风，扎实工作，切实帮助贫困地区改变面貌，帮助贫困群众脱贫致富。

1. 明确工作职责

贫困地区各级党委和政府要把扶贫开发工作列入重要议事日程，摆在突出位置，科学确定发展规划和项目，发扬钉钉子精神，一张蓝图干到底。党政主要负责同志要认真履行职责，把工作重点放在扶贫开发上，切忌空喊口号，不提好高骛远的目标，出实招、办实事、求实效。关注少数民族、妇女儿童、残疾人等特殊群体，加大支持力度。中央和国家机关要发挥引领示范作用，认真贯彻扶贫开发政策，落实分工任务，积极选派优秀干部到贫困地区帮扶。东部各省（直辖市）在做好东西部扶贫协作的同时，进一步加大对本区域内贫困地区和贫困人口的扶持力度，鼓励支持其开展扶贫改革实验，探索解决相对贫困、缩小收入差距、实现共同富裕的有效途径。加大扶贫开发工作考核力度，做到有目标、有计划、有措施、有检查、有奖惩。加快扶贫立法，把扶贫开发工作纳入法制轨道，确保长期化、可持续。

2. 完善管理体制

进一步完善中央统筹、省负总责、县抓落实的管理体制。国务院有关部门负责统筹协调、分类指导，以连片特困地区为重点，组织编制规划，加强政策指导，强化对跨区域重大基础设施建设、生产力布局、经济协作等事项的督促、衔接和协调，公共投资要向贫困地区倾斜。各省（自治区、直辖市）党委和政府

要对本区域内贫困地区的扶贫脱贫负总责，逐级建立扶贫开发目标责任制，组织制定贫困县、村脱贫规划和产业发展规划，整合省内资源予以支持。各县（市、区、旗）党委和政府要采取措施，帮扶到村到户到人，把扶贫开发任务和政策逐项落到实处。

3. 加强基层组织

加强服务型党组织建设，健全党员干部联系和服务群众制度，切实发挥基层党组织推动发展、服务群众、凝聚人心、促进和谐的作用。选好配强村级领导班子，突出抓好村党组织带头人队伍建设。鼓励和选派思想好、作风正、能力强、愿意为群众服务的优秀年轻干部、致富带头人、外出务工经商人员、企业经营管理人员、退伍军人、高校毕业生等到贫困村工作，充分发挥驻村工作队（组）作用。发展集体经济，增加村级集体积累。尊重贫困地区群众在脱贫致富中的主体地位，鼓励其发扬自力更生、艰苦奋斗精神，通过自身努力增加收入，改变落后面貌。

4. 强化队伍建设

各级党委和政府要加大贫困地区干部培训力度，提高执行能力，重视扶贫开发队伍建设，提供必需的工作条件和经费保障。各级扶贫开发领导小组要认真履行职责，切实改进作风，深入调查研究，加强工作指导，总结推广经验，统筹各方面资源，发挥牵头协调作用。各级扶贫开发相关部门要加强思想、作风、廉政和效能建设，加强督促检查，认真履职尽责。扶贫任务重的县要加强扶贫开发能力建设，充实工作力量。扶贫任务重的乡镇要有专门干部负责扶贫开发工作。基层扶贫开发队伍建设要适应精准扶贫工作需要。

5. 营造良好环境

进一步加强扶贫开发宣传工作，积极宣传贫困地区广大干部群众自强不息、战胜贫困的先进事迹，总结推广扶贫开发实践中探索的成功经验，大力弘扬中华民族扶贫济困、乐善好施的传统美德，引导和鼓励社会各界更加关注、广泛参与扶贫开发事业，激发贫困地区干部群众脱贫致富的信心和活力。

本意见所确定的牵头单位和各省（自治区、直辖市）要制定具体实施方案，认真组织实施，把各项工作落到实处，并于每年 10 月底前将贯彻落实情况报送国务院扶贫开发领导小组，汇总后报告党中央、国务院。

参考文献

一、中文文献

[1] 马克思恩格斯选集（第1、2、3、4卷）[M]. 北京：人民出版社，1995.

[2] 马克思恩格斯全集（第26卷）[M]. 北京：人民出版社，1973.

[3] 马克思. 资本论（第1、2、3卷）[M]. 北京：人民出版社，1975.

[4] 毛泽东选集（第1、2、3、4卷）[M]. 北京：人民出版社，1991.

[5] 邓小平文选（第1、2、3卷）[M]. 北京：人民出版社，2008.

[6] 江泽民文选（第1、2、3卷）[M]. 北京：人民出版社，2006.

[7] [古罗马] M.T.瓦罗. 论农业 [M]. 北京：商务印书馆，2006.

[8] 配第经济著作选集 [M]. 北京：商务印书馆，1983.

[9] 布阿吉尔贝尔选集 [M]. 北京：商务印书馆，1984.

[10] 魁奈经济著作选集 [M]. 北京：商务印书馆，1997.

[11] [英] 亚当·斯密. 国富论 [M]. 北京：华夏出版社，2008.

[12] [英] 大卫·李嘉图. 政治经济学及赋税原理 [M]. 北京：华夏出版社，2005.

[13] [英] 大卫·李嘉图. 李嘉图著作和通信集（第2、4卷）[M]. 北京：商务印书馆，1980.

[14] [瑞士] 西斯蒙第. 政治经济学新原理 [M]. 北京：商务印书馆，2007.

[15] [英] 约翰·穆勒. 政治经济学原理——及其在社会哲学上的若干应用（上卷）[M]. 北京：商务印书馆，1991.

[16] [德] 约翰·冯·杜能. 孤立国同农业和国民经济的关系 [M]. 北京：商务印书馆，1997.

[17] [德] 埃米尔·韦尔曼. 德国农业经营学说发展史纲 [M]. 北京：农业出版社，1985.

[18] [德] 特奥多尔·布林克曼. 农业经营经济学 [M]. 北京：农业出版社，1984.

[19] [德] 弗里德里希·李斯特. 政治经济学的国民体系 [M]. 北京：商务印书馆，1981.

[20] [德] 威廉·罗雪尔. 历史方法的国民经济学讲义大纲 [M]. 北京：商务印书馆，1981.

[21] [英] 马歇尔. 经济学新原理（上、下卷）[M]. 北京：商务印书馆，2005.

[22] [美] 西奥多·W. 舒尔茨. 改造传统农业 [M]. 北京：商务印书馆，2006.

[23] [美] 西奥多·W. 舒尔茨. 经济增长与农业 [M]. 北京：北京经济学院出版社，1991.

[24] [英] 阿瑟·刘易斯. 经济增长理论 [M]. 北京：商务印书馆，2005.

[25] [英] 阿瑟·刘易斯. 增长与波动 [M]. 北京：华夏出版社，1987.

[26] [美] 西蒙·库兹涅茨. 现代经济增长 [M]. 北京：北京经济学院出版社，1989.

[27] [印] 苏布拉塔·加塔克，肯·英格森特. 农业与经济发展 [M]. 北京：华夏出版社，1987.

[28] [美] W.W. 罗斯托. 从起飞进入持续增长的经济学 [M]. 成都：四川人民出版社，1988.

[29] [美] 费景汉，古斯塔夫·拉尼斯. 增长和发展：演进观点 [M]. 北京：商务印书馆，2004.

[30] [日] 速水佑次郎，[美] 弗农·拉坦. 农业发展的国际分析 [M]. 北京：中国社会科学出版社，2000.

[31] [日] 速水佑次郎，[日] 神门善久. 农业经济论 [M]. 北京：中国农业出版社，2003.

[32] [美] D. 盖尔·约翰逊. 经济发展中的农业、农村、农民问题 [M]. 北京：商务印书馆，2005.

[33] [美] 吉拉德·M. 米耶，[美] 都德莱·西尔斯. 经济发展理论的十位大师 [M]. 北京：中国工人出版社，1991.

[34] [美] 约瑟夫·熊彼特. 经济分析史（第1、2、3卷）[M]. 北京：北京经济学院出版社，1998.

[35] [意大利] 阿列桑德洛·荣卡格利亚. 西方经济思想史 [M]. 上海社

会科学院出版社，2009.

[36] H. 钱纳里，S. 鲁宾逊，M. 赛尔奎. 工业化和经济增长的比较研究 [M]. 上海人民出版社，1996.

[37] [美] 布赖恩·贝利. 比较城市学 [M]. 北京：商务印书馆，2009.

[38] [印] 阿玛蒂亚·森. 伦理学与经济学 [M]. 北京：商务印书馆，2000.

[39] [印] 阿玛蒂亚·森. 贫困与饥荒——论权利与剥夺 [M]. 北京：商务印书馆，2001.

[40] 保罗·萨缪尔森. 经济学 [M]. 北京：首都经济贸易大学出版社，1996.

[41] [美] 杰里米·里夫金. 第三次工业革命 [M]. 北京：中信出版社，2011.

[42] [韩] 赵利济，金赢亨. 韩国经济腾飞的政策剖析 [M]. 华南理工大学出版社，1996.

[43] [美] 马克·斯考森，肯那·泰勒. 经济学的困惑与悖论 [M]. 华夏出版社，2001.

[44] R. 科斯，A. 阿尔钦，D. 诺思等. 财产权利与制度变迁——产权学派与新制度学派译文集 [M]. 上海：上海人民出版社，1994.

[45] 弗雷德里克·巴师夏. 和谐经济论 [M]. 北京：中国社会科学出版社，1995.

[46] 穆勒. 政治经济学原理及其在社会哲学上的若干应用（上卷）[M]. 北京：商务印书馆，1991.

[47] 李宗正，姚开建，于同申. 西方农业经济思想史 [M]. 北京：中国物资出版社，1996.

[48] 唐正东. 从斯密到马克思 [M]. 江苏人民出版社，2009.

[49] 王喜繁. 马克思主义经济理论若干问题创新研究 [M]. 知识产权出版社，2008.

[50] 郑超愚. 中国宏观经济分析的理论框架 [M]. 北京：中国人民大学出版社，1998.

[51] 张金水，张研. 应用宏观经济学 [M]. 北京：清华大学出版社，2001.

[52] 人大经济研究所. 中国宏观经济分析与预测 [M]. 北京：中国人民大学出版社，2009.

[53] 刘诗白. 马克思主义政治经济学原理（第三版）[M]. 成都：西南财

经大学出版社, 2008.

[54] 朱方明, 蒋永穆. 政治经济学（第三版）[M]. 成都：四川大学出版社, 2009.

[55] 于忠江, 孙冰. 西方经济学原理 [M]. 上海：立信会计出版社, 2009.

[56] 程恩富. 现代政治经济学 [M]. 上海：上海财经大学出版社, 2006.

[57] 吴易风. 马克思主义经济学与西方经济学比较研究（第1、2卷）[M]. 北京：中国人民大学出版社, 2007.

[58] 周叔莲, 王延中, 沈志渔. 中国的工业化与城市化 [M]. 北京：经济管理出版社, 2007.

[59] 程丹峰. 中国反贫困——经济分析与机制设计 [M]. 北京：经济科学出版社, 2000.

[60] 曹殊. 定西扶贫开发研究 [M]. 北京：中国社会科学出版社, 2004.

[61] 林毅夫. 制度、技术与中国农业发展 [M]. 上海：上海三联书店, 1992.

[62] 黄祖辉, 林坚等. 农业现代化：理论、进程与途径 [M]. 北京：中国农业出版社, 2003.

[63] 史美兰. 农业现代化：发展的国际比较 [M]. 北京：民族出版社, 2006.

[64] 宣杏云, 王春法. 西方国家农业现代化透视 [M]. 上海：上海远东出版社, 1998.

[65] 李义, 李芸. 中国农村贫困若干问题研究 [M]. 北京：中国农业出版社, 2008.

[66] 游俊, 冷志明, 丁建军. 中国连片特困地区发展报告 [M]. 北京：社会科学文献出版社, 2013.

[67] 共济. 全国连片特困地区区域发展与扶贫攻坚规划研究 [M]. 北京：人民出版社, 2013.

[68] 赵俊超. 扶贫开发理论与实践 [M]. 北京：中国财政经济出版社, 2005.

[69] 范小建等. 连片特困地区扶贫规划编制理论与方法 [M]. 北京：中国财政经济出版社, 2011.

[70] 蒋永穆. 中国农业支持体系论 [M]. 成都：四川大学出版社, 2000.

[71] 蒋永穆, 纪志耿. 社会主义和谐社会的利益机制研究 [M]. 北京：经济科学出版社, 2011.

[72] 叶普万. 贫困经济学研究 [M]. 北京：中国社会科学出版社，2004.

[73] 莫泰基. 香港贫穷与社会保障 [M]. 台北：中华书局，1993.

[74] 国风. 历史的壮举：中国农村反贫困历程 [M]. 太原：山西人民出版社，2003.

[75] 唐钧. 中国城市居民贫困线研究 [M]. 上海：上海社会科学院出版社，1998.

[76] 应国瑞. 案例学习研究——设计与方法（第2版）[M]. 广州：中山大学出版社，2003.

[77] 李亦园. 人类的视野 [M]. 上海：上海文艺出版社，1996.

[78] 王伟光，郭宝平. 社会利益论 [M]. 北京：人民出版社，1988.

[79] 光伟. 利益论 [M]. 北京：人民出版社，2001.

[80] 卢现祥. 西方新制度经济学 [M]. 北京：中国发展出版社，2003.

[81] 马克斯·韦伯. 经济与社会（上卷）[M]. 北京：商务印书馆，1997.

[82] 厉以宁. 超越市场与超越政府——论道德力量在经济中的作用 [M]. 北京：经济科学出版社，1999.

[83] 李宝山等. 集成管理——高科技时代的管理创新 [M]. 北京：中国人民大学出版社，1998.

[84] 李周，孙若梅. 中国贫困山区开发方式和生态变化关系的研究 [M]. 太原：山西经济出版社，1999.

[85] 张红宇，赵长保. 中国农业政策的基本框架 [M]. 北京：中国财政经济出版社，2009.

[86] 反贫困研究课题组. 反贫困中的市场与政府行为 [M]. 中国人民大学农村发展研究所，1997.

[87] 国务院扶贫开发领导小组办公室，农业部农业经济研究中心. 贫困地区经济开发十年 [M]. 北京：中国科学技术出版社，1993.

[88] 黄承伟. 中国反贫困：理论、方法、战略 [M]. 北京：中国财政经济出版社，2001.

[89] 张培刚. 新发展经济学 [M]. 郑州：河南人民出版社，2001.

[90] 本书编写组. 全面深化改革学习读本 [M]. 北京：当代中国出版社，2013.

[91] 王国良. 中国扶贫政策——趋势与挑战 [M]. 北京：社会科学文献出版社，2005.

[92] 阿玛蒂亚·森. 摆脱贫困还有希望吗 [J]. 国外社会科学，2000

(9).

[93] 艾尔泽·厄延. 减少贫困的政治 [J]. 国际社会科学杂志（中文版），2000（4）.

[94] 安虎森. 扶贫战略指导思想上的误区 [J]. 经济研究，1997（3）.

[95] 钱学森，于景元，戴汝为. 一个科学新领域——开放的复杂巨系统及其方法论 [J]. 自然杂志，1990（12）.

[96] 王朝明. 马克思贫困理论的创新与发展 [J]. 当代经济研究，2008（2）.

[97] 陈明生. 马克思主义经典作家论城乡统筹发展 [J]. 当代经济研究，2005（3）.

[98] 石玉顶. 马克思、恩格斯关于城乡统筹发展的思想及其启示 [J]. 经济学家，2005（6）.

[99] 葛霖生. 论列宁斯大林时期苏联经济发展战略 [J]. 苏联东欧问题，1982（2）.

[100] 汪三贵，Albert Park，Shubham Chaudhuri 等. 中国新时期农村扶贫与村级瞄准 [J]. 管理世界，2007（1）.

[101] 沈红. 扶贫传递与社区自组织 [J]. 社会学研究，1997（5）.

[102] 张正义. 知识经济与成套设备的集成创新 [J]. 制造业自动化，1998（8）.

[103] 张文驹. 国土资源行政管理的若干应用基础理论问题（上）——自然资源属性分析 [J]. 国土资源通讯，2002（11）.

[104] 童星，林闽钢. 我国农村贫困标准线研究 [J]. 中国社会科学，1994（3）.

[105] 申喜连. 论行政机关对企业激励机制的借鉴 [J]. 湖南社会科学，2004（3）.

[106] 贺军，毕先萍. 论高技术产业化中的政府角色安排 [J]. 经济评论，2001（6）.

[107] 潘文灿. 中国消除贫困的战略研究 [J]. 中国人口·资源与环境，1995（3）.

[108] 牛文涛. 中国工业化阶段演进分析——PGDP 指标 [J]. 产经，2008（9）.

[109] 李湘文. 韩国的社会保障制度 [J]. 当代韩国，2000（9）.

[110] 蒋永穆，纪志耿. 和谐社会视角下的中国特色农业现代化道路研究 [J]. 福建论坛，2009（1）.

[111] 蒋永穆．世界农业发展模式的演变［J］．经济学动态，1999（1）．

[112] 蒋永穆，纪志耿．构建社会主义和谐社会的利益协调机制研究［J］．当代经济问题研究，2008（2）．

[113] 蒋永穆，杨少垒．利益协调扶贫开发型：土地承包经营权流转的新模式［J］．教学与研究，2010（1）．

[114] 蒋永穆，李丽．"5·12"大地震抗震救灾新模式：政府集成［J］．天府新论，2011（2）．

[115] 海峰，李必强，冯艳飞．集成论的基本范畴［J］．中国软科学，2001（1）．

[116] 海峰．管理集成论［J］．中国软科学，1999（3）．

[117] 海峰，李必强，向佐春．管理集成论［J］．中国软科学，1999（5）．

[118] 戴庆中．反贫困思考：制度、组织与文化［J］．贵州大学学报（社会科学版），2000（5）．

[119] 唐钧．确定中国城镇贫困线方法的探讨［J］．社会学研究，1997（2）．

[120] 一迪图．生态移民的困惑［J］．华夏人文地理，2003（10）．

[121] 编者．消贫解困惠民生［J］．中国财政，2011（24）．

[122] 杨军．整村推进扶贫模式探析［J］．农村经济，2007（4）．

[123] 银税．关于我国开发式扶贫问题的思考［J］．成都大学学报，2007（6）．

[124] 叶兴庆．中国的反贫困政策［J］．中国贫困地区，1997（1）．

[125] 齐元静，杨宇，金凤君．中国经济发展阶段及其时空格局演变特征［J］．地理学报，2013（4）．

[126] 高全成，王恩胡．西部地区特色优势产业发展状况综述［J］．西安财经学院学报，2008（5）．

[127] 肖小虹．中国农业产业链培育的相关环境分析［J］．学理论，2012（12）．

[128] 詹懿．转变经济发展方式背景下的西部特色农产品加工业发展研究［J］．经济问题探索，2012（7）．

[129] 龚娜．以人为本与扶贫开发［J］．理论与当代，2006（2）．

[130] 王伟光．关于统筹经济社会发展的理论思考［J］．求是，2004（11）．

[131] 洪远朋．中国社会利益关系的系统理论思考［J］．探索与争鸣，

2011（2）．

[132] 洪远朋，谢虹．资本论与经济利益关系［J］．当代经济研究，2000（5）．

[133] 洪远朋，高帆．关于社会利益问题的文献综述［J］．社会科学研究，2008（2）．

[134] 陈波，洪远朋，卢晓云．和谐利益论［J］．社会科学研究，2010（4）．

[135] 钞小静．天然和谐，还是人为和谐？西方经济学家关于经济和谐论争的述评［J］．西北大学学报，2007（7）．

[136] 洪名勇．我国贫困地区开发扶贫机制探讨基于贵州省的分析［J］．农业现代化研究，2009（3）．

[137] 郝建让．社会主义市场经济体制下的环境法制建设［J］．中国环境管理，1993（3）．

[138] 顾建一．国民动员调控机制的构成与优化［J］．军事经济研究，1995（12）．

[139] 武汉市民族事务委员会专题调研小组．武汉市构建城市和谐民族关系调控机制的报告［J］．民族研究，2001（6）．

[140] 龚冰．中国新阶段农村扶贫开发的主要策略与效果评价［J］．学术论坛，2007（11）．

[141] 樊彩英．关于创新扶贫开发机制的几点思考［J］．山西农经，2006（2）．

[142] 刘建立．马克思恩格斯"城乡融合"思想及当代启示［J］．理论界，2012（8）．

[143] 韩永进．文化产业是新兴的朝阳产业［J］．政策，2004（3）．

[144] 张伟，朱萌．制度失衡：农民贫困问题的一种制度性解释［J］．内蒙古农业大学学报，2006（1）．

[145] 陈玉光，刘文俭．实现农村剩余劳动力有效转移的九大途径［J］．青岛科技大学学报，2003（3）．

[146] 张新伟．扶贫政策低效性与市场化反贫困思路探寻［J］．中国农村经济，1999（2）．

[147] 严瑞珍．坚持正确扶贫战略加大农村扶贫力度［J］．农业经济问题，1997（2）．

[148] 朱玲．制度安排在扶贫计划实施中的作用［J］．经济研究，1996（4）．

[149] 李余, 吴博文. 新一轮西部大开发背景下特色农产品加工业的典型模式分析及对策研究 [J]. 经济问题探索, 2013 (8).

[150] 李余, 詹懿. 我国新型工业化与新型城镇化互动发展研究 [J]. 求索, 2013 (10).

[151] 吴华. 中等收入阶段中国减贫发展战略与政策选择 [D]. 财政部财政科学研究所博士学位论文, 2012.

[152] 叶普万. 贫困经济学研究 [D]. 西北大学博士学位论文, 2003.

[153] 许源源. 中国农村扶贫瞄准问题研究 [D]. 中山大学博士学位论文, 2006.

[154] 汪芳. 扶贫信贷管理模式研究 [D]. 山东农业大学博士学位论文, 2009.

[155] 王朝明. 中国转型期城镇反贫困理论与实践研究 [D]. 西南财经大学博士学位论文, 2003.

[156] 王永成. 公共治理与财政扶贫资金漏出问题研究 [D]. 贵州大学博士学位论文, 2006.

[157] 尚玥佟. 发展中国家贫困化理论与反贫困战略 [D]. 中国社会科学院研究生院博士学位论文, 2001.

[158] 龚晓宽. 中国农村扶贫模式创新研究 [D]. 四川大学博士学位论文, 2006.

[159] 王辉. 跨国公司技术联盟管理研究 [D]. 复旦大学博士学位论文, 2004.

[160] 王科. 中国贫困地区自我发展能力研究 [D]. 苏州大学博士学位论文, 2008.

[161] 刘佳义. 经济全球化背景下中国政府经济管理模式创新研究 [D]. 湖南大学博士学位论文, 2007.

[162] 陈建国. 天津城市交通系统集成研究 [D]. 天津理工大学博士学位论文, 2006.

[163] 舒辉. 集成物流研究 [D]. 江西财经大学博士学位论文, 2004.

[164] 沈金生. 中国循环经济支撑体系论 [D]. 四川大学博士学位论文, 2007.

[165] 肖鼎光. 中国农村劳动力转移问题分析 [D]. 武汉大学硕士学位论文, 2005.

[166] 龚霄侠. 西部民族地区反贫困问题研究 [D]. 兰州大学硕士学位论文, 2007.

[167] 梁平. 新阶段西部农村反贫困研究 [D]. 西南大学博士学位论文, 2009.

[168] 马元海. 我国农村劳动力转移面临的困难及对策 [EB/OL]. 农业部信息中心, http://www.aweb.com.cn, 2003-10-14.

[169] 我国国民经济和社会发展十二五规划纲要 [EB/OL]. 新浪网, http://www.sina.com.cn, 2011-03-17.

[170] 国家扶贫资金管理办法 [EB/OL]. 国务院扶贫办网站, http://www.cpad.gov.cn/, 2006-03-03.

[171] 中共中央关于推进农村改革若干重大问题的决定 [EB/OL]. 中国要闻, http://www.gov.cn/jrzg/, 2008-10-19.

[172] 农民致富要掌握现代科学技术 [EB/OL]. 搜狐新闻, http://news.sohu.com.cn, 2006-06-27.

[173] 王思铁. 连片特困地区的概念及特征 [EB/OL]. 新浪网, http://blog.sina.com.cn/s/blog_599a3d490100xx3d.html, 2011-09-28.

[174] 国务院扶贫办, 国家发展改革委. 片区规划 [EB/OL]. 国务院扶贫办网站, http://www.cpad.gov.cn/, 2013-04-12.

[175] 论学习中国农村扶贫开发纲要 (2011~2020年) [EB/OL]. 中央政府门户网站, http://www.gov.cn, 2011-12-02.

[176] 中共中央关于全面深化改革若干重大问题的决定 [EB/OL]. 新华网, http://www.cq.xinhuanet.com, 2013-11-15.

[177] 中共中央文献研究室. 十五大以来重要文献选编: 中 [A]. 北京: 人民出版社, 2000.

[178] 胡锦涛. 高举中国特色社会主义伟大旗帜 为夺取全面建设小康社会新胜利而奋斗——在中国共产党第十七次全国代表大会上的报告 [N]. 人民日报, 2007-10-25.

[179] 胡锦涛. 坚定不移沿着中国特色社会主义道路前进 为全面建成小康社会而奋斗——在中国共产党第十八次全国代表大会上的报告 [N]. 人民日报, 2012-11-08.

[180] 王康. 社会学词典 [Z]. 济南: 山东人民出版社, 1988.

[181] 世界银行. 与贫困作斗争——2000/2001年世界发展报告 [R]. 北京: 中国财政经济出版社, 2001.

[182] 国家统计局农村社会经济调查总队. 中国农村贫困监测报告 (2003) [R]. 北京: 中国统计出版社, 2003.

[183] 消除贫困期待法律早出援手 [N]. 民主与法制时报, 2011-12-13.

[184] 集中连片特困地区交通建设扶贫规划纲要（2011～2020年）[R]. 交通运输部, 2012.

[185] 中共中央文献研究室. 十四大以来重要文献选编[A]. 北京：人民出版社, 1996.

[186] 2011年中国旅游市场趋势观察研究预测报告[R]. 中国报告大厅, 2010.

[187] 关于实施农村义务教育学生营养改善计划的意见[R]. 国务院办公厅, 2011.

[188] 宋赋. 科技创新的较量[N]. 光明日报, 2013-09-28.

[189] 何平. 如何让1.22亿人脱贫致富[N]. 光明日报, 2013-01-14.

[190] 中国共产党第十八届中央委员会第三次全体会议公报[N]. 人民日报, 2013-11-13.

[191] 国务院召开常务会议研究强化扶贫资金监管[N]. 新华每日电讯, 2013-10-09.

[192] 习近平. 防止把发展简单化为增加生产总值[N]. 新华每日电讯, 2013-11-06.

二、英文文献

[193] William E. Rees. An Ecological Economics Perspective on Sustainability and Prospects for Ending Poverty [J]. Population and Environment, 2002, 24 (1).

[194] Townsend. Poverty in United Kingdom: A Survey of Household Resources and Standards of Living [J]. Penguin, 1979.

[195] G. Douglass. Agricultural Sustainability in a Changing World Order [M]. Colorado: Westview Press, 1984.

[196] F. Ellis. Peasant Economics: Farm Households and Agrarian Development [M]. Cambridge: Cambridge University Press, 1988.

[197] S. Fan, X. Zhang. Infrastructure and Regional Economic Development in Rural China [J]. China Economic Review, 2004, 15 (2).

[198] Huang Wen-Chi, Jeun-Sheng Lin. Using Information Technology to Enhance Communications among Agribusiness Organizations. the 1th IAMA World Food and Agribusiness Forum and Symposium, Sydney, Australia, 2001-6-25~2001-6-28.

[199] Dusty Clevenger, Adoption of E-Business in Nebraska Retalt Agriculture. Presented at the 1th IAMA World Food and Agribusiness Forum and Symposium,

Sydney, Australia, 2001 - 6 - 25 ~ 2001 - 6 - 28.

[200] David A. Glassner, Patrick R. Gruber. Building a Sustainable Agriculture System for Production Food and Energy: The Role of Fuel. Ethanol 18th Annual International Fuel Ethanol Work Shop &Trade Show (FEW). Jun25 - 28, 2002 Spring field, 2002 (2).

[201] Johanson J, L. G. Mattsson. Interorganizational Relations in Industrial Systems: A Network Approach Compared with the Transaction - Cost Approach [J]. International Studies of Management and Organization, 1987 (1).

[202] Joosten M. P, Hekkert E, Worrell W. C. Turkenburg STREAMS: A New Method for Analyzing Material Flows through Society [J]. Resources Conservation and Recycling, 1998 (11).

[203] Jean C. Qi. Fiscal Reform and the Economic Foundation of Local State Corporatism in China. World Politics, 1992, 45 (1).

[204] Timothy Besley, Anne Case. Incumbent Behavior: Voting - Seeking, Tax - Seeking, and Yardstick Competition [J]. American Economic Review, 1995, 85 (1).

后 记

本书起源于 2011 年，国家实施新一轮扶贫开发战略，正式颁布实施《中国农村扶贫开发纲要（2011~2020 年）》。2012 年 2 月~2013 年 4 月，四川大学经济学院 2010 级博士研究生李余到四川省甘孜州开展援助工作，其间，我安排李余结合藏区实际开展农村扶贫研究，并将农村扶贫研究作为博士学位论文写作方向。在一年多的文献整理和实地调研基础上，2013 年 4 月我在与李余讨论《中国连片特困地区扶贫开发机制研究》的研究对象、研究思路和研究框架时提出，应该将运行机制、激励机制、调控机制和组织机制作为农村扶贫开发机制的总体要求来把握。这种区分是对研究对象的重新界定，开辟了农村扶贫开发机制研究的全新领域，也为在全面建成小康社会、全面深化改革、全面依法治国和全面从严治党总体要求下，明晰政府在农村扶贫开发中的定位和责任奠定了理论基础。通过进一步研究我们发现，正是由于农村扶贫理论研究中缺失宏观研究范畴，导致国家农村扶贫政策研究的理论基础主要来自于微观领域研究。这就出现了一种比较严重的实践—理论错位：以农村扶贫微观理论指导政府制定宏观层面的农村扶贫政策。

在我提出的新研究对象和总体理论框架下，李余对连片特困地区扶贫开发运行机制、激励机制、调控机制、组织机制和国家对连片特困地区扶贫开发政策等开展了深入研究，并形成了《中国连片特困地区扶贫开发机制研究》一文。经我多次亲自修改后，同意李余以《中国连片特困地区扶贫开发机制研究》作为博士毕业论文。李余于 2013 年 11 月以《中国连片特困地区扶贫开发机制研究》通过了四川大学经济学院的博士学位论文答辩。

经济理论是否成立，关键要看经济现象的发展是否能够再现理论的预测。2013 年 11 月《中国连片特困地区扶贫开发机制研究》完成后，我们对部分连片特困地区扶贫开发推进情况进行了连续观察，最终发现我们的研究结论基本是成立的。特别是中国经济发展进入"新常态"① 之后，经济增速放缓，内需动力不足，整个社会亟待创新驱动。14个集中连片特殊困难地区作为最难啃的"硬骨头"：农民人均纯收入只有全国平均水平的60%，医疗支出仅为全国农村平均水平的60%，劳动力文盲、半文盲比例比全国高3.6%，还有数千个村不通电，近10万个村不通水泥沥青路……中国扶贫攻坚，如何完成伟大跨越，续写新的篇章，需要不断创新扶贫开发体制机制。

党的十八大以来，以习近平同志为总书记的党中央，带领全国各族人民，攻坚克难，谱写中国扶贫开发的历史新篇章。根据中国连片特困地区扶贫开发的最新变化，尤其是结合当前精准扶贫的实际，我们对《中国连片特困地区扶贫开发机制研究》进行了进一步修改，力图使理论具有更强的解释能力和预测能力。

希望本书能够给后来者在新开拓的研究领域有所启示，能够在新常态下连片特困地区精准扶贫研究中进一步取得新的研究成果。

方向正确，路再遥远，亦能达到！

蒋永穆
2015年9月

---

① "新常态"，就是经过一段不正常状态后重新恢复正常状态，就是不同以往的、相对稳定的状态。这是一种趋势性、不可逆的发展状态，意味着中国经济已进入一个与过去三十多年高速增长期不同的新阶段。习近平总书记在2014年5月考察河南的行程中指出："中国发展仍处于重要战略机遇期，我们要增强信心，从当前中国经济发展的阶段性特征出发，适应新常态，保持战略上的平常心态。"